Völkerrecht und Außenpolitik

Herausgegeben von
Prof. Dr. Oliver Dörr
Prof. Dr. Jörn Axel Kämmerer
Prof. Dr. Markus Krajewski

Band 84

Lennart Bültermann

Das Völkerrecht als Mittel zur Lösung ethnischer Konflikte

Eine Untersuchung anhand von Georgien
und den De-facto-Staaten Abchasien und Südossetien

 Nomos

Die Deutsche Nationalbibliothek verzeichnet diese Publikation in
der Deutschen Nationalbibliografie; detaillierte bibliografische
Daten sind im Internet über http://dnb.d-nb.de abrufbar.

Zugl.: Jena, Univ., Diss., 2016

ISBN 978-3-8487-3772-7 (Print)
ISBN 978-3-8452-8081-3 (ePDF)

1. Auflage 2017
© Nomos Verlagsgesellschaft, Baden-Baden 2017. Gedruckt in Deutschland. Alle Rechte,
auch die des Nachdrucks von Auszügen, der fotomechanischen Wiedergabe und der
Übersetzung, vorbehalten. Gedruckt auf alterungsbeständigem Papier.

Шурику

Vorwort

Diese Arbeit wurde im Sommersemester 2016 von der rechtswissenschaftlichen Fakultät der Friedrich-Schiller-Universität Jena als Dissertation angenommen. Prof. Dr. Haedrich und Prof. Dr. Pauly erstellten die entsprechenden Gutachten, wofür ich ihnen ebenso danke wie Prof. Dr. Dr. h.c. Alwart für die freundliche Bewertung der Disputation. Besonderer Dank gilt Prof. Dr. Haedrich zudem für die wissenschaftliche Betreuung des Projektes und ihre regelmäßigen und immer hilfreichen Rückmeldungen zum Entstehungsprozess.

Daneben gibt es eine Reihe von Personen, die diese Arbeit in der vorliegenden Form ermöglicht oder ihr Entstehen zumindest deutlich vereinfacht haben und denen ich dafür sehr dankbar bin. Dabei handelt es sich insbesondere um Ewa Chylinski, Giorgi Gotsiridze, Nino Gvedashvili, Zaur Khalilov, Sandro Oganyan, Girogi Sordia und Arno Stepanian, die mir durch die mit ihnen geführten Interviews einen tieferen Einblick in die rechtliche wie faktische Situation ethnischer Minderheiten in Georgien gewährt haben. Dankbar bin ich auch den Mitarbeiterinnen und Mitarbeitern des georgischen Nationalarchivs für ihre wertvolle Unterstützung bei der Recherche vor Ort, Dr. Natia Reineck für die Vermittlung des Zugangs zum Archiv, Beka Machaladze, Meri Tabatadze, Lascha Machaladze und Sofya Chernykh für ihre Hilfsbereitschaft und Gastfreundschaft sowie Willy Bültermann für das mehrfache Korrekturlesen des Textes und die Übernahme des Druckkostenzuschusses.

Zu guter Letzt danke ich meiner Frau Alexandra Kobekova, ohne deren Unterstützung ich diese Arbeit weder begonnen noch beendet hätte. Ihr ist dieses Buch gewidmet.

Bonn, im Dezember 2016   Lennart Bültermann

Inhaltsverzeichnis

Abkürzungsverzeichnis

AdComFCNM	Advisory Committee on the Framework Convention for the Protection of National Minorities
AO	Avtonomnaya oblast' (russ.: Автономная область) (Autonomes Gebiet)
AP	Aditional Protocol
ASSR	Abchasische sozialistische Sowjetrepublik
CERD	International Convention on the Elimination of All Forms of Racial Discrimination
CIF	Civic integration foundation
CGPR	Code of Good Practice on Referendums
ComESCR	Committee on Economic, Social and Cultural Rights
ComERD	Committee on the Elimination of Racial Discrimination
ComEx	Committee of Experts
CPPCG	Convention on the Prevention and Punishment of the Crime of Genocide
CGPR	Code of Good Practice on Referendums
CRC	Convention on the Rights of the Child
DRERLM	United Nations Declaration on the Rights of Persons Belonging to National or Ethnic, Religious and Linguistic Minorities
ECHR	European Convention for the Protection of Human Rights and Fundamental Freedoms
ECtHR	European Court of Human Rights
ECLSMW	European Convention on the Legal Status of Migrant Workers
ECRML	European Charter for Regional and Minority Languages
ECHR	European Court of Human Rights
ECMI	European Centre for Minority Issues
FCNM	Framework Convention on National Minorities
NATO	North atlantic treaty organisation
NGO	Non governmental organisation
GA	General Assembley
HRC	Human Rights Committee
ICCPR	International Covenant on Civil and Political Rights

ICESCR	International Covenant on Economic, Social and Cultural Rights
ICJ	International Court of Justic
ILC	International Law Commission
OP	Optional Protocol
PMMG	Public Movement for a Multinational Georgia
Res.	Resolution
SSR	Sozialistische Sowjetrepublik
UN	United Nations

Einleitung

„A genuine unification of humankind will require something like an invasion attempt from outer space."[1]

Spätestens ab der zweiten Hälfte des 20. Jahrhunderts waren Teile von Politik und Wissenschaft davon überzeugt, die Unterteilung der Menschheit in ethnische Gruppen sei ein anachronistisches Überbleibsel vormoderner Zeiten und für die Konfliktforschung in einer zivilisierten Welt nicht mehr relevant.[2] Dann endete der kalte Krieg, auf dem Balkan zerfiel Jugoslawien, die Sowjetunion zersplitterte in ihre Teilrepubliken und auf den Trümmern der kommunistischen Staaten entbrannten Kämpfe zwischen Kroaten, Serben, Albanern, Georgiern, Abchasen, Osseten, Armeniern, Aserbaidschanern und anderen, vielfach vor dem Hintergrund nationaler Unabhängigkeitsbestrebungen. QVORTRUP zählt insgesamt 50 Unabhängigkeitsreferenden seit dem Ende des zweiten Weltkrieges, von denen über die Hälfte nach 1990 in ehemals kommunistischen Staaten abgehalten wurden.[3]

Diese Ereignisse befeuerten eine bis heute andauernde Diskussion über Ursache und Behandlung ethnischer Konflikte und über die Rolle, die das Völkerrecht bei ihrer Prävention und Lösung spielen kann, in deren Verlauf Auffassungen vertreten wurden, die unterschiedlicher nicht sein könnten. Mal verneinten Autoren die Existenz des Völkerrechts, mal die Relevanz des „ethnischen Aspekts" ethnischer Konflikte. Den einen galt die Schaffung territorialer Autonomie als Vorstufe zur sicheren Sezession, den anderen als Mittel zur Stabilisierung einer konfliktgeprägten Region. Etliche sahen in der Gewährung eines inhaltlich bestimmten und allgemeinen Sezessionsrechts die letztlich in Anarchie und Chaos mündende Infragestellung der Weltordnung, etliche andere hielten sie für das genaue Gegenteil.

Das Ziel der vorliegenden Arbeit ist es daher, durch die Kombination hermeneutischer Analyse mit den Ergebnissen empirischer Forschung eine neue Perspektive auf den Forschungsgegenstand zu eröffnen. Während viele juristische Arbeiten sich bisher auf die Frage konzentrierten, ob diese oder jene Völkerrechtsnorm in einer bestimmten Weise ausgelegt werden könne

---

1 Tullberg u. a., "Separation or Unity? A Model for Solving Ethnic Conflicts", S. 243.
2 Connor, "Ethnonationalism", S. 196 f.
3 Qvortrup, "New development: The Comparative Study of Secession Referendums", S. 153.

und dabei nicht selten im Rahmen der teleologischen Auslegung bei der dort eigentlich geforderten Inbeziehungsetzung der Normziele mit den realen Ergebnissen der jeweiligen Auslegungsalternativen insofern auf methodische Probleme stießen, als die Prognose über die Folgen einer Auslegungsalternative empirisch nicht untermauert wurde, soll in dieser Arbeit explizit auf die zu erwartenden realen Auswirkungen der Auslegungsalternativen abgestellt werden. Dies erlaubt es, einige der bisher im Kontext des Minderheitenrechts vorgebrachten Argumente neu zu gewichten.

Das erste Kapitel beschäftigt sich zunächst mit dem Regelungsinhalt der auf ethnische Konflikte anwendbaren völkerrechtlichen Normen und untersucht, ob die dort getroffenen Anordnungen ihrer Art nach geeignet sind, zur Prävention und Lösung ethnischer Konflikte beizutragen. Nach einer Übersicht über die einschlägigen Völkerrechtsnormen werden die sozialpsychologischen und – im weitesten Sinne – ökonomischen Grundlagen ethnischer Konflikte untersucht. Im letzten Abschnitt wird schließlich gezeigt, welche der rechtlich zur Verfügung stehenden Konfliktlösungsstrategien tatsächlich erfolgversprechend sind.

Das zweite Kapitel untersucht sodann den Einfluss der einschlägigen Völkerrechtsnormen auf die soziale Wirklichkeit auf der Grundlage der Entscheidungstheorie. Zunächst wird die Bedeutung der Entscheidungstheorie für die Erörterung der Effektivität völkerrechtlicher Normen erläutert. In einem zweiten Schritt wird ein Überblick über den bisherigen Stand der Forschung zur Wirkungsweise des Völkerrechts gegeben. Darauf folgt in einem dritten Abschnitt auf Grundlage dieser Erkenntnisse die Bewertung der Eignung der einschlägigen Völkerrechtsnormen zur Prävention und Lösung ethnischer Konflikte. Der Abschnitt endet mit der Diskussion einer allgemeinen Sezessionsregel und ihrer rechtstheoretischen Mindestanforderungen.

Das letzte Kapitel widmet sich dem Konflikt zwischen Georgien und den *De-facto*-Staaten Abchasien und Südossetien in Form einer Fallstudie. Darin werden ausführlich die historischen Grundlagen des Konflikts besprochen und in den durch die vorangegangenen Kapitel gebildeten theoretischen Rahmen eingeordnet. Die folgenden Abschnitte beschäftigen sich mit dem Minderheitenrecht Georgiens, Abchasiens und Südossetiens, setzen dieses jeweils in Bezug zum geltenden Völkerrecht und erklären, in welchem Maß in Zukunft eine wachsende Übereinstimmung zwischen den beiden Rechtsebenen zu erwarten ist.

Kapitel 1 Die Effektivität des Normierten

Soweit sich die Völkerrechtswissenschaft bisher mit ethnischen Konflikten beschäftigt hat, lag der Schwerpunkt der Aufmerksamkeit zunächst naturgemäß auf der Frage, welche Völkerrechtsregeln ihrem Inhalt nach in ethnischen Konflikten relevant werden können und wie weit ihr Schutzbereich auszulegen ist.[1]. Die Antwort auf die Frage, inwieweit völkerrechtliche Regeln zur Lösung ethnischer Konflikte geeignet sind, muss selbstverständlich auch – und gerade aus juristischer Sicht – hermeneutisch beantwortet werden. Sie sollte sich indes hierin nicht erschöpfen. Erforderlich ist darüber hinaus die Schaffung eines tieferen Verständnisses für die Ursachen ethnischer Konflikte und – darauf aufbauend – die Kenntnis des aktuellen Forschungsstands bezüglich effektiver Konfliktlösungsstrategien. Nur durch eine Kombination dieser Aspekte kann letztlich erklärt werden, ob die rechtlich vorgesehenen Mechanismen zur Konfliktlösung überhaupt geeignet sind. In einem ersten Schritt soll daher ein Überblick über das in ethnischen Konflikten anwendbare und relevante Völkerrecht gegeben werden. In einem zweiten Schritt werden sodann die Ursachen ethnischer Konflikte beleuchtet. Das Kapitel schließt mit der Darstellung der nach dem Stand der Wissenschaft effektiven Konfliktlösungsstrategien.

A. Ethnizität und Völkerrecht

Unter dem Begriff *Ethnizität* versteht man gemeinhin jenen Teil der Identität einer Person, der sie durch bestimmte Kennzeichen wie Sprache, Religion, eine gemeinsame Geschichte und gemeinsame soziale Symbole einer anhand dieser Kennzeichen identifizierbaren Gruppe von Menschen zuordnet.[2] Die

---

1 Vgl. etwa Kempin Reuter, "Dealing with Claims of Ethnic Minorities in International Law".

2 Vgl. Jesse und Williams, *Ethnic Conflict: A Systematic Approach to Cases of Conflict*, S. 5. Wie es zur Bildung einer solchen ethnischen Identität kommt, ist im Einzelnen umstritten. Die unterschiedlichen Ansätze differenzieren grob danach, ob die ethnische Identität eines Menschen wandelbar ist oder nicht. Der sog. *primordialistische* und der sog. *psychokulturelle* Ansatz gehen jeweils von einer mindestens relativen

für die Lösung ethnischer Konflikte relevanten völkerrechtlichen Normen können nach ihrer Stoßrichtung in solche eingeteilt werden, die auf die Prävention und Lösung ethnischer Konflikte innerhalb eines Staates abzielen und solche, die grenzändernde und grenzüberschreitende Eingriffe ermöglichen.

I.   Konfliktlösung innerhalb der Staatsgrenzen

Ein Großteil der Völkerrechtsregeln mit ethnischer Komponente ist auf die Prävention und Lösung von Konflikten durch die Entfaltung integrativer Wirkung gerichtet. Dies soll durch die Vermittlung von Freiheits-, Gleichheits-, Partizipations- und Autonomierechten erreicht werden, die Angehörigen ethnischer Gruppen vor Diskriminierung schützen, ihre Teilnahme an gesellschaftlichen Gestaltungsprozessen befördern und ihnen gegebenenfalls das Recht auf Selbstverwaltung in gruppenspezifischen Bereichen zuerkennen.

1.   Diskriminierung – Verbote, Rechte und Pflichten

Der Schutz vor Diskriminierung ist gewissermaßen *conditio sine qua non* für die Prävention und Lösung ethnischer Konflikte. Im Hinblick auf ethnische Gruppen knüpfen die einschlägigen Normen vor allem an die Merkmale *Eth-*

Unveränderlichkeit ethnischer Identität aus, aus *konstruktivistischer* und *instrumenta-listischer* Sicht ist ethnische Identität das Resultat sozialer Interaktion oder schlicht ein Werkzeug, dessen sich Individuen oder Gruppen bedienen, um bestimmte Ziele zu erreichen, beispielsweise die Mobilisierung des Elektorats durch Abgrenzung zu anderen Gruppen. Ethnizität hat damit für Vertreter letzterer Ansätze außerhalb des politischen Prozesses keine eigenständige Bedeutung. Vertreter des Primordialismus: Geertz, "The Integrative Revolution: Primordial Sentiments and Civil Politics in New States"; Dennen, "Ethnocentrism and In-Group/Out-Group Differentiation: A Review and Interpretation of the literature"; Isaacs, *Idols of the Tribe: Group Identity and Political Change*. Vertreter des Konstruktivismus: B. Anderson, *Imagined Communities: Reflections on the Origin and Spread of Nationalism*; Laitin, *Hegemony and culture : politics and religious change among the Yoruba*; Dominguez, *People as subject, people as object: selfhood and peoplehood in contemporary Israel*; Brubaker, "National Minorities, Nationalizing States, and External National Homelands in the New Europe". Vertreter des Instrumentalismus: Glazer, Moynihan und Schelling, *Ethnicity: theory and experience* und Brass, *Ethnic groups and the state*. Dies sei jedoch lediglich *colorandi causa* erwähnt, die Natur einer wie auch immer gearteten ethnischen Identität ist für die Untersuchung des relevanten Regelkomplexes ohne Bedeutung.

nizität, *Kultur*, *Sprache* und *Religion* an. Diese Merkmale werden entweder explizit genannt oder mittelbar über den Schutz allgemeiner Bürgerrechte mit erfasst.

a) Diskriminierungsverbote auf universeller Ebene

Diskriminierungsverbote mit explizit ethnischem Bezug finden sich auf universeller Ebene in den Art. 2 und 26 ICCPR, wobei Art. 26 ein allgemeines Diskriminierungsverbot begründet, während Art. 2 in seiner Anwendung auf die im Pakt garantierten Rechte beschränkt ist:

> *„Each State Party to the present Covenant undertakes to respect and to ensure to all individuals within its territory and subject to its jurisdiction the rights recognized in the present Covenant, without distinction of any kind, such as race, colour, (..) language, religion, (...) national (...) origin (...) or other status." (Art. 2 Nr. 1 ICCPR)*

> *„All persons are equal before the law and are entitled without any discrimination to the equal protection of the law. In this respect, the law shall prohibit any discrimination and guarantee to all persons equal and effective protection without discrimination on any ground such as race, colour, (..) language, religion, (...) national (...) origin (...) or other status." (Art. 26 ICCPR)*

Die Begriffe *distinction* und *discrimination* in Art. 2 Abs. 1 und Art. 26 ICCPR werden synonym verwendet.[3] Weitere Antidiskriminierungsvorschriften sind Art. 2 Abs. 1 ICESCR, der im Wesentlichen eine Kopie des Art. 2 Abs. 1 ICCPR darstellt,[4], Art. 2 der International Convention on the Elimination of All Forms of Racial Discrimination (CERD), Art. 7 ECLSMW und Art. 2 CRC:

> *„States Parties condemn racial discrimination and undertake to pursue by all appropriate means and without delay a policy of eliminating racial discrimination in all its forms and promoting understanding among all races (...)." (Art. 2 Nr. 1 CERD)*

> *„States Parties undertake, in accordance with the international instruments concerning human rights, to respect and to ensure to all migrant workers and members of their families within their territory or subject to their jurisdiction the rights provided for in the present Convention without distinction of any kind such as to (...) race, colour, language, religion or (...) national, ethnic (...) origin, nationality (...) or other status." (Art. 7 ECLSMW)*

---

3 Vgl. Allgemeine Bemerkung Nr. 18, § 1 ff. Ihre Bedeutung erschließt sich aus den den §§ 6-7.

4 Erhebliche Unterschiede ergeben sich erst auf der Ebene der Durchsetzungsmechanismen.

> *„States Parties shall respect and ensure the rights set forth in the present Convention to each child within their jurisdiction without discrimination of any kind, irrespective of the child's or his or her parent's or legal guardian's race, colour, (...) language, religion, (...), national, ethnic (...) origin (...) or other status." (Art. 2 Nr. 1 CRC)*

Am Vergleich der Regeln wird deutlich, dass das Verbot der Diskriminierung anhand ethnischer Merkmale in den völkerrechtlichen Menschenrechtsverträgen auf universeller Ebene fest verankert ist. Ein vergleichbares Schutzniveau wird aber auch auf regionaler Ebene gewährleistet.

b) Diskriminierungsverbote auf europäischer Ebene

Auf europäischer Ebene finden sich Parallelen zu den Diskriminierungsverboten des ICCPR in Art. 14 ECHR und in Art. 1 AP 12 ECHR. Art. 14 ECHR ist als Diskriminierungsverbot nur in Kombination mit einem der in der Konvention garantierten Rechte anwendbar, während Art. 1 AP 12 ECHR ein allgemeines Diskriminierungsverbot enthält:

> *„The enjoyment of the rights and freedoms set forth in this Convention shall be secured without discrimination on any ground such as (...) race, colour, language, religion, (...), national (...) origin, association with a national minority (...) or other status." (Art. 14 ECHR)*

> *„The enjoyment of any right set forth by law shall be secured without without discrimination on any ground such as (...) race, colour, language, religion, (...), national (...) origin, association with a national minority (...) or other status." (Art. 1 AP 12 ECHR)*

Daneben vermittelt Art. 4 Abs. 1 FCNM den Schutz vor Diskriminierung auf der Grundlage der Zugehörigkeit einer Person zu einer nationalen Minderheit:

> *„The Parties undertake to guarantee to persons belonging to national minorities the right of equality before the law and of equal protection of the law. In this respect, any discrimination based on belonging to a national minority shall be prohibited." (Art. 4 Abs. 1 FCNM)*

Worum es sich bei einer nationalen Minderheit handelt wird in der Konvention nicht definiert und ist Gegenstand von Kontroversen, ein ethnischer Bezug liegt aber nahe.

Neben Diskriminierungsverboten, die explizit an Merkmale wie *Ethnizität* oder *Sprache* anknüpfen, können klassische Freiheitsrechte wie Meinungsäußerungs-, Versammlungs- und Vereinigungsfreiheit, die auf europäischer Ebene im Wesentlichen in der ECHR und auf universeller Ebene im ICCPR verankert sind, mittelbar ein vergleichbares Schutzniveau erreichen. Alle drei Rechte wären praktisch redundant, könnte man von ihnen keinen Gebrauch in Gemeinschaft mit anderen Menschen machen. Daraus wird geschlossen, dass sie sprachlichen Gruppen das Recht vermitteln, die eigene Sprache zu verwenden.[5]

c)   „Affirmative action" und Freiheitsrechte

Während Diskriminierungsverbote das Mindestmaß des Schutzes ethnischer Gruppen darstellen, reicht die Herstellung nur formeller Gleichheit oft nicht aus, um den Schutz der Identität einer ethnischen Gruppe zu gewährleisten. Bisweilen kann es notwendig sein, eine Ausnahme vom Verbot formeller Diskriminierung zu machen und Maßnahmen zu ergreifen, die eine Gruppe formell besser stellen als eine andere, um im Ergebnis faktische Gleichheit zwischen zwei Gruppen zu erreichen. Die ECHR sieht die Pflicht zu positiver Diskriminierung nicht ausdrücklich vor, der EGMR hat eine solche aber in sehr allgemeiner Form in verschiedenen Fällen angenommen.[6]

Der ICCPR sieht positiv diskriminierende Maßnahmen ebenfalls nicht explizit vor. Art. 27 ICCPR kann allerdings so ausgelegt werden, dass er neben den in ihm verbürgten Freiheitsrechten unter bestimmten Voraussetzungen das Recht auf positive Diskriminierung vermittelt:[7]

> *„In those States in which ethnic, religious or linguistic minorities exist, persons belonging to such minorities shall not be denied the right, in community with the other members of the group, to enjoy their own culture, to profess and practice their own religion, or to use their own language. "* (Art. 27 ICCPR)

Hinweise auf die sich aus dem ICCPR ergebende Zulässigkeit positiv diskriminierender Maßnahmen finden sich zudem in den Allgemeinen Bemerkungen des HRC,

> *„...[T]he principle of equality sometimes requires States parties to take affirmative actions in order to diminish or eliminate conditions which cause or help to perpetuate*

---

5 Gilbert, "Expression, Assembly, Association", S. 149 f. für ein Beispiel aus der (Quasi-)Rechtsprechung siehe *Singer ./. Canada*, Communication Nr. 455/1991, UN Doc. CCPR/C/51/D/455/1991 (1994).

6 So z.B. in *Chapman ./. das Vereinigte Königreich*, Communication Nr. 27238/95, ECHR 2001-I, § 96: Pflicht des Staates aus Art. 8 ECHR zur Vornahme von Maßnahmen, um die Verwirklichung des *Gypsy way of life* zu erleichtern.

7 Pritchard, *Der völkerrechtliche Minderheitenschutz: historische und neuere Entwicklungen*, S. 226 ff.

discrimination prohibited by the Covenant. " (Allgemeine Bemerkung Nr. 18, § 10 HRC)

„...[P]ositive measures by the States may...be necessary to protect the identity of a minority and the rights of its members. " (Allgemeine Bemerkung Nr. 23, § 6.2 HRC)

der auch in seiner Entscheidungspraxis zeigt, dass er positive Diskriminierung grundsätzlich für zulässig hält, solange sie ein legitimes Ziel verfolgt und verhältnismäßig ist.[8] Sehr allgemein gehaltene Pflichten zur Vornahme positiv diskriminierender Maßnahmen finden sich in Art. 1 Abs. 4, 2 Abs. 1 CERD, ferner in Art. 2 ICESCR, Art. 14 Abs. 2 FCNM, Art. 8 European Charter for Regional and Minority Languages (ECRML), Art. 14 ff. European Convention on the Legal Status of Migrant Workers (ECLSMW) und Art. 4 United Nations Declaration on the Rights of Persons Belonging to National or Ethnic, Religious and Linguistic Minorities (DRERLM).

2. Partizipation und Selbstverwaltung

Partizipationsrechte finden sich sowohl auf universeller wie auch auf europäischer Ebene, zum Teil sind sie aber nicht explizit geregelt und ergeben sich nur durch entsprechende Auslegung des Normtextes. In keinem Fall ist eine bestimmte Form der Beteiligung vorgeschrieben.

a) Partizipationsrechte auf europäischer Ebene

Partizipationsrechte im Sinne subjektiver Rechte sind auf europäischer Ebene nicht positiviert. Normiert ist aber die sich aus Art. 25 FCNM ergebende staatliche Pflicht zur Schaffung adäquater Partizipationsmöglichkeiten für nationale Minderheiten:

„[The parties] shall create the conditions necessary for the effective participation of persons belonging to national minorities in cultural, social and economic life and public affairs, in particular those affecting them. " (Art. 25 FCNM)

Danach sind Angehörge nationaler Minderheiten vor allem an solchen Entscheidungsprozessen zu beteiligen, die ihre gruppenspezifischen Angelegen-

---

8 Henrard, "Non-Discrimination and Full and Effective Equality", S. 129; siehe auch *Jacobs ./. Belgien* (Communication Nr. 943/2000, 7. Juli 2004), allerdings ohne ethnischen Bezug.

heiten betreffen.[9] Eine bestimmte Form der Beteiligung ist allerdings nicht vorgeschrieben.[10]

b) Vertragliche Partizipationsrechte auf universeller Ebene

Auf universeller Ebene gewährt Art. 25 ICCPR jedem Staatsbürger unabhängig von seiner ethnischen Zugehörigkeit das Recht der Teilnahme *„an der Gestaltung der öffentlichen Angelegenheiten"*. Nicht auf Staatsbürger beschränkte Rechte sollen sich aus Art. 27 ICCPR ergeben. Dieser enthält zwar nicht ausdrücklich die Pflicht zur Gewährung von Partizipationsrechten, das HRC hat eine solche allerdings in seiner Allgemeinen Bemerkung Nr. 23 und anderen Entscheidungen zu Art. 27 ICCPR angenommen.[11] Die Vertragsstaaten müssen die Beteiligung von Minderheiten im Sinne des Art. 27 ICCPR an Entscheidungsprozessen gewährleisten, die sie selbst betreffen.[12] Zudem kann sich ein derivativer Anspruch auf die Gewährung besonderer Partizipationsrechte aus Art. 27 in Verbindung mit Art. 2 Abs. 1 ICCPR ergeben, wenn der Staat einer anderen ethnischen Gruppe bereits besondere Partizipationsrechte gewährt und eine Ungleichbehandlung ungerechtfertigt wäre. Eine weitere – allerdings rechtlich nicht bindende – Pflicht zur Herstellung angemessener Bedingungen politischer Partizipation formuliert Art. 2 Abs. 2 DRERLM.

c) Partizipationsrechte aus dem Selbstbestimmungsrecht der Völker

Daneben wird das in Art. 1 ICCPR verkörperte Selbstbestimmungsrecht der Völker bisweilen als Grundlage von Partizipationsrechten angeführt. Dieses nicht mehr auf Dekolonialisierungsvorgänge beschränkte Recht kann in seiner modernen Fassung tatsächlich dahingehend interpretiert werden, dass es auch

---

9 Siehe auch Frowein/Bank, „The Participation of Minorities in Decision-Making-Processes", CoE Doc. DH-MIN(2000)1 (2000).

10 Explanatory Report on the FCNM, § 80.

11 UN Doc. HRI/GEN/1/Rev.1, § 7; *Länsman et al ./. Finnland*, UN Doc. CCPR/C/52/D/511/1992, 8. November 1994, § 9.5.

12 UN Menschenrechtsausschuss, *Hopu und Bessert ./. Frankreich*, UN Doc. CCPR/C/60/D/549/1993/Rev.1, 29. Dezember 1997, § 10.3.

auf ethnische Gruppen anwendbar ist,[13] obgleich diese ursprünglich nicht in seinen Anwendungsbereich einbezogen werden sollten.[14] Sowohl Fragen der Rechtsträgerschaft als auch der Reichweite des Rechts selbst sind aber umstritten und auch die Staatenpraxis ist uneinheitlich, so dass es ethnischen Gruppen derzeit wohl zumindest keine konkreten Partizipationsrechte vermittelt. Dagegen gehen STEIN UND VON BUTTLAR davon aus, dass es immerhin in allgemeiner Form Staatsbürgern ungeachtet ihrer ethnischen Zugehörigkeit ein Recht auf die Teilhabe an staatlichen Entscheidungen gewährleiste.[15] Außerdem wird aus dem inneren Aspekt des Selbstbestimmungsrechts das Recht auf Selbstverwaltung abgeleitet.[16] Auch hier existieren keine konkreten Anhaltspunkte für die Ausgestaltung autonomer Regime.

3. Durchsetzungsmechanismen

Für die Durchsetzung der oben genannten Rechte stehen neben politischer Vermittlung, Beratung und den allgemeinen Mechanismen des Rechtsvollzugs im Völkerrecht im Wesentlichen drei Mechanismen zur Verfügung: Gerichtsverfahren, quasi-gerichtliche Verfahren und Berichtsverfahren.[17]

---

13 Brems, *Die politische Integration ethnischer Minderheiten aus staats- und völkerrechtlicher Sicht*, S. 90 ff.

14 Cristescu, *The Right to Self-Determination*, § 279.

15 T. Stein und Buttlar, *Völkerrecht*, Rn 689 ff.

16 Vgl. Darstellung bei Wheatley, *Democracy, Minorities and International Law*, S. 106 ff.

17 Gemeint sind mit dem Begriff des Rechtsvollzugs im Wesentlichen Akte staatlicher Selbsthilfe im Sinne der Retorsion. Dabei handelt es sich um eine unfreundliche, aber noch im Einklang mit dem Völkerrecht stehende Maßnahme mit dem Ziel, das völkerrechtswidrige Verhalten eines anderen Staates zu unterbinden. Dazu gehört etwa der Abbruch diplomatischer Beziehungen oder die Einstellung von Zahlungen und anderen Leistungen im Rahmen der Entwicklungszusammenarbeit. Umstritten ist indes, ob ein entsprechendes Reaktionsrecht bei der Verletzung des Völkerrechts auch hinsichtlich nicht unmittelbar betroffener Staaten besteht, vgl. Zemanek, "New Trends in the Enforcement of erga omnes Obligations". Der Entwurf der ILC zur Staatenverantwortlichkeit räumt in Art. 48 Dritten nur das Recht ein, die Beendigung der Rechtsverletzung und die Beachtung der verletzten Rechtspflicht zu fordern und sieht keine besonderen Reaktionsrechte Dritter vor. HOBE bezweifelt indes, dass eine derartige Beschränkung von Reaktionsrechten mit geltendem Völkerrecht vereinbar ist, Hobe, *Einführung in das Völkerrecht*. „Repressalien" im Sinne völkerrechtswidriger Akte, die als Antwort auf vorangegangene völkerrechtswidrige Akte gerechtfertigt sind, dürften hingegen auf die vorgenannten Rechte mangels eines entsprechenden

a) Gerichtsverfahren

Auf europäischer Ebene ermöglicht ein Verfahren vor dem ECtHR die Überprüfung behaupteter Vertragsverstöße. Seit dem 11. Zusatzprotokoll vom 11.
Mai 1994 sind sämtliche Vertragsstaaten seiner Gerichtsbarkeit automatisch
unterworfen. Die ECHR sieht sowohl eine Individual- als auch eine Staatenbeschwerde vor. Eine Verurteilung verpflichtet den verurteilten Staat zur
Umsetzung des Urteils, worüber das Ministerkomitee des Europarats wacht.
Nach Art. 41 ECHR spricht der ECtHR erfolgreichen Beschwerdeführern
eine gerechte Entschädigung zu. Diese Entschädigung umfasst sowohl einen
Ersatz für den erlittenen materiellen oder immateriellen Schaden als auch
den Ersatz der Kosten und Ausgaben im Verfahren. Zu materiellen Schäden
gehören neben Eigentumsentziehungen bezahlte Geldstrafen und Kosten, die
direkt mit der Verletzung in Zusammenhang stehen.[18] Ersatz immaterieller
Schäden wird gewährt, wenn die Verletzung der ECHR zu Zuständen wie
Furcht, Hilflosigkeit oder Ungewissheit führt.[19] Zweck der Entschädigungsre-
gelung ist es, den Beschwerdeführer nach Möglichkeit so zu stellen, wie er im
Falle des Ausbleibens der Verletzung der ECHR durch den verurteilten Staat
stünde. Die Befugnis zur Feststellung konkreter Abhilfemaßnahmen jenseits
einer Entschädigung ist von der Befugnis, die Verletzung der Primärpflicht
durch den Vertragsstaat festzustellen, erfasst.[20] Allerdings ist die Befugnis
des ECtHR in jedem Fall auf die Feststellung der Konventionsverletzung
begrenzt. Für eine Aufhebung innerstaatlicher Rechtsnormen oder -akte ist er
nicht zuständig. Bedauerlicherweise zeigt die Erfahrung, dass Urteile häufig
nicht adäquat oder nur mit zeitlicher Verzögerung umgesetzt werden.[21]

Auf universeller Eben fehlt es an einem vergleichbaren Verfahren. Lediglich Art. 22 CERD sieht einen Verweis von Streitigkeiten zwischen zwei oder
mehr Vertragsstaaten über die Interpretation und Anwendung der Konvention an den ICJ vor, sofern eine der Parteien dies beantragt. Das Verfahren
endet mit einem Urteil des ICJ über die Auslegung der CERD im konkreten
Streitverhältnis.

Gegenseitigkeitsverhältnisses bei der Verletzung von Menschen- und Minderheitenrechten nicht anwendbar sein.
18 Vgl. ECtHR, 8.7.1986, *Lingens ./. AUT*, Nr. 9815/82.
19 Grabenwarter und Pabel, *Europäische Menschenrechtskonvention*, S. 98.
20 Vgl. Breuer, "Zur Anordnung konkreter Abhilfemaßnahmen durch den EGMR. Der
Gerichtshof betritt neue Wege im Fall Asanidse gegen Georgien", S. 260 ff.
21 Grabenwarter und Pabel, *Europäische Menschenrechtskonvention*, S. 104.

) Quasi-gerichtliche Verfahren

Quasi-gerichtliche Verfahren sind streitige Verfahren, die vor einer nicht-gerichtlichen Institution ausgetragen werden, deren Kompetenz sich in der Feststellung von Tatsachen, ihrer rechtlichen Würdigung und der Abgabe einer hierauf gestützten Empfehlung beschränkt. Bezug zu ethnischen Aspekten weisen insbesondere die Verfahren nach Art. 41 f. ICCPR bzw. Art. 1 ff. OP I ICCPR und jene nach Art. 11 ff., 14 ff. CERD auf.

Die beiden quasi-gerichtlichen Verfahrensarten vor dem HRC sind die Staatenbeschwerde nach Art. 41 f. ICCPR und die Individualbeschwerde nach dem OP vom 23. März 1976. Nach Art. 41 Abs. 1 lit. b ICCPR kann ein Vertragsstaat beim Ausschuss die Verletzung der Bestimmungen des Paktes durch einen anderen Vertragsstaat anzeigen. Voraussetzung dafür ist, dass beide Staaten nach Art. 41 Abs. 1 S. 1 ICCPR erklärt haben, die Zuständigkeit des HRC zur Entgegennahme und Prüfung solcher Mitteilungen anzuerkennen. Weiter ist erforderlich, dass der Beschwerdeführer zuvor den anderen Staat schriftlich auf die nach seiner Auffassung erfolgte Verletzung des Paktes hingewiesen hat und die Sache nicht innerhalb von sechs Monaten zur Zufriedenheit der beiden Vertragsstaaten geregelt worden ist. Das HRC befasst sich indes erst dann mit einer ihm unterbreiteten Sache, wenn es zu der Überzeugung gelangt ist, dass alle zur Verfügung stehenden inner-staatlichen Rechtsbehelfe eingelegt und erschöpft worden sind, sofern das innerstaatliche Verfahren nicht unangemessen lange dauert. Beendet wird das Verfahren durch einen Bericht des HRC.[22] Wird eine nach Art. 41 dem HRC unterbreitete Sache nicht zur Zufriedenheit der Beteiligten geregelt, kann der HRC mit Zustimmung der Beteiligten eine ad hoc-Vergleichskommission einsetzen, um eine gütliche Regelung der Sache herbeizuführen.[23] Auch das Verfahren vor der Vergleichskommission endet mit einem Bericht, der an die Beteiligten übersandt wird. Sofern keine Einigung erzielt wird, nimmt die Kommission in den Bericht neben dem festgestellten Sachverhalt auch ihre Ansichten über die Möglichkeiten einer gütlichen Einigung auf.

Neben der Staatenbeschwerde bietet sich Bürgern jener Staaten, die das erste OP zum ICCPR unterzeichnet haben, die Möglichkeit der Individualbe-schwerde. Nach Art. 2 OP I ICCPR können Einzelpersonen, die behaupten, in einem ihrer im Pakt niedergelegten Rechte verletzt zu sein und die alle zur Verfügung stehenden innerstaatlichen Rechtsbehelfe erschöpft haben

---

22 Art. 41 Abs. 1 S. 4 lit. h ICCPR.
23 Art. 42 ICCPR.

dem HRC eine schriftliche Mitteilung zur Prüfung einreichen. Der betroffene Staat hat sodann dem HRC binnen sechs Monaten eine schriftliche Stellungnahme zu übermitteln und die ggf. getroffenen Abhilfemaßnahmen mitzuteilen.[24] Das Verfahren schließt damit, dass der HRC den Beteiligten seine Auffassungen über den vorgelegten Sachverhalt mitteilt.

Auch die CERD ermöglicht die Einreichung einer Staaten- und einer Individualbeschwerde. Nach Art. 11 ff. CERD kann ein Vertragsstaat sich an das ComERD mit der Mitteilung wenden, dass seiner Auffassung nach ein anderer Vertragsstaat gegen die Bestimmungen der CERD verstößt. Das ComERD leitet diese Mitteilung sodann an den betroffenen Vertragsstaat weiter, der sich binnen drei Monaten in einer schriftlichen Stellungnahme zu den Vorwürfen verhalten und ggf. getroffene Abhilfemaßnahmen mitteilen soll. Wird die Sache nicht zur Zufriedenheit der Beteiligten gelöst, hat jeder der beiden Vertragsstaaten das Recht, die Sache erneut vor das ComERD zu bringen. Das ComERD beruft daraufhin eine ad hoc-Vergleichskommission, die auf eine gütliche Einigung zwischen den Beteiligten hinwirken soll. Das Verfahren vor der Kommission endet mit einem Bericht, der den festgestellten Sachverhalt und Vorschläge der Kommission zur gütlichen Einigung enthält. Dieser Bericht wird den Beteiligten zugestellt, die binnen drei Monaten den Vorsitzenden des ComERD darüber informieren, ob sie die Vergleichsvorschläge annehmen.

Nach § 14 Abs. 1 CERD können die Vertragstaten die Kompetenz des ComERD zur Entgegennahme von Individualbeschwerden anerkennen, deren Gegenstand die Geltendmachung von Verletzungen der CERD durch den Vertragsstaat ist. Entsprechende Beschwerden leitet das ComERD an den betroffenen Vertragsstaat weiter. Dieser soll sich binnen einer Frist von drei Monaten zu den Vorwürfen äußern. Auf der Grundlage der ihm zur Verfügung gestellten Informationen übersendet das ComERD den betroffenen Staaten und den Beschwerdeführern seine Vorschläge und Empfehlungen, die das Verfahren beenden.

c)   Berichtsverfahren

Berichtsverfahren vorsehende Verträge verpflichten die Vertragsparteien dazu, in regelmäßigen Abständen Berichte über den Stand der Implementierung vorzulegen. Diese werden durch einen je nach Vertrag unterschiedlich

---

24 Art. 4 Abs. 2 OP I ICCPR.

gebildeten Ausschuss geprüft, der den Parteien im Anschluss seine Abschlussberichte übersendet und Empfehlungen ausspricht. Entsprechende Bestimmungen finden sich in Art. 9 CERD, Art. 40 ICCPR, Art. 16 ff. ICESCR Art. 24 ff. FCNM und 15 f. ECRML.

II. Grenzüberschreitende und grenzändernde Konfliktlösung

Es gibt Fälle, in denen sämtliche Versuche innerstaatlicher Konfliktlösung scheitern und eine ethnische Gruppe ihre Existenz und Identität nur durch Abspaltung von ihrem bisherigen Heimatstaat und Gründung eines eigenen Staates oder Anschluss an einen anderen Staat schützen zu können glaubt. In diesen Fällen vertreten Drittstaaten bisweilen die Auffassung, die Existenz und Identität einer ethnischen Gruppe nur durch eigene Intervention schützen zu können. In beiden Fällen bestehen Zweifel hinsichtlich der rechtlichen Grundlage der jeweiligen Forderungen, die auf die Ebene der Rechtsdurchsetzung durchschlagen.

1.   Sezession und Staatsgründung

Ein Sezessionsrecht von einem Staat wird vielfach aus dem Selbstbestimmungsrecht der Völker und seiner Umschreibung durch die *Friendly Relations*-Deklaration begründet. Das Selbstbestimmungsrecht der Völker hat seinen Ursprung spätestens in dem der amerikanischen Unabhängigkeitserklärung zugrunde liegenden liberalen Konzept individueller Selbstbestimmung und seiner Aggregation auf Gruppenebene. Nach einer ersten Blütezeit in der romantisch-nationalistischen Gedankenwelt des 19. Jahrhunderts wurde es maßgeblich durch LENIN und den amerikanischen Präsidenten WILSON als zwischenstaatliches Ordnungsprinzip auf internationaler Ebene geltend gemacht. Nach seiner Verankerung in der UN-Charta und im gemeinsamen Art. 1 des ICCPR und des ICESCR erlangte es zunächst vor allem im Zuge der Entkolonialisierung Bedeutung, später auch außerhalb des kolonialen Kontextes. Dort wird dem Selbstbestimmungsrecht bisweilen ein Recht auf Selbstverwaltung und – unter bestimmten Voraussetzungen – ein Legitimationsgrund für bzw. sogar ein Recht auf Sezession entnommen. Über die konkrete Umsetzung eines so verstandenen Rechts herrscht indes Unklarheit.

a) Die Entwicklung des Selbstbestimmungsrechts der Völker

Der Beginn der Entwicklung des Selbstbestimmungsrechts der Völker wird historisch unterschiedlich verortet. GHEBREWEBET sieht ihn in der amerikanischen Unabhängigkeitserklärung vom 04.07.1776, nach SAXER lässt sich „die historische Traditionslinie des Selbstbestimmungsrechts als *staatsschöpferisches Prinzip* (...) bis zur Unabhängigkeitserklärung der Niederländischen Generalstaaten im Jahr 1581 zurückverfolgen.[25] Eine erste Blütezeit erfuhr das Selbstbestimmungsrecht jedenfalls durch den romantischen Nationalismus des 19. Jahrhunderts, dessen Befürworter ein Recht der Bildung national bzw. ethnisch homogener Staaten annahmen. Auf internationaler Ebene wurde das Selbstbestimmungsrecht zu Beginn des 20. Jahrhunderts zuerst durch LENIN angeführt. In seinem Verständnis stellte es die politische Verlängerung seiner ökonomischen Analyse des Imperialismus dar.[26] Sein Ziel sollte vordergründig die Befreiung unterdrückter Völker sein und dadurch der sozialistischen Revolution zum Sieg verhelfen. Daneben diente es als rhetorisches Mittel zur Überwindung des „großrussischen Chauvinismus", den LENIN als Hindernis auf dem Weg zur Vereinigung der Völker des ehemaligen Zarenreiches hinter der sozialistischen Idee begriff. Unterstützt wurde die Idee des Selbstbestimmungsrechts zu etwa derselben Zeit durch den amerikanischen Präsidenten WILSON, freilich mit anderer Zielrichtung. Konkret ging es WILSON um die Neuordnung Europas nach dem Ende des Ersten Weltkrieges.[27] Umgesetzt werden sollte das Selbstbestimmungsrecht über Referenden seitens der jeweils betroffenen Bevölkerung. Ein solches Referendum wurde etwa zur Bestimmung der Grenze zwischen Dänemark und Deutschland im Norden Schleswigs durchgeführt. [28]

---

25 Ghebrewebet, *Identifying Units of Statehood and Determining International Boundaries: A Revised Look at the Doctrine Uti Possidetis and the Principle of Self-Determination*, S. 99; Saxer, *Die internationale Steuerung der Selbstbestimmung und der Staatenentstehung*, S. 201 f.

26 Ghebrewebet, *Identifying Units of Statehood and Determining International Boundaries: A Revised Look at the Doctrine Uti Possidetis and the Principle of Self-Determination*, S. 100.

27 Ebd., S. 102.

28 Vgl. Laponce, "Turning Votes into Territories: Boundary Referendums in Theory and Practice".

b)   Die rechtlichen Grundlagen des Selbstbestimmungsrechts der Völker

Das erste verbindliche Dokument, in dem das Selbstbestimmungsrecht der Völker niederlegt wurde, war die UN-Charta. Seine Berücksichtigung bei der Abfassung der Charta ist wesentlich der Sowjetunion zuzurechnen.[29] In der Charta wird das Selbstbestimmungsrecht an fünf Stellen explizit oder implizit erwähnt, nämlich in Art. 1(2), 2(4) und 55 UN-Charta und in den Kapiteln XI und XII. Darüber hinaus ist es im gemeinsamen Art. 1 der Menschenrechtspakte von 1966 positiviert, was unter den Staaten kontroverse Diskussionen bezüglich seines Rechtscharakters entfachte, deren Ergebnis jedoch den Schutzbereich des Selbstbestimmungsrechts der Völker dahingehend konkretisierte, dass es auch außerhalb des kolonialen Kontexts Anwendung finden sollte, so es schon in die Menschenrechtspakte aufgenommen wird.[30] Schließlich hat das Selbstbestimmungsrecht der Völker Eingang in die Friendly-Relations-Deklaration gefunden,[31] deren Auslegung und Bedeutung für Existenz und Reichweite eines unilateralen Sezessionsrechts umstritten sind.

c)   Sezessionsrecht

Einige Autoren vertreten die Auffassung, das Selbstbestimmungsrecht erstarke unter bestimmten Umständen zu einem Recht auf Sezession. FRANCK bejaht ein Sezessionsrecht in Fällen, in denen einer ethnischen Minderheit die Wahrung ihrer kulturellen Identität verwehrt wird und es dem Staat nicht gelingt, Maßnahmen zur Förderung politischer und sozialer Gleichheit zu ergreifen. Hier könne Repression als eine Form des Kolonialismus betrachtet werden, was der betroffenen Gruppe ein Recht auf Sezession vermittle.[32] Auch die *African Commission on Human Rights and Peoples' Rights* ging im Fall *Katangese Peoples Congress ./. Zaire* implizit von einem solchen Recht aus:

> „(...) *The Commission believes that self-determination may be exercised in any of the following ways – independence, self-government, local government, federalism,*

---

29 Ghebrewebet, *Identifying Units of Statehood and Determining International Boundaries: A Revised Look at the Doctrine Uti Possidetits and the Principle of Self-Determination*, S. 104 mit weiteren Nachweisen.
30 Weitere Nachweise bei ebd., S. 107 f.
31 GA Res. 2625 (XXV).
32 Franck, "Postmodern Tribalism and the Right to Secession", S. 2-27.

confederalism, unitarism or any other form of relations that accords with the wishes of the people but fully cognisant of other recognised principles such as sovereignty and territorial integrity."

„*(...) In the absence of concrete evidence of violations of human rights to the point that the territorial integrity of Zaire should be called to question and in the absence of evidence that the people of Katanga are denied the right to participate in government as guaranteed by Article 13(1) of the African Charter, the Commission holds the view that Katanga is obliged to exercise a variant of self-determination that is compatible with the sovereignty and territorial integrity of Zaire.*"[33]

Zur Bestimmung der neuen Grenzen wird maßgeblich auf das Prinzip *uti possidetis* zurückgegriffen. Im modernen Völkerrecht forderte dieses Prinzip die Beibehaltung der kolonialen Verwaltungsgrenzen im Zuge der Entkolonisierung. Auch außerhalb des kolonialen Kontextes wird die Anwendung dieses Prinzips in Sezessionskonflikten aus unterschiedlichen Gründen befürwortet. KEMPIN führt unter anderem aus, die Klarheit der Regelung verringere das Risiko eines bewaffneten Konfliktes.[34]

2. Intervention durch Drittstaaten

Der Intervention durch Drittstaaten in innerstaatliche Konflikte steht auf den ersten Blick das in Art. 2 Nr. 4 UN-Charta positivierte und zudem völkergewohnheitsrechtlich verankerte Gewaltverbot entgegen, das die Anwendung und Androhung von (militärischer) Gewalt in internationalen Beziehungen untersagt. Von diesem Verbot wird indes eine Reihe von Ausnahmen im Zusammenhang mit ethnischen Konflikten diskutiert. Dabei geht es um ein Recht auf Intervention zum Schutz Drittstaatsangehöriger vor schweren Menschenrechtsverletzungen (kollektive Sicherheit), zum Schutz eigener Staatsangehöriger vor Übergriffen (Selbstverteidigung) und zur Unterstützung unterdrückter Völker bei ihrem Streben nach nationaler Selbstbestimmung.

---

33 ACHRPR, Eighth Annual Activity Report, S. 261, Ziff. 4 und 6.
34 Kempin Reuter, "Dealing with Claims of Ethnic Minorities in International Law", S. 231.

a)   Intervention zum Schutz Drittstaatsangehöriger

Im Rahmen der Diskussion um die Rechtmäßigkeit einer Intervention zum Schutze Drittstaatsangehöriger wird zwischen Interventionen mit und ohne UN-Mandat unterschieden. Im Falle massiver Menschenrechtsverletzungen – etwa durch eine Politik der Rassendiskriminierung wie im Fall Südrhodesien – nahm der Sicherheitsrat insbesondere nach dem Ende der Sowjetunion verstärkt mittelbare Friedensbedrohungen und damit Anlass für die Verhängung von Kollektivmaßnahmen nach § 41 UN-Charta an.[35]. Nicht geklärt ist, ob humanitäre Interventionen auch ohne Mandat des UN-Sicherheitsrates im Sinne einer ungeschriebenen Ausnahme vom Gewaltverbot zuzulassen sind. Insbesondere das Vorgehen der NATO im Kosovo wurde in diesem Zusammenhang kontrovers diskutiert. Befürworter einer ungeschriebenen Ausnahme führen an, dass Art 2(4) UN-Charta „als die territoriale Unversehrtheit schützende Bestimmung in ein Verhältnis zu den an anderer Stelle der Charta anerkannten humanitären Aspirationen gesetzt werden müsse.[36] Gegner einer solch weitgefassten Ausnahme entgegnen unter anderem, der Philosophie der UN-Charta entspreche es gerade, Gewaltanwendung grundsätzlich nur kollektiv und auch dann nur nach vorheriger Autorisierung durch den Sicherheitsrat zu gestatten. Vor diesem Hintergrund sei kein Raum für weitergehende und insbesondere ungeschriebene Ausnahmen vom Gewaltverbot.

b)   Intervention zum Schutz eigener Staatsangehöriger

Nach zum Teil vertretener Auffassung wird das Gewaltverbot durch das Recht der Intervention zum Schutze eigener Staatsangehöriger auf fremdem Staatsgebiet als Maßnahme der Selbstverteidigung eingeschränkt. Im Rahmen des georgisch-russischen Fünftagekrieges formulierte etwa der russische Botschafter bei den Vereinten Nationen:

> *„I have the hono[ ]r to assure you that the use of force by the Russian side is strictly proportionate to the scale of the attack and pursues no other goal but to protect the Russian peacekeeping contingent and citizens of the Russian Federation from the illegal actions of the Georgian side and to prevent future armed attacks against them.*

---

35 Hobe, *Einführung in das Völkerrecht*, S. 277.
36 Vgl. ebd., S. 280 mit Verweis auf Greenwood, "International Law and the NATO Intervention in Kosovo", S. 929.

(...) The use of force by the Russian side in self- defen[s]e will continue until the circumstances that brought it about cease to exist. "[37]

Der damalige russische Präsident MEDVEDEV ergänzte, Russland „werde den Tod seiner Landsleute nicht ungesühnt lassen" und die Schuldigen „ihrer gerechten Strafe zuführen".[38] Nach der *Protection of Nationals Abroad-Doktrin* gingen TSCHURKIN und MEDVEDEV zu Recht davon aus, dass ein Angriff auf eigene Staatsangehörige auch auf fremdem Staatsgebiet das Selbstverteidigungsrecht auslöst und eine Intervention zulasten des Gewaltverbots rechtmäßig ist. HOFMEISTER und andere sehen hingegen in der Staatenpraxis keine hinreichenden Hinweise auf ein allgemeines Recht auf Intervention zum Schutze der eigenen Staatsangehörigen ungeachtet der Akzeptanz durch den Aufenthaltsstaat. Es fehle hierzu mindestens an der für die Annahme einer völkergewohnheitsrechtlichen Weiterentwicklung des Selbstverteidigungsrechts entsprechenden *opinio iuris*.[39]

c)   Intervention zum Schutz unterdrückter Völker

Unterdrückten Völkern räumt die *Friendly Relations*-Deklaration das Recht ein, in ihrem Streben nach Selbstbestimmung Unterstützung von Drittstaaten zu erbitten und zu erhalten:

„In their actions against, and resistance to, such forcible action in pursuit of the existence of their right to self-determination, such peoples are entitled to seek and to receive support in accordance with the purposes and principles of the Charter."

Damit könnte das Selbstbestimmungsrecht nach Ansicht STEINS UND VON BUTTLARS die Grundlage für eine Ausnahme vom Gewaltverbot bilden, die Drittstaaten das Eingreifen in innerstaatliche Konflikte zur Unterstützung sezessionistischer Bewegungen erlauben würde, wie es auch die – allerdings rechtlich unverbindliche – Aggressionsdefinition der UN-Generalversammlung nahelege:[40]

„Nothing in this Definition [...] could in any way prejudice the right to self-determination, freedom and independence, as derived from the Charter, of peoples forcibly deprived of that right and referred to in the [Friendly Relations-]Declaration [...], nor the right of these peoples to struggle to that end and to seek and receive

---

37   TSCHURKIN, UN Doc. S/2008/545.
38   http://www.kremlin.ru/events/president/transcripts/1042, 15.12.2015.
39   Hofmeister, "Don't Mess with Moscow: Legal Aspects of the 2008 Conflict", S. 168 f.
40   Vgl.T. Stein und Buttlar, *Völkerrecht*, Rn 687.

support, in accordance with the principles of the Charter and in conformity with the above-mentioned Declaration. "[41]

Andere entgegnen, die Friendly-Relations-Deklaration dürfe nicht zu einer Relativierung des Gewaltverbots führen.[42] Dies ergebe sich aus dem Hinweis auf die „Übereinstimmung mit den Ziel- und Grundbestimmungen der Charta" der Deklaration. Dem Gewaltverbot sei ein Vorrang vor dem Selbstbestimmungsrecht einzuräumen.

3.   Durchsetzungsmechanismen

Spezifische institutionelle Instrumente zur Durchsetzung des Selbstbestimmungsrechts der Völker existieren bislang nicht. Konfliktparteien müssen sich der einschlägigen Regelungen der UN-Charta bedienen. Während die Durchsetzung des Selbstbestimmungsrechts in Form der Sezession regelmäßig nur durch Selbsthilfe der betroffenen Gruppe in Betracht kommt, können drittstaatliche Interventionen auf der Grundlage von Resolutionen des UN Sicherheitsrates durchgeführt werden. Zu diesem Zweck stellt der Sicherheitsrat eine Bedrohung oder einen Bruch des Friedens im Sinne des Art. 39 UN-Charta fest und beschließt daraufhin Maßnahmen aufgrund der Art. 41 und 42 UN-Charta. Ursprünglich ist mit dem Begriff des „Bruchs des Friedens" ein mit Waffengewalt ausgetragener Konflikt zwischen mindestens zwei Staaten gemeint, wohingegen die „Bedrohung des Friedens" die Gefährdungslage vor einem solchen Friedensbruch bezeichnet hat. Gegen Ende des 20. Jahrhunderts ist der Sicherheitsrat von dieser Interpretation zugunsten eines weiteren Friedensbegriffs abgerückt, der auch innerstaatliche Gewaltanwendung umfasst. Dies ermöglichte beispielsweise die Feststellung einer Friedensbedrohung durch die Auseinandersetzungen im ehemaligen Jugoslawien und die Vornahme von Schutzmaßnahmen zugunsten ethnischer Minderheiten nach Kapitel VII der UN-Charta.

Insgesamt zeigen die UN-Interventionen im Nordirak, in Somalia, Haiti und Ruanda, dass der Sicherheitsrat Interventionen in innerstaatlichen Konflikten zur Verhinderung schwerwiegender Menschenrechtsverletzungen zulässt, ohne zwingend einen internationalen Zusammenhang zu verlangen. Hat der Sicherheitsrat eine Bedrohung oder einen Bruch des Weltfriedens nach Art. 39 UN-Charta festgestellt und sind alle Sanktionsmittel nach Art.

---

41 GA Res. 3314 (XXIX) vom 14.12.1974, Art. 7.
42 Vgl. Hobe, *Einführung in das Völkerrecht*, S. 118 f. mit weiteren Nachweisen.

41 UN-Charta fehlgeschlagen oder von vornherein untauglich, kann er militärische Zwangsmaßnahmen nach Art. 42 UN-Charta ergreifen. In der Praxis autorisiert er in einer Resolution sich zum Eingreifen bereit erklärende Staaten zur Durchsetzung dieser Maßnahmen, wodurch deren Intervention legitimiert wird. Darüber hinaus besteht die Möglichkeit der Entsendung von UN-Friedenstruppen, sofern der betroffene Staat dem zustimmt.

B.   Ethnische Konflikte

Unter einem ethnischen Konflikt versteht man

> „...*a situation in which two or more actors pursue incompatible, yet from their individual perspectives entirely just, goals...[T]he goals of at least one party are defined in (exclusively) ethnic terms, and...the primary fault line of confrontation is one of ethnic distinctions. Whatever the concrete issues may be over which conflict erupts, at least one of the parties will explain its dissatisfaction in ethnic terms.*“[43]

Systematische Untersuchungen ethnischer Konflikte wurden bereits in den siebziger Jahren des 20. Jahrhunderts durchgeführt. In der nun also etwa vierzigjährigen Geschichte dieses Bereichs der Konfliktforschung gelang es bislang nicht, eine umfassende Theorie zu entwickeln, nach welcher mit Sicherheit bestimmt werden kann, unter welchen Umständen es zu einem gewaltsamen ethnischen Konflikt kommen muss. Über die Jahre wurde allerdings eine Reihe von Ansätzen zur näherungsweisen Erklärung der Genese ethnischer Konflikte entwickelt, die in der Mehrzahl auf sozialpsychologischen Beobachtungen und Rational-Choice-Theorien basieren.[44]

I.   Sozialpsychologische Theorien

Ausgangspunkt sozialpsychologischer Konflikttheorien ist die Annahme, dass Konflikte letztlich durch Individuen initiiert werden. Individuen nehmen ihre Umwelt wahr, werten ihre Wahrnehmungen und handeln auf der Grundlage dieser Wertungen. Der „reale" Verlauf eines Konfliktes ist aus sozialpsychologischer Perspektive nicht erheblich – was zählt, ist, was die am Konflikt beteiligten Individuen denken und fühlen, weil dadurch erklärt wer-

---

43 Cordell und Wolff, *Ethnic conflict: causes, consequences, responses*, S. 4 f.
44 Die folgende Darstellung orientiert sich an der Übersicht in: ebd., S. 25 ff.

den kann, warum sie sich in einer bestimmten Weise verhalten.[45] Menschen verhalten sich in Konflikten in Übereinstimmung mit einem bestimmten psychologischen Repertoire, zu dem neben während des Konflikts erworbenen Überzeugungen und Einstellungen auch solche Anschauungen zählen, die sie in verschiedenen Zusammenhängen außerhalb des Konflikts über die Jahre ausgebildet haben. Sozialpsychologische Erkenntnisse bilden somit den Kernbestand des für das Verständnis von Konflikten relevanten Wissens.[46]

1. Realistischer Gruppenkonflikt

Vertreter der Theorie des sog. *realistischen Gruppenkonflikts* gehen davon aus, dass Konflikte zwischen Gruppen entstehen, wenn diese sich im Wettstreit um Ressourcen befinden, die bregrenzt sind oder als begrenzt wahrgenommen werden.[47]

Wettbewerb allein ist allerdings nach Meinung einiger Autoren keine hinreichende Bedingung für die Entstehung eines Konflikts zwischen Gruppen. Hinzukommen müssten Elemente von Bedrohung und Angst.[48] Dabei sei unerheblich, ob eine Bedrohung real sei, solange sie subjektiv empfunden werde. Eine Rolle spielen sollen sowohl Bedrohungen für wirtschaftliche und politische Macht wie auch für Kultur, Traditionen und Sprache.[49] Ein Konflikt sei besonders wahrscheinlich, wenn eine Gruppe ihre Identität oder

---

45 Daniel Bar-Tal, "Introduction: Conflicts and Social Psychology", S. 4.

46 Ebd., S. 3 f. die folgende Übersicht orientiert sich an der Darstellung von D. K. Coutant, Stephen Worchel und Hanza, "Pigs, Slingshots, and Other Foundations of Intergroup Conflict".

47 Ccitesherif1954. Die Theorie geht zurück auf ein Experiment SHERIFS: Jungen in einem Sommerlager wurden willkürlich in zwei Gruppen eingeteilt. Die Gruppen wurden im Folgenden voneinander isoliert und trafen nur zu Wettbewerben aufeinander. In der Folge kam es schnell zu Rivalitäten und intensiven Konflikten, die von symbolischen Handlungen (Verbrennung von Gruppenfahnen) begleitet wurden. Die anschließende Prüfung verschiedener Strategien zur Lösung des Konflikts legt nahe, dass eine Strategie zur Konfliktlösung persönliche Interaktion im Rahmen der Verfolgung gemeinsamer Ziele fördern muss, siehe hierzu Stürmer und Siem, *Sozialpsychologie der Gruppe*, S. 72 ff.

48 Corenblum und W. G. Stephan, "White Fears and Native Apprehensions: An Integrated Threat Theory Approach to Intergroup Attitudes"; W. G. Stephan und C. W. Stephan, "An Integrated Threat Theory of Prejudice"; W. G. Stephan, Ybarra und Bachman, "Prejudice Toward Immigrants".

49 Corenblum und W. G. Stephan, "White Fears and Native Apprehensions: An Integrated Threat Theory Approach to Intergroup Attitudes".

ihre Sicherheit bedroht sehe.[50] Die so empfundene Angst werde dann oft ex post rationalisiert, indem die als Bedrohung empfundene Out-Group dämonisiert werde.[51] Versuche, einer Bedrohung durch einen Ausgleich der Machtverteilung entgegenzuwirken, würden die Wahrscheinlichkeit des Ausbruchs eines offenen Konflikts erhöhen – begünstigen also gerade die Folge, die vermieden werden sollte.[52]

2. Theorie der sozialen Identität

Während die *Theorie des realistischen Gruppenkonflikts* als Konfliktursache einen real existierenden Wettbewerb um knappe Ressourcen voraussetzt, knüpft die *Theorie der sozialen Identität* an die Wahrnehmung der Realität durch das Individuum an. Nach der *Theorie der sozialen Identität* besteht die Identität eines Menschen im Wesentlichen aus zwei Komponenten: Die *persönliche Identität* sei durch die einzigartigen Merkmale des Individuums (Persönlichkeit, Fähigkeiten, Physiologie) geprägt, die *soziale Identität* hingegen habe ihre Wurzeln in der Gruppe, der sich das Individuum zugehörig fühle.[53] Individuen strebten nach einer möglichst positiven Identität, und da „positiv" in diesem Fall ein relativer Begriff sei, verglichen sie sich mit anderen.[54] Ihr Ziel sei dabei, bei einem Vergleich (als Angehörige einer In-Group) besser dazustehen als die Vergleichsgruppe (Out-Group).[55] Folge dieser Bestrebung seien kognitive Verzerrungen, aufgrund derer die eigene Gruppe besser und die Vergleichsgruppe schlechter bewertet werde als sie eigentlich sei.[56]

Der Vergleich zwischen In-Group und Out-Group beschränke sich nicht auf die kognitive Ebene, sondern manifestiere sich im Handeln des Individu-

---

50 S. Worchel und D. Coutant, "Between Conflict and Reconciliation: Toward a Theory of Peaceful Co-Existence".

51 D. K. Coutant, Stephen Worchel und Hanza, "Pigs, Slingshots, and Other Foundations of Intergroup Conflict", S. 50.

52 Moul, "Erratum: Power Parity, Preponderance, and War Between Great Powers, 1816-1989".

53 Tajfel, "Experiments in Intergroup Discrimination"; Tajfel und Turner, "The Social Identity Theory of Intergroup Behavior"; D. K. Coutant, Stephen Worchel und Hanza, "Pigs, Slingshots, and Other Foundations of Intergroup Conflict", S. 41.

54 Festinger, "A Theory of Social Comparison Processes".

55 Tajfel und Turner, "An Integrative Theory of Intergroup Conflict".

56 Siehe auch Blake und Mouton, "Overevaluation of Own's Group's Own Product in Intergroup Competition" und Hastorf und Cantril, "They Saw a Game: A Case Study".

ums. Individuen tendierten zur aktiven Begünstigung der In-Group und zur Benachteiligung der Out-Group.[57] Dabei überwiege der Wille zur Benachteiligung der Out-Group: Individuen würden sogar der In-Group Schaden zufügen, wenn durch diese Handlung die Out-Group so stark benachteiligt werde, dass sich der Unterschied zwischen den beiden Gruppen relativ vergrößere.[58] Obgleich die Theorie der sozialen Identität nahelegt, dass In-Group-Begünstigung und Out-Group-Benachteiligung miteinander zusammenhängen, deuten sowohl Forschungsergebnisse aus realen Szenarien[59] als auch spieltheoretische Überlegungen[60] darauf hin, dass die beiden Strategien voneinander unabhängig sein können und eine positive Identität auch ohne Out-Group-Benachteiligung erreicht werden kann.[61] Es ist noch nicht klar, aufgrund welcher zusätzlichen Faktoren soziale Vergleichsprozesse zu Intergruppenkonflikten führen. Unbestritten bleibt jedenfalls, dass das Streben nach einer positiv besetzten sozialen Identität Einfluss auf ihr Entstehen hat.[62]

3.   Gruppendynamische Theorien

Gruppendynamische Theorien gehen zurück auf LE BONS *Psychologie des foules*.[63] Sie beruhen auf der Annahme, dass die Handlungen von Massen nicht vollständig durch psychologische Prozesse beim Individuum erklärt werden können.[64] Einige Autoren im Bereich der Massenpsychologie stellen allerdings dennoch – wie auch beim Individuum – auf die zentrale Rolle der Identität ab.[65] Sie postulieren, dass Gruppen – ähnlich wie Individuen –

---

57 Mullen, R. Brown und C. Smith, "Ingroup Bias as a Function of Salience, Relevance, and Status: An Integration".

58 Ein experimenteller Beleg findet sich bereits bei Turner, R. J. Brown und Tajfel, "Social Comparison and Group Interest in Ingroup Favouritism".

59 Struch und Schwartz, "Intergroup Aggression: Its Predictors and Distinctness from In-Group Bias".

60 Halevy, Bornstein und Sagiv, "In-Group Love and Out-Group Hate as Motives for Individual Participation in Intergroup Conflict: A New Paradigm".

61 D. K. Coutant, Stephen Worchel und Hanza, "Pigs, Slingshots, and Other Foundations of Intergroup Conflict", S. 43.

62 Ebd., S. 43.

63 Bon, *Psychologie des Foules*.

64 D. K. Coutant, Stephen Worchel und Hanza, "Pigs, Slingshots, and Other Foundations of Intergroup Conflict", S. 43.

65 S. Worchel und D. Coutant, "It Takes Two to Tango: Relating Group Identity to Individual Identity within the Framework of Group Development".

über eine soziale Identität verfügen, die sie *kollektive Identität* nennen. Die kollektive Identität beruhe auf dem Bewusstsein, dass Mitglieder derselben Gruppe dieselbe soziale Identität teilen.[66] Sie führe oft zur Annahme einer „Schicksalsgemeinschaft", in der das Schicksal jedes Gemeinschaftsmitglieds vom Schicksal der Gemeinschaft abhängt. Zugleich begünstigten kollektive Identitäten die Wahrnehmung der In-Group als einzigartig, gemessen an Werten, Überzeugungen, Normen und Sprache.[67] Diese Wahrnehmung leiste Intergruppenkonflikten Vorschub.[68]

Neben einer kollektiven Identität würden Mitglieder einer Gruppe Überzeugungen, Gefühle und Erinnerungen teilen.[69] Kollektive Überzeugungen dienen danach der Gruppenbildung, verstärken den Zusammenhalt innerhalb einer Gruppe und unterscheiden sie eindeutig von der Out-Group.[70] Überzeugungen wie Überlegenheit, Ungerechtigkeit, Verletzlichkeit, Misstrauen und Hilflosigkeit spielen eine zentrale Rolle bei der Entstehung von Konflikten zwischen In- und Out-Groups.[71] Kollektive Gefühle sind solche Gefühle, die von einer großen Zahl von Gruppenmitgliedern empfunden werden.[72] Typische kollektive Gefühle sind Angst, Hass, Schuld, Hoffnung und Sicherheit. Während einige Gefühle (z.B. Angst) die Entstehung eines Konflikts zwischen verschiedenen Gruppen begünstigen, wirken andere Konflikten entgegen (z.B. Hoffnung).[73] Kollektive Überzeugungen und Gefühle werden in der Form kollektiver Erinnerungen von einer Generation an die nächste weitergegeben.[74] Dabei verändern sie sich wie auch individuelle Erinnerungen, werden in der jeweiligen Form als objektive Wiedergabe eines Ereignis-

---

66 David und D. Bar-Tal, "A Sociopsychological Conception of Collective Identity: The Case of National Identity as an Example"; Klandermans und Weerd, "Group Identification and Political Protest".

67 David und D. Bar-Tal, "A Sociopsychological Conception of Collective Identity: The Case of National Identity as an Example".

68 D. K. Coutant, Stephen Worchel und Hanza, "Pigs, Slingshots, and Other Foundations of Intergroup Conflict", S. 44.

69 Daniel Bar-Tal, *Shared Beliefs in a Society: Social Psychological Analysis*; Miron und Branscombe, "Social Categorization, Standards of Justice and Collective Guilt".

70 Daniel Bar-Tal, *Shared Beliefs in a Society: Social Psychological Analysis*.

71 R. J. Eidelson und J. Eidelson, "Dangerous Ideas: Five Beliefs that Propel Groups Toward Conflict".

72 D. Bar-Tal, Halperin und Rivera, "Collective Emotions in Conflict Situations: Societal Implications"; W. G. Stephan und C. W. Stephan, "An Integrated Threat Theory of Prejudice".

73 D. Bar-Tal, Halperin und Rivera, "Collective Emotions in Conflict Situations: Societal Implications".

74 Daniel Bar-Tal, "Sociopsychological Foundations of Intractable Conflicts".

ses oder Zustandes wiedergegeben und stärken das positive Selbstbild der In-Group.[75] Auf der Grundlage der genannten Eigenschaften von Gruppen lassen sich bestimmte Muster im Konfliktverhalten erkennen. So konnte man feststellen, dass Konflikt und Wettbewerb wichtige Funktionen für Gruppen während der Phase ihrer Entstehung darstellen, indem sie die Gruppengrenzen definieren und den inneren Zusammenhalt stärken.[76] Darüber hinaus helfen Konflikte, die Frage der Gruppenführung zu beantworten und fördern über die Führungsfrage die Entwicklung einer klareren Gruppenstruktur.[77] Es lässt sich beobachten, dass politische Führer diesen Mechanismus nutzen, um ihre Position zu stabilisieren, indem sie Konflikt und Wettbewerb zwischen ihrer und einer anderen Gruppe kooperativen Strategien vorziehen.[78] Unterstützt wird diese Taktik durch die Tendenz von Individuen, die Schuld für eigenes Unglück Mitgliedern einer Out-Group zuzuschreiben.[79] Dabei ist es ausreichend, dass das Unglück in der Diskrepanz zwischen einem tatsächlichen und einem von Individuen oder einer Gruppe erstrebten Zustand besteht, auf den ein Anspruch geltend gemacht wird.[80]

II. Rational Choice

Unter dem Sammelbegriff *rational choice* (auch: Theorie der rationalen Entscheidung oder Wahl) versteht man einen Denkansatz, nach dem handelnden Subjekten (Akteuren) rationales Verhalten zugeschrieben wird, das heißt dass die Akteure im Hinblick auf ihre Ziele und Präferenzen ein nutzenmaximierendes Verhalten zeigen, wobei Ziele und Nutzen nicht monetärer Natur sein müssen. Der Ansatz ist streng individualistisch. Das Verhalten von Gruppen wird über das aggregierte Verhalten der sie bildenden Individuen beschrieben. Für die Erklärung ethnischer Konflikte kann zwischen drei Grundtheorien unterschieden werden: (1) empirisch-ökonomische Ansätze,

---

75 D. K. Coutant, Stephen Worchel und Hanza, "Pigs, Slingshots, and Other Foundations of Intergroup Conflict", S. 45.

76 S. Worchel, Coutant-Sassic und Grossman, "A Development Approach to Group Dynamics: A Model and Illustrative Research".

77 Allport, *The Nature of Prejudice*; Bekkers, "A Threatened Leadership Position and Intergroup Competition (A Simulation Experiment with Three Countries)".

78 Rabbie und Bekkers, "Threatened Leadership and Intergroup Competition".

79 Sog. *scapegoat* Theorie, vgl. Berkowitz und Green, "The Stimulus Qualities of the Scapegoat".

80 D. K. Coutant, Stephen Worchel und Hanza, "Pigs, Slingshots, and Other Foundations of Intergroup Conflict", S. 48 f.

die Ethnizität als eine von vielen unabhängigen Variablen berücksichtigen und Erkenntnisse durch die Analyse geeigneter Datensätze anstreben; (2) entscheidungstheoretische Ansätze, die ethnische Komponenten in die Ziel- und Nutzenfunktionen einzelner Akteure integrieren; (3) spieltheoretische Ansätze, die Dilemmata in interdependenten Entscheidungssituationen aufdecken.

1. Ökonomische Konflikttheorien

Ab den neunziger Jahren des 20. Jahrhunderts richteten viele Forscher ihre Aufmerksamkeit verstärkt auf ökonomische Gründe für die Entstehung ethnischer Konflikte. Kerngedanke ökonomischer Konflikttheorien zur Erklärung gewaltsamer, innerstaatlicher Auseinandersetzungen ist, dass Bürgerkriege dann auftreten, wenn die wirtschaftlichen Anreize im Verhältnis zu den Kosten des Konflikts hinreichend groß sind. Damit begrenzen diese Konflikttheorien ihr Erklärungspotenzial von vornherein auf sekundäre Konflikte. Untersucht wird, wann Konflikte gewaltsam ausgetragen werden und nicht, warum sie überhaupt entstehen.

In einer Arbeit aus dem Jahre 1998 gingen COLLIER UND HOEFFLER etwa davon aus, dass der Anreiz für eine Rebellion von den realen Erfolgsaussichten und der Fähigkeit der Rebellen, ihre Unterstützer nach Erreichung ihrer Ziele zu belohnen, abhängig sei.[81] Dies wiederum sei von den Kosten der Rebellion abhängig, die in zwei Dimensionen angegeben werden könnten: Opportunitätskosten rebellischer Tätigkeit (das sind Verluste an anderweitigem Einkommen, die mit rebellischen Aktivitäten einhergehen) und der Rückgang wirtschaftlicher Tätigkeit durch Kriegshandlungen (dazu zählt der Verlust potenzieller Gewinne im Falle eines Sieges). Daraus folge, dass die Kosten einer Rebellion mit der Dauer des Konflikts steigen. Diese theoretischen Überlegungen untersuchten COLLIER UND HOEFFLER anhand von Daten aus dem *Correlates of War*-Projekt von SINGER UND SMALL.[82] Aus der Untersuchung zogen sie folgende Schlussfolgerungen:

---

81 Als Ziele einer Rebellion definieren COLLIER UND HOEFLLER Machtübernahme und Sezession, Collier und Hoeffler, "On Economic Causes of Civil War", S. 564.
82 Singer und Small, *Correlates of War Project: International and Civil War Data, 1816-1992.*

1. Bürgerkriege seien ganz überwiegend ein Phänomen von Staaten mit niedrigem Durchschnittseinkommen, in denen die Opportunitätskosten rebellischer Arbeit niedrig sind;
2. das Vorhandensein natürlicher Ressourcen erhöhe die Wahrscheinlichkeit eines Bürgerkrieges;
3. je größer die Bevölkerung eines Staates sei, desto höher sei die Wahrscheinlichkeit eines Bürgerkrieges und desto länger dauere ein solcher;
4. schädlich für Gesellschaften sei nicht die ethnisch-linguistische Fraktionsbildung per se, sondern vielmehr der Grad der Polarisierung. Sowohl in homogenen als auch in ethnisch stark fraktionalisierten Gesellschaften sei das Risiko eines Bürgerkrieges niedrig, während es in aus zwei vergleichbar großen ethnischen Gruppen bestehenden Gesellschaften um 50 % höher sei.

In einer Veröffentlichung aus dem Jahre 2001 versuchten COLLIER UND HOEFFLER sodann ihre Vermutung zu belegen, dass die Opportunität eines Konfliktes zu seiner Erklärung einen größeren Beitrag leistet als die Motivation der Konfliktparteien.[83] Sie präsentierten die folgenden Ergebnisse: Rohstoffexporte (als Indikator vorhandener Rohstoffe) seien hochsignifikant für die Erklärung von Rebellionen; Opportunitätskosten rebellischer Tätigkeit seien ebenfalls signifikant. Dies ergebe sich daraus, dass höhere Bildungsabschlüsse und höhere Geburtenraten die Wahrscheinlichkeit einer Rebellion senken würden (beides steht nämlich für die Erwartung eines höheren Einkommens); je kürzer die Zeit, die seit dem letzten Konflikt vergangen sei, desto höher sei die Wahrscheinlichkeit eines neuen Konflikts (wegen niedriger Kosten konflikt-spezifischen Kapitals, z.B. Waffen). Die einzige Variable, die nicht auf die Opportunität eines Konflikts rückführbar und dennoch signifikant sei, sei die Dominanz einer ethnischen Gruppe gegenüber mindestens einer anderen: sie verdopple die Wahrscheinlichkeit eines Bürgerkrieges. Hingegen hätten weder das Ausmaß ethnischer Fraktionalisierung noch politischer Repression einen signifikanten Einfluss auf die Entstehung eines Konflikts. Ethnisch heterogene Gesellschaften seien sogar grundsätzlch stabiler als ethnisch homogene.[84]

CORDELL UND WOLFF sehen ein Problem dieser Ergebnisse darin, dass sie auf Datensätzen basieren, in denen nicht hinreichend klar zwischen ethni-

---

83 Collier und Hoeffler, "On the Incidence of Civil War in Africa", S. 17.
84 Ebd., S. 17.

schen und nicht-ethnischen Konflikten unterschieden wird.[85] Je geringer die Zahl der Fälle, in denen ethnische Gruppen und deren spezifische Beschwerden involviert seien, desto weniger signifikant seien sie für die Erklärung von Bürgerkriegen und desto weniger signifikant sind sie für die Erklärung ethnischer Konflikte. Darüber hinaus gebe es eine Reihe von Konflikten, die ohne das Element der Motivation der Konfliktparteien (Angst, Hass usw.) kaum umfassend erklärt werden könnten.[86] Ein weiteres Problem besteht in der unterschiedlichen Interpretierbarkeit der Ergebnisse. COLLIER UND HOEFFLER sehen in hohen Rohstoffexporten einen Indikator für das Vorliegen von Rohstoffen und somit einen die Wahrscheinlichkeit eines Konflikts steigernden Faktor, während die State Failure Task Force unter TED R. GURR – seit 2003 Taskforce on Political Instability – in einer Arbeit aus dem Jahre 2000 hohe Rohstoffexporte als Zeichen einer gelungenen Integration in den Welthandel und daher als die Wahrscheinlichkeit eines Konflikts senkenden Faktor ansieht.[87]

Eine grundlegende Kritik des rein quantitativen Ansatzes Colliers und Hoefflers äußern BALLENTINE UND SHERMAN, die annehmen, dass qualitative Studien geeigneter sind, den Einfluss wirtschaftlicher Faktoren auf die Genese ethnischer Konflikte und ihren Zusammenhang mit nichtwirtschaftlichen Faktoren zu untersuchen.[88] Neben wirtschaftlichen Faktoren berücksichtigen die Autoren sozioökonomische und politische Missstände, interethnische Streitigkeiten und spieltheoretische Modelle. Sie kommen zu dem Ergebnis, dass wirtschaftliche Faktoren nie der einzige Grund für die Entstehung eines ethnischen Konfliktes seien.[89] Selbst in Fällen, in denen man vor allem auf wirtschaftliche Faktoren zur Konflikterklärung abstellen könne, sei nicht klar, auf welche Weise diese zur Entstehung des Konfliktes beitrügen: Durch eine Modifizierung der Kosten-Nutzen-Rechnung der Konfliktparteien oder durch eine Verstärkung der Missstände. In letzterem Falle ließe sich der Effekt auf eine Veränderung der Motivation und nicht auf die Opportunitätskosten der Konfliktparteien zurückführen.

---

85 Cordell und Wolff, *Ethnic conflict: causes, consequences, responses*, S. 34.
86 Ebd., S.34 f.
87 Ebd., S.34 f.
88 Ballentine und Sherman, *The Political Economy of Armed Conflict: Beyond Greed and Grievance*, S. 4-6.
89 Ebd., S. 260 ff.

2. Entscheidungstheoretische Konflikttheorien

Unter einer Entscheidung im Sinne der Entscheidungstheorie versteht man die Auswahl einer unter mehreren Handlungsalternativen. So stehen politische Eliten beispielsweise vor der Wahl, Sezessionen ethnischer Gruppen zuzulassen oder zu bekämpfen, Minderheitensprachen in den Unterrichtsplan an Schulen aufzunehmen oder Unterricht nur in der Mehrheitssprache anzubieten, kulturelle Autonomie zu befördern oder zu verhindern und dergleichen mehr.

„Entscheidungstheoretische Untersuchungen werden in der Absicht vorgenommen, beschreibende (deskriptive) oder vorschreibende (präskriptive) Aussagen zu gewinnen. [...] Die deskriptive Entscheidungstheorie will beschreiben, wie in der Realität Entscheidungen getroffen werden, und erklären, warum sie gerade so und nicht anders zustande kommen. Ihr Ziel ist es, empirisch gehaltvolle Hypothesen über das Verhalten von Individuen und Gruppen im Entscheidungsprozess zu finden, mit deren Hilfe bei Kenntnis der jeweiligen konkreten Entscheidungssituation Entscheidungen prognostiziert bzw. gesteuert werden können. Die präskriptive (oder normative) Entscheidungstheorie will nicht die tatsächlichen Entscheidungsprozesse beschreiben und erklären, sondern zeigen, wie Entscheidungen "rational" getroffen werden können. Sie will Ratschläge für die Lösung von Entscheidungsproblemen erteilen, also Antwort geben auf die Frage, was ein Entscheider in unterschiedlichen Entscheidungssituationen tun soll. Im Rahmen der präskriptiven Entscheidungstheorie (sie wird auch als Entscheidungslogik bezeichnet) wird vom konkreten Gehalt der jeweiligen Entscheidungssituation weitgehend abstrahiert. Es werden Grundprobleme der Auswahl aus mehreren einander ausschließenden Handlungsalternativen untersucht, die in allen oder zumindest in zahlreichen Entscheidungssituationen entstehen."[90]

Zur Erklärung ethnischer Konflikte bestimmt man optimale und daher naheliegende Verhaltensweisen einzelner Akteure in Anbetracht ihrer Ziel- und Präferenzsysteme. Dabei kann objektiven monetären Erwägungen ebenso Rechnung getragen werden wie subjektiven Wahrnehmungen der entscheidungsrelevanten Umweltzustände. Ist der dominanten ethnischen Gruppe in einer Gesellschaft beispielsweise wirtschaftlicher Aufschwung wichtiger als kulturelle Vielfalt, mag es für sie einfacher und naheliegender sein, sprachliche und kulturelle Anpassung seitens der ethnischen Minderheiten zu fordern und die Pflege der kulturellen Identitäten der Minderheiten dem privaten Sektor zu überlassen, als staatliche Mittel in die Förderung von Minderheitensprachen als Zweitsprachen zu investieren, anstatt Infrastrukturprojekte zu finanzieren. Gleichzeitig können kulturelle Fragen für Minderheiten – anders als für die dominante ethnische Mehrheit – konkrete wirtschaftliche Bedeu-

---

90 Laux, Gillenkirch und Schenk-Mathes, *Entscheidungstheorie*, S. 3.

tung haben, etwa wenn mangelhafte Förderung sprachlicher Minderheiten zu Wettbewerbsnachteilen und damit zu einer strukturellen Benachteiligung ganzer Gruppen führt. Wenn derartige Zielkonflikte ungelöst bleiben, kann es für ethnische Minderheiten in der Tat aussichtsreich erscheinen, eine Sezession anzustreben, um systematischer Benachteiligung zu entgehen, ohne die eigene kulturelle Identität aufgeben zu müssen.[91] Eine besondere Rolle spielt die Modellierung der Entscheidungssituationen politischer Eliten. Geraten diese politisch in Bedrängnis, kann es zur Erreichung ihres unmittelbaren Zieles (Machterhalt) opportun sein, ethnische Spannungen zu schaffen oder zu verstärken:

> *„Ethnic bashing and scapegoating are tools of the trade, and the mass media are employed in partisan and propagandistic ways that further aggravate inter-ethnic tensions."*[92]

Ein Teil der Literatur bezieht die internationalen Dimension in die Entscheidungsprobleme ein, die sich bei ethnischen Konflikten stellen. So demonstrierte KUPERMAN, wie das Versprechen (oder die Wahrscheinlichkeit) einer humanitären Intervention ethnische Konflikte verschärfen oder auslösen könne, indem einer ansonsten unterlegenen Konfliktpartei eine realistische Aussicht auf Erfolg vermittelt werde, die zu riskanten Manövern motivieren könne.[93] Damit sei es möglich, dass humanitäre Interventionen genau das Resultat herbeiführten, das sie eigentlich zu verhindern suchten.[94] Allerdings wird die internationale Dimension nur als einer von vielen Faktoren gesehen, die zur Entstehung eines ethnischen Konfliktes beitragen können.[95]

3. Spieltheoretische Konflikttheorien: Das Sicherheitsdilemma

Die Spieltheorie beschäftigt sich mit der Modellierung von Entscheidungssituationen, in denen sich mehrere Beteiligte gegenseitig beeinflussen und findet als originär mathematische Disziplin in einer Reihe von anderen Fel-

---

91 Für einen Überblick siehe: M. E. Brown, "The Causes of Internal Conflict: An Overview", S. 9, Horowitz, *Ethnic Groups in Conflict*, Newman, "Does Modernization Breed Ethnic Conflict?"
92 M. E. Brown, "The Causes of Internal Conflict: An Overview", S. 10.
93 Kuperman, "The Moral Hazard of Humanitarian Intervention: Lessons from the Balkans"; siehe auch Janus, "Interventions and Conflict Incentives".
94 Kuperman, "The Moral Hazard of Humanitarian Intervention: Lessons from the Balkans", S. 50.
95 Cordell und Wolff, *Ethnic conflict: causes, consequences, responses*, S. 43.

dern Anwendung, unter anderem in der Erforschung der Mechanismen internationaler Beziehungen. Hier hat sie insbesondere durch die Figur des sogenannten Sicherheitsdilemmas größere Beachtung gefunden. Bei einem solchen handelt es sich um eine Situation, in der das Beharren der beteiligten Staaten auf ihren sicherheitspolitischen Interessen und ihren daraus folgenden Entscheidungen letztlich zu mehr Instabilität und nicht zu mehr Sicherheit führt.

In der Terminologie der Spieltheorie handelt es sich bei einem Sicherheitsdilemma um ein Koordinationsspiel[96] mit zwei Nash-Gleichgewichten,[97] wie es unten in sogenannter strategischer Form dargestellt ist. Es beschreibt – so die Hintergrundgeschichte – die Situation, in der sich die Sowjetunion und die USA nach dem Ende des zweiten Weltkriegs befanden. Jedes der beiden Länder war in der Lage, Kernwaffen herzustellen. Die höchsten Auszahlungen hätten beide Länder erreicht, indem keines von beiden Kernwaffen hergestellt hätte, da die Herstellung kostenintensiv war und das Risiko eines nuklearen Krieges in sich trug, sobald die Waffen einsatzbereit waren. Der nächst günstige Fall für jeweils eines der beiden Länder wäre es gewesen, Atomwaffen zu besitzen, während das jeweils andere Land sie nicht besaß oder zumindest Atomwaffen zu besitzen, während das andere Land ebenfalls über solche Waffen verfügte. Im ungünstigsten Fall besaß ein Land keine Atomwaffen, während das jeweils andere über sie verfügte.

		USA	
		Atomwaffen (-)	Atomwaffen (+)
UdSSR	Atomwaffen (+)	3, 1	2, 2
	Atomwaffen (-)	4, 4	1, 3

Die Gleichgewichte liegen damit beim beiderseitigen Besitz und beim beiderseitigen Nichtbesitz von Atomwaffen. Das Dilemma besteht darin, dass die Strategie mit den günstigsten Auszahlungen das Risiko der Abweichung des anderen Landes birgt und damit ein Anreiz besteht, die Strategie zu wählen, die kein solches Risiko birgt, aber gleichzeitig niedrigere Auszahlungen verspricht.[98]

---

96 Das ist ein Spiel, bei dem die Spieler bzw. die Staaten durch die Koordination ihres Verhaltens die höchsten Auszahlungen (die für sie besten Ergebnisse) erzielen können.

97 Unter einem Nash-Gleichgewicht versteht man eine Kombination von Strategien, von der aus es für keinen Spieler vorteilhaft ist, von seiner Strategie abzuweichen. Die Strategien sind gegenseitig beste Antworten.

98 Beispiel nach Maschler, Solan und Zamir, *Game Theory*, S. 98/99.

In Kontext der Internationalen Beziehungen liegen dem Konzept des Sicherheitsdilemmas die Annahmen zugrunde, dass das internationale System nicht hierarchisch geordnet, sondern anarchischer Natur ist,[99] Staaten für andere Staaten in der Regel eine militärische Bedrohung darstellen können und Staaten sich nie gänzlich über die Intentionen anderer Staaten sicher sind.[100] Ergreift ein Staat in einem Kontext allgemeiner Unsicherheit Maßnahmen der Aufrüstung zum Selbstschutz, kann dies durch andere Staaten als Vorbereitung aggressiven Verhaltens interpretiert werden und ebenfalls Aufrüstung provozieren, die wiederum als aggressives Verhalten (fehl-)interpretiert wird. Dieser Ansatz wurde durch POSEN für die Erklärung ethnischer Konflikte auf nationaler Ebene fruchtbar gemacht. An die Stelle der dem internationalen System inhärenten Anarchie tritt bei Posen die institutionelle Unsicherheit nach einem Regierungswechsel.[101] Nach LAKE UND ROTHCHILD sind für die sich aus einem Sicherheitsdilemma heraus entwickelnden Konflikte zwei weitere Merkmale charakteristisch:[102]

1. Gruppen erhalten nicht die Information, die notwendig wäre, um untereinander Brücken zu bauen und neigen dazu, die Handlung anderer Gruppen und deren Handlungsmöglichkeiten falsch einzuschätzen und
2. Gruppen können ihre friedlichen Absichten gegenüber anderen Gruppen nicht überzeugend darstellen.

Die allgemeine Unsicherheit, die die Grundlage jedes Sicherheitsdilemmas bildet, ergibt sich nach WALTER aus fünf sogenannten *Angst erzeugenden Milieus*, in denen Krieg wahrscheinlicher sei als seine Alternativen:[103]

1. Der Zusammenbruch einer Regierung;
2. geographische Isolierung oder Verwundbarkeit;
3. sich wandelnde Gleichgewichte politischer und demographischer Macht;
4. Redistribution ökonomischer oder militärischer Ressourcen und
5. erzwungene oder freiwillige Entwaffnung.

---

99 Waltz, *Theory of international politics*.
100 Mearsheimer, *The Tragedy of Great Power Politics*.
101 Posen, "The Security Dilemma and Ethnic Conflict".
102 Lake und Donald Rothchild, "Containing Fear: The Origins and Management of Ethnic Conflict".
103 Walter, "Introduction", S. 4 ff. Zu den genannten Milieus müssen nach Walter skrupellose Führer als primäre Katalysatoren des Konflikts hinzugedacht werden, welche die Führungen konkurrierender Gruppen als „unverbesserliche, raubtierhafte Rivalen" darstellen.

Als weiteres Angst erzeugendes Milieu ergänzen CORDELL UND WOLFF den Wechsel externer Schutzmächte beziehungsweise einen Wandel des Machtgleichgewichts zwischen verschiedenen Schutzmächten.[104]

C. Konfliktlösungsstrategien

In der Konfliktforschung hat sich eine Reihe von Ansätzen zur Lösung ethnischer Konflikte herausgebildet. Auf der einen Seite stehen integrative Strategien zur Einbindung ethnischer Gruppen in gegebene Staatsstrukturen durch den Schutz vor Diskriminierung, den Schutz kultureller Charakteristika und durch die aktive Partizipation an politischen Entscheidungsprozessen. Auf der anderen Seite stehen Strategien der Integrationslockerung, darunter etwa Selbstverwaltung, Sezession und – in seltenen Fällen – ein militärisches Eingreifen durch Drittstaaten.

I. Integration und institutionelle Mediation

Die Integration ethnischer Minderheiten in vorhandene Staatsstrukturen wird üblicherweise auf drei Wegen angestrebt: Die Grundlage der Integration wird durch die Herstellung formeller Gleichheit und materieller Chancengleichheit gebildet. Mechanismen institutionalisierter Partizipation binden ethnische Gruppen in politische Entscheidungsprozesse ein und tragen damit zur Wahrnehmung subjektiver Gerechtigkeit bei. In Konfliktfällen vermitteln Institutionen zwischen den Streitparteien und ermöglichen eine friedliche Streitbeilegung.

1. Geichheit

Diskriminierung aufgrund der Zugehörigkeit zu einer ethnischen Gruppe gehört zu den am weitesten verbreiteten Integrationshindernissen und gilt als eine der Hauptquellen ethnischer Konflikte. Entsprechend gehört die Forderung nach Gleichbehandlung zu einer der zentralen Forderungen ethnischer Minderheiten, deren Erfüllung die Integration dieser Minderheiten

---

104 Cordell und Wolff, *Ethnic conflict: causes, consequences, responses*, S. 27.

befördern sollte.[105] Empirische Untersuchungen, die die Bedeutung formeller Gleichheit für die Integration ethnischer Minderheiten bestätigen, existieren nicht. Ein Grund hierfür ist vermutlich, dass diese Voraussetzung trivial und der Beweis ihrer Notwendigkeit überflüssig scheint. Neben dem Schutz vor willkürlicher Ungleichbehandlung aufgrund ethnischer Merkmale wird im Schrifttum die Stärkung der Gruppenidentität durch Maßnahmen positiver Diskriminierung und durch kulturelle Rechte als Bedingung erfolgreicher Integration angesehen.[106] Dies beruht auf der Annahme, dass dadurch Angehörigen ethnischer Minderheiten die Angst vor totaler Assimilation und dem Verlust der eigenen Kultur genommen und damit die Integrationsbereitschaft begünstigt werde. Neben der besonderen Förderung von Minderheitensprachen und der Minderheitenkultur kann die Lage der Minderheiten vor allem dadurch verbessert werden, dass man sie bei der Teilnahme an politischen Entscheidungsprozessen durch Ausnahmeregelungen unterstützt und ihnen den Einzug in Parlamente durch feste Quoten oder den Verzicht auf eine Mindestanzahl von Stimmen für Minderheitenparteien erleichtert. Die daraus resultierende Ungleichbehandlung von Mehr- und Minderheit kann mit dem auf der Minderheit lastenden Assimilationsdruck und der demokratischen Mehrheitsentscheidungen inhärenten Benachteiligung zahlmäßig unterlegener Gruppen begründet werden.

2. Partizipation

Dem Gedanken der Integration durch Partizipation liegt die Vorstellung zugrunde, dass die Beteiligung an Entscheidungsprozessen die Akzeptanz ihrer Resultate erhöht, indem sie die Anforderungen prozeduraler Gerechtigkeit erfüllt.[107] Dieser Gedanke wird durch empirische Befunde gestützt, die belegen, dass der Ausschluss ethnischer Gruppen von Entscheidungsprozessen die Entstehung von Konflikten begünstigt.[108] Neben individuellen Rechten zur Teilnahme an politischen Entscheidungsprozessen – die oft mit Fragen der Staatsangehörigkeit verknüpft werden – existiert eine Reihe institutioneller

---

105 Kempin, "Ethnic Conflict and International Law: Group Claims and Conflict Resolution within the International Legal System", S. 84.

106 Bermudaz, Pla und Marquez, "Conflict Resolution through Cultural Rights and Cultural Wrongs: The Kosovo Example", S. 295.

107 Raiser, *Grundlagen der Rechtssoziologie*, S. 217.

108 Cederman, *Debunking Myths about Civil Wars: Facts about Ethno-Nationalist Conflict*.

Modelle, welche die politische Partizipation ethnischer Minderheiten gewähr-leisten und damit Konflikte verhindern bzw. auflösen sollen. Einer der promi-nentesten unter diesen Ansätzen ist das Modell der Konkordanzdemokratie, das sich durch vier Charakteristika auszeichnet: Eine aus einer großen Koali-tion bestehenden Regierung, die durch jene Parteien gebildet wird, welche die Hauptsegmente der geteilten Gesellschaft repräsentieren; Proportionali-tätsregeln, die den gesamten öffentlichen Sektor umfassen; Selbstverwaltung in den Bereichen, welche die ethnischen Gruppen für die Erhaltung ihrer Identität besonders wichtig erachten; und Vetorechte für Minderheiten bei Verfassungsänderungen.[109] Konkordanzdemokratische Systeme verfolgen das Ziel, die Rechte und Identitäten aller Gruppen zu sichern und politische Institutionen zu schaffen, die die Vorzüge der Gleichheit ohne die Nachteile drohender Assimilierung gewähren. Durch die Quotenregelung der großen Koalition wird sichergestellt, dass alle ethnischen Gruppen am politischen Entscheidungsprozess partizipieren können. Der Erfolg konkordanzdemokra-tischer Systeme ist allerdings an drei Voraussetzungen gebunden: Keine der ethnischen Gruppen darf das Ziel verfolgen, auf lange Sicht die anderen Grup-pen zu assimilieren oder einen eigenen Nationalstaat zu gründen – politische Eliten müssen also die Bedeutung einer nationalen Identität herunterspielen oder eine übergeordnete, supraethnische Identität schaffen, wie dies etwa in Jugoslawien oder in der Sowjetunion versucht wurde; das Bekenntnis der politischen Elite zur Konkordanzdemokratie muss bei Generationswechseln stabil bleiben; und die politischen Vertreter der ethnischen Gruppen müssen politisch autonom sein, um Kompromisse aushandeln zu können, ohne des Verrats bezichtigt zu werden, was nur dann möglich ist, wenn sie innerhalb ihrer ethnischen Gruppe über eine breite Unterstützung verfügen.[110] Daraus wird die Schlussfolgerung gezogen, dass konkordanzdemokratische Systeme für stark geteilte Gesellschaften nicht geeignet seien.[111] LUSTICK, MIODOW-NIK UND EIDELSON kommen allerdings zu dem Ergebnis, dass Power-Sharing eine effektive Strategie zur Lösung ethnischer Konflikte sei.[112] Auch nach

---

109 Lijphart, *Democracy in Plural Societies*, S. 25-52.
110 McGarry und O'Leary, "The Political Regulation of National and Ethnic Conflict", S. 113 f.
111 Horowitz, *Ethnic Groups in Conflict*, S. 571 f.
112 Lustick, Miodownik und R. J. Eidelson, "Secessionism in Multicultural States: Does Sharing Power Prevent or Encourage it?"

gewaltsamen Konflikten seien Power-Sharing-Elemente dazu geeignet, den Frieden zu stabilisieren.[113]

3. Institutionen

Neben Gleichheits- und Partizipationsrechten sollen zwischen ethnischen Gruppen vermittelnde Institutionen zur Verringerung der Wahrscheinlichkeit beziehungsweise zur Lösung ethnischer Konflikte beitragen.[114] (Internationale) Institutionen sind „auf Dauer gestellte und verfestigte Verhaltensmuster einer angebbaren Menge von Akteuren in sich wiederholenden Situationen",[115] denen „Normen und Regeln" zugrunde liegen, die „das Handlungsrepertoire der Akteure bestimmen."[116] Institutionen sollen einen Rahmen für Kommunikationsprozesse zwischen konfligierenden Parteien bilden, durch welche wechselseitiges Vertrauen gefördert werde.[117] Das institutionelle Repertoire reicht von Kommissionen und Kommissaren über Ombudsmänner und formalisierte Mediation bis hin zu gerichtlichen und quasi-gerichtlichen Verfahren.[118] So vermittelt etwa in Belgien eine ständige Kommission in Fragen linguistischer Rechte, während verfassungsrechtliche Fragen in einem Verfahren vor dem Conseil d'État oder dem Court d'Arbitrage entschieden werden. Wo Gleichheitsrechte gewissermaßen Ziele vorgeben, deren Erreichung Angehörige einer ethnischen Gruppe durch die Inanspruchnahme von Partizipationsrechten vorantreiben können, legen institutionelle Lösungsansätze den Schwerpunkt auf das prozessuale Element. Zum einen erhöhen als fair empfundene Prozesse regelmäßig die Akzeptanz des Ergebnisses,[119] zum anderen wird vertreten, dass durch Mediationsverfahren die Präferenzen der Parteien dergestalt beeinflusst werden können, dass sich die Wahrscheinlichkeit einvernehmlicher Konfliktlösung erhöhe.[120]

---

113 Mattes und Savun, "Fostering Peace after Civil War: Commitment Problems and Agreement Design".
114 Easterly, "Can Institutions Resolve Ethnic Conflict?"; siehe auch Ratner, "Does International Law Matter in Preventing Ethnic Conflict?"; allgemeiner Brühl, "Internationale Organisationen, Regime und Verrechtlichung".
115 Zürn, "Theorie internationaler Institutionen", S. 26.
116 Brühl, "Internationale Organisationen, Regime und Verrechtlichung", S. 228.
117 Ebd., S. 225; Müller, "Internationalismus und Regime".
118 Schneckener, "Models of Ethnic Conflict Resolution", S. 30.
119 Raiser, *Grundlagen der Rechtssoziologie*, S. 217.
120 Spain, "Using International Dispute Resolution to Address the Compliance Question in International Law", S. 862.

Empirisch konnten bisher allerdings keine anhaltenden positiven Effekte mediativer Verfahren nachgewiesen werden.[121] Dies wird zum Teil damit erklärt, dass Mediatoren zwar gut darin seien, durch positive oder negative Anreize kurzfristige Übereinkommen zu erreichen. Langfristig könnten diese Anreize aber nicht aufrechterhalten werden, so dass der Effekt der Mediation mit der Zeit nachlasse.[122] Eine andere mögliche Erklärung dieser Ergebnisse liegt darin, dass Mediation kein zufällig auftretendes Ereignis ist und dass Mediatoren regelmäßig in besonders schwierigen Fällen konsultiert werden, in denen die Konfliktlösungschancen von vornherein gering sind.[123]

II. Integrationslockerung und Intervention

Führt der Versuch der Konfliktlösung mittels der Herstellung von Gleichheit, der Ermöglichung politischer Partizipation und der Streitbeilegung durch vermittelnde Institutionen nicht zur erfolgreichen Lösung eines ethnischen Konflikts, müssen alternative Konfliktlösungsansätze erwogen werden. Ein populärer Ansatz ist die Gewährung territorialer oder personeller Autonomie. Daneben wird in der Literatur die Meinung vertreten, in seltenen Fällen sei auch die Sezession einer kompakt siedelnden ethnischen Minderheit ein vertretbarer Ansatz zur Lösung ethnischer Konflikte. Schließlich seien in extremen Fällen, in denen die physische Existenz einer ethnischen Minderheit bedroht sei, militärische Interventionen in Erwägung zu ziehen.

1. Autonomie

In vielen Fällen streben ethnische Gruppen nach Formen der Selbstverwaltung in kulturellen Angelegenheiten, um ihre kollektive Identität zu stärken. Es scheint daher naheliegend, dass die Etablierung entsprechender Autonomieregime helfen kann, ethnischen Konflikten präventiv entgegenzuwirken

---

121 Siehe Hartzell und Amy Yuen, "The Durability of Peace" unter Verweis auf das Modell von Smith und Stam in: A. Smith und Stam, "Mediation and Peacekeeping in a Random Walk Model of Civil and Interstate War".
122 Beardsley, "Agreement without Peace? International Mediation and Time Inconsistency Problems".
123 Gartner und Bercovitch, "Overcoming Obstacles to Peace: The Contribution of Mediation to Short-Lived Settlements".

oder bestehende Konflikte zu lösen.[124] Je nach Siedlungsverhalten der Angehörigen einer Gruppe kommen unterschiedliche Ausgestaltungen der Autonomieregelung in Betracht. In Fällen konzentrierter Siedlung auf einem klar abgrenzbaren Gebiet ist die Gewährung territorialer Autonomie regelmäßig Gegenstand der Forderungen und gleichzeitig der vermutlich praktikabelste Ansatz. Hier werden der ethnischen Gruppe Entscheidungsbefugnisse in festgelegten Bereichen übertragen, die nur innerhalb des benannten Gebietes gelten, dort aber regelmäßig auch für Angehörige anderer ethnischer Gruppen verbindlich sind.[125] Sind die Angehörigen einer ethnischen Gruppe über ein größeres Gebiet verteilt und ist ihr Siedlungsgebiet nicht klar von den Siedlungsgebieten anderer Gruppen abgrenzbar, bietet sich die Variante der sogenannten personellen Autonomie an. Die innerhalb eines Regimes personeller Autonomie gesetzten Regeln gelten für das gesamte Staatsgebiet, Adressaten sind aber nur die Angehörigen der entsprechenden ethnischen Gruppe.[126]

Autonomieregelungen haben eine Reihe von Vorzügen. Sie sind in ihrer Ausgestaltung flexibel und können das Problem struktureller Benachteiligung ethnischer Minderheiten in demokratischen Systemen kompensieren. Darüber hinaus haben sie sich in vielen Fällen in der Praxis bewährt. So konnte etwa der sprachlichen Spaltung Kanadas für über hundert Jahre ein stabiler rechtlicher Rahmen gegeben werden, bevor erste Sezessionsforderungen laut wurden. Auch Indien konnte durch den Einsatz territorialer Autonomie in den 1950er Jahren die sprachliche Vielfalt seiner Bevölkerung so organisieren, dass die Bedrohung der innerstaatlichen Einheit abgewendet wurde.[127] Ein weiteres erfolgreiches Beispiel für den möglichen Erfolg territorialer Autonomie sind die Åland-Inseln. Hier genießt die schwedischsprachige Bevölkerung unter finnischer Souveränität bereits seit 1921 kulturelle und politische Autonomie. Auch Grönland, die Faröer-Inseln und Südtirol stellen Beispiele erfolgreicher Konfliktlösung durch die Einrichtung territorialer Autonomie dar. Eine der Stärken (vor allem territorialer) Autonomie besteht darin, dass sie einen Kompromiss zwischen den Maximalforderungen Sezession und Einheitsstaat darstellt und in der Sache regelmäßig die Kernin-

---

124 Siehe Kempin, "Ethnic Conflict and International Law: Group Claims and Conflict Resolution within the International Legal System", S. 95; Ghai, "Autonomy as a Strategy for Diffusing Conflict", S. 483.

125 Beispiele territorialer Autonomie sind das Baskenland, Puerto Rico, Hong Kong, Grönland, Neu-Kaledonien und Südtirol.

126 So etwa die Samen in Norwegen.

127 Ghai, "Autonomy as a Strategy for Diffusing Conflict", S. 494 f.

teressen der ethnischen Minderheit befriedigt. Damit kann sie die politische Integration ethnischer Minderheiten fördern.[128] Trotz der offensichtlichen Vorteile, die Autonomieregelungen mit sich bringen können, werden gegen die mit ihr verbundene Dezentralisierung vereinzelt Bedenken vorgebracht. Gegenstand der Kritik ist die Vermutung, dass die Erfüllung einer Forderung nach territorialer Autonomie sezessionistische Tendenzen bestärke und im Ergebnis nicht zur Lösung, sondern zu einer Verschärfung eines Konfliktes führe.[129] Die Kritik ist allerdings nur eingeschränkt begründet. BRANCATI kam in einer Studie aus dem Jahre 2006 zu dem Ergebnis, dass Maßnahmen territorialer Autonomie grundsätzlich geeignet sind, zur Lösung ethnischer Konflikte beizutragen.[130]

2. Sezession

Es kommt vor, dass ethnische Minderheiten sich nicht bereit zeigen, im Rahmen einer Autonomieregelung im Staatsverband zu verbleiben und die Sezession des von ihnen bewohnten oder verwalteten Gebietes anstreben. Eine Sezession führt zur Abspaltung eines Gebietes von einem Staat, die entweder mit einer Unabhängigkeitserklärung oder dem Anschluss an einen anderen Staat einhergeht. Ob ein solches Verfahren der Lösung ethnischer Konflikte dient, ist nach wie vor umstritten. Vertreter dieses Ansatzes argumentieren, dass die Sezession vor allem in Fällen eines Sicherheitsdilemmas das Mittel der Wahl sei, weil keine Aussicht auf Einigung bestehe. Wichtig sei aber, dass die Streitparteien bereits vor der Sezession territorial getrennt worden seien, so dass sich der Konflikt nicht im abgetrennten Gebiet fortsetzt.[131] Gegner des Sezessionsansatzes sind hingegen der Ansicht, dass Sezessionen nicht nur nicht zur Lösung ethnischer Konflikte beitrügen, sondern darüber hinaus auch geeignet seien, bestehende Konflikte zu verschärfen.[132] Zudem würde die Bildung ethnisch homogener Entitäten der Verfestigung von Vorurteilen

---

128 Ghai, "Autonomy as a Strategy for Diffusing Conflict", S. 497.
129 Siehe Nachweise bei Brancati, "Decentralization: Fueling the Fires or Dampening the Flames of Ethnic Conflict and Secessionism?", S. 652, Fn 5-7.
130 Ebd., S. 681.
131 Kaufmann, *When All Else Fails: Population Separation as a Remedy for Ethnic Conflicts*, S. 1.
132 Horowitz, *Ethnic Groups in Conflict*; Etzioni, "The Evils of Self-Determination"; D. Rothchild, "Secession as Last Resort"; Kumar, "The Troubled History of Partition".

über die jeweils andere Konfliktpartei mangels Kontaktes Vorschub leisten.[133] Und schließlich könne die Einführung einer Regel, nach der sich Teilgebiete aus Staaten herauslösen können, zur Destabilisierung ganzer Regionen beitragen, indem sie Separatisten eine solide Grundlage für ihre Forderungen schaffen würde.[134] Empirische Befunde sprechen allerdings überwiegend für Sezessionen als Konfliktlösungsansatz als gegen sie. Während Sambanis in einer systematischen Untersuchung des Nutzens von Sezessionen für die Konfliktlösung keinen signifikanten Einfluss auf die Entwicklung von Konflikten feststellen konnte,[135] kamen Chapman und Roeder zu dem Schluss, dass Sezessionen nach gewaltsamen Auseinandersetzungen mindestens besser als die Alternativen *de-facto*-Separation, Autonomie oder Unitarismus seien.[136] Sambanis und Schulhofer-Wohl konnten dieses eindeutige Ergebnis in einer späteren Studie nicht reproduzieren, wenngleich sie auch nicht ausschlossen, dass bestimmte Formen der Sezession auch nach Ausbruch gewaltsamer Konflikte zu stabilen Konfliktlösungen führen können.[137] Hinsichtlich der präventiven Wirkung von Sezessionen vermutet eine Reihe von Autoren einen positiven Einfluss,[138] der empirisch weitgehend bestätigt worden zu sein scheint.[139]

Unabhängig davon, welcher Ansicht man folgt, ergibt sich bei jeder Sezession das Problem der Grenzziehung. Hier stellt sich die Frage, nach welchen Kriterien das neue Staatsgebiet definiert werden soll. Ein populärer Ansatz verfährt bei der Grenzziehung nach dem uti possidetis-Prinzip. Nach diesem Prinzip erhielten die im Rahmen der Dekolonialisierung neu entstandenen Staaten die Außengrenzen ihrer jeweiligen kolonialen Verwaltungseinheit,

---

133 Prominente Beispiele sind Schaeffer, *Warpaths: the Politics of Partition*; Etzioni, "The Evils of Self-Determination"; Gottlieb, "Nations without States".

134 Hannum, "Self-Determination, Yugoslavia, and Europe: Old Wine in New Bottles", S. 69.

135 Sambanis, "Partition as a Solution to Ethnic War".

136 Chapman und Roeder, "Partition as a Solution to Wars of Nationalism"; siehe auch Johnson, "Partitioning to Peace: Sovereignity, Demography, and Ethnic Civil Wars".

137 Sambanis und Schulhofer-Wohl, "What is in a Line? Is Partition a Solution to Civil War?"

138 Gurr, *Minorities at Risk: A Global View of Ethnopolitical Conflicts*; Tullberg u. a., "Separation or Unity? A Model for Solving Ethnic Conflicts"; J. Tir, "Letting Secessionists Have Their Way: Can Partitions Help End and Prevent Ethnic Conflicts?"; J. Tir, "Dividing Countries to Promote Peace: Prospects for Long-term Success of Partitions"; J. Tir, "Keeping the Peace after Secessions: Territorial Conflicts between the Rump and Secessionist States".

139 J. Tir, "Letting Secessionists Have Their Way: Can Partitions Help End and Prevent Ethnic Conflicts?"

die zum Zeitpunkt der Unabhängigkeitserklärung bestanden.[140] Für die Anwendung des uti possidetis-Prinzips auf Sezessionen zur Lösung ethnischer Konflikte führen seine Befürworter die Klarheit und Einfachheit der Regelung an. Die Möglichkeit, dass es durch die Abspaltung vom Gesamtstaat zur Bildung neuer Minderheiten im sich abspaltenden Staat kommen kann, wird zur Kenntnis genommen; da aber die Bildung ethnisch absolut homogener Staaten ohnehin für unmöglich befunden wird, soll es auf diese Eventualität nicht ankommen.[141] Ein offensichtlicher Einwand gegen die Anwendung des uti possidetis-Prinzips ist, dass es im Einzelfall zu instabilen Lösungen führen kann. Die Anwendung der Regel im Fall Abchasiens führte zu der Entstehung einer Entität, in der die ihre Unabhängigkeit fordernde Bevölkerung eine lokale Minderheit bildete, die erst nach der Vertreibung der relativen ethnischen Mehrheit der Georgier selbst die Mehrheit der Bevölkerung bildete. Dies sehen auch Befürworter des Prinzips, die seine Anwendung daher nur unter der Voraussetzung gestatten wollen, dass keine bessere Teilungsmethode gefunden würde, die Teilung sich friedlich vollziehe und die betroffenen ethnischen Gruppen in den Verhandlungsprozess einbezogen würden.[142] Dies wird auch durch empirische Untersuchungen bestätigt, deren Ergebnisse darauf hindeuten, dass die Bildung neuer ethnischer Minderheiten in den durch Sezession neu entstehenden Gebieten unproblematisch ist, solange sich die Teilung friedlich vollzieht.[143]

3. Intervention

In Fällen von Streitigkeiten über regionale Autonomie oder Sezession stellt die Lösung des Konfliktes eine besondere Herausforderung dar. Der Nullsummencharakter territorialer Konflikte erschwert von vornherein die Suche nach Kompromissen.[144] Zum einen sind Regierungen regelmäßig daran interessiert, Forderungen nach Autonomie oder Sezession nicht nachzukommen,

---

140 UNGA Resolution 1514 (XV), paragraph 4; in *Burkina Faso ./. Mali* stellte der IGH fest, dass es sich bei dem uti possidetis-Prinzip um eine „allgemeine Regel" im Rahmen der Dekolonialisierung handele, ICJ Reports 1986, 565.

141 Kempin, "Ethnic Conflict and International Law: Group Claims and Conflict Resolution within the International Legal System", S. 103 f.

142 Ebd., S. 105; Ratner, "Ethnic Conflict and Territorial Claims: Where Do We Draw a Line?", S. 124-127.

143 J. Tir, "Keeping the Peace after Secessions: Territorial Conflicts between the Rump and Secessionist States".

144 Jaroslav Tir und Vasquez, "Territory and Geography", S. 124.

um ihre Reputation als harte Verhandlungspartner nicht zu gefährden und damit andere Gruppen zu gleichartigen Forderungen zu motivieren.[145] Da das Gebiet eines Staates endlich ist und der Verzicht auf Staatsgebiet mit der Sorge um die Existenz des Staates selbst einhergeht, sind Regierungen oft selbst dann zu gewaltsamen Auseinandersetzungen mit der fordernden ethnischen Gruppe bereit, wenn keine Aussicht auf einen eindeutigen militärischen Sieg besteht.[146] Zum anderen führt die typischerweise hohe Identifikation der fordernden Partei mit dem streitigen Gebiet[147] zusammen mit einer Reihe taktischer Vorteile[148] dazu, dass eine schnelle Konfliktlösung durch die Konfliktparteien wenig wahrscheinlich wird.

Dies führt zu der Frage, ob angesichts dieser Umstände eine Intervention durch Dritte die Aussichten auf die Beilegung ethnischer Konflikte verbessern kann. Gesichert scheint zumindest, dass externe Peace-Keeping-Interventionen dabei helfen können, Gefangenendilemmata nach Bürgerkriegen zu überwinden, wenn die Beendigung des Konflikts mit der Entwaffnung und gesellschaftlichen Reintegration mindestens einer der Parteien einhergehen soll.[149] Militärische Unterstützung einer der beiden Konfliktparteien soll hingegen regelmäßig Konflikte verlängern, statt sie zu verkürzen.[150] Erklärt wird dies damit, dass Staaten dazu neigen, Rebellen nur dann zu unterstützen, wenn diese eine Aussicht auf Erfolg haben, und andere Regierungen in innerstaatlichen Konflikten nur dann zu unterstützen, wenn diese eine Aussicht auf eine Niederlage haben.[151] In beiden Fällen werde damit das Kräfteverhältnis ausbalanciert und ein schneller und eindeutiger militärischer Sieg einer der

---

145 Walter, "Explaining the Intractability of Territorial Conflict".
146 Jaroslav Tir und Vasquez, "Territory and Geography", S. 124.
147 A. Smith, *The Ethnic Origins of Nations*; Toft, "Indivisible Territory, Geographic Concentration, and Ethnic War"; Toft, *The Geography of Ethnic Violence: Identity, Interests, and the Indivisibility of Territory*.
148 Furhmann und J. Tir, "Territorial Dimensions of Enduring Internal Rivalries".
149 Walter, *Committing to Peace: The Successful Settlement of Civil Wars*; siehe auch Fortna, *Does Peacekeeping Work? Shaping Belligerents' Choices after Civil War*; Doyle und Sambanis, "International Peacebuilding: A Theoretical and Quantitative Analysis".
150 Balch-Lindsay und Enterline, "Killing Time: The World-Politics of Civil War Duration"; Elbadawi, *External Interventions and the Duration of Civil Wars*; Regan, "Third Party Interventions and the Duration of Intrastate Conflicts".
151 Gent, "Going in When it Counts: Military Intervention and the Outcome of Civil Conflicts".

beiden Seiten verhindert. Gerade ein solcher Sieg aber hätte gute Aussichten auf eine dauerhafte Stabilisierung der Lage.[152]

D. Zusammenfassung

Die Gründe für die Entstehung ethnischer Konflikte sind vielfältig und vereinzelt nicht abschließend geklärt. Es lassen sich allerdings Bedingungen identifizieren, die die Entstehung ethnischer Konflikte regelmäßig begünstigen. So kann das Streben von Individuen nach einer positiv bewerteten sozialen Identität zu kognitiven Verzerrungen führen, aufgrund derer die eigene ethnische Gruppe besser, andere ethnische Gruppen hingegen schlechter bewertet werden, als sie sind. Im Handeln von Individuen und Gruppen kann sich diese Tendenz in systematischer Benachteiligung Angehöriger anderer ethnischer Gruppen äußern. Gleichzeitig neigen Individuen dazu, subjektiv empfundene Bedrohungen für ihre Gruppe als Angriff auf ihre eigene Identität wahrzunehmen. Diese beiden Grundelemente werden durch eine Reihe weiterer Bedingungen verstärkt, die mithin das Entstehen ethnischer Konflikte begünstigen. Dazu zählen die Abwesenheit einer zentralen, übergeordneten und ordnenden Autorität und damit einhergehende Unsicherheit in Bezug auf die Intentionen anderer Gruppen, der Wettbewerb um knappe Ressourcen, geringe Opportunitätskosten einer Auseinandersetzung und das (auch nur vermeintliche) Wissen um die Unterstützung durch dritte Parteien im Falle eines Konflikts.

Es existiert eine Vielzahl von Ansätzen zur Lösung ethnischer Konflikte, deren Effekte zum Teil aber noch unzureichend geklärt sind. Fest steht offenbar, dass (Chancen-) Gleichheit und die Gelegenheit zur Teilnahme an politischen Entscheidungsprozessen eine integrative Wirkung auf ethnische Minderheiten in Bezug auf die Gesamtgesellschaft entfalten und dadurch Konflikten präventiv entgegenwirken. Institutionen können in Konfliktfällen zwischen den Streitparteien vermitteln, bieten einen Rahmen für Kommunikationsprozesse und erhöhen die Legitimität der durch sie vermittelten Lösungen. Gegebenenfalls ist es sinnvoll, die Integration ethnischer Minderheiten durch die Gewährung personeller oder territorialer Autonomie zu

---

152 Maoz, "Peace by Empire? Conflict Outcomes and International Stability, 1816-1976";
Grieco, "Repetitive Military Challanges and Recurrent International Conflicts, 1918-1994". Weitere Argumente gegen Interventionen durch dritte Parteien finden sich bei Werner und A. Yuen, "Making and Keeping Peace".

lockern. Ob auch Sezessionen ethnische Konflikte lösen können, ist zwar in Teilen umstritten, wird aber mittlerweile überwiegend bejaht. Militärische Interventionen durch Drittstaaten hingegen scheinen Konflikte regelmäßig eher zu verlängern, als zu beenden.

Das Völkerrecht spiegelt die Erkenntnisse der Konfliktforschung im Wesentlichen wieder. Systematischer Schlechterbehandlung einer ethnischen Gruppe durch eine andere kann mit Gleichheits- und Freiheitsrechten entgegengewirkt werden, Angst vor Bedrohung der eigenen Identität durch entsprechende positive Diskriminierung und Sanktionen können die Opportunitätskosten eines Konflikts erhöhen. Grundsätzlich lassen sich auch Autonomieregelungen, Sezessionen und militärische Interventionen aus dem Völkerrecht begründen, wobei letztere kaum einen praktischen Nutzen für die Lösung ethnischer Konflikte versprechen und daher im Folgenden nicht weiter behandelt werden.

Kapitel 2 Die Effektivität der Normierung

Die (völker-)rechtswissenschaftliche Beschäftigung mit den tatsächlichen Wirkungen rechtlicher Normen ist keine Selbstverständlichkeit. Über lange Zeit wurde die Disziplin von vielen Juristen als hauptsächlich hermeneutische Rechtsanwendungswissenschaft verstanden, deren Ziel in der Erkenntnis von Normen bestehe und die dadurch von jenen Wissenschaften abgegrenzt werde, *„die auf kausal-gesetzliche Erklärung natürlicher Vorgänge abzielen"*:[1]

> *„[D]ie Richterperspektive [ist] die die Rechtswissenschaft primär charakterisierende Perspektive [...] und [...] die in dieser Perspektive in ihr aufgestellten Sätze und Theorien [...] sind stets auf die Lösung von Fällen, also auf die Begründung konkreter rechtlicher Sollensurteile bezogen."*[2]

Van Aaken bemerkt dazu kritisch:

> *„Eine Berücksichtigung von Realfolgen in der Rechtsanwendungswissenschaft, auch heute noch als die Rechtswissenschaft bezeichnet, wird aus diversen Gründen für unglücklich gehalten. [...] Damit bleibt die Rechtswissenschaft (im engeren Sinne) eine Wissenschaft, die sich um die Folgen des Rechts in der Wirklichkeit nicht viel kümmert. Und dies, obwohl Recht die Wirklichkeit gestalten will, tatsächlich auch gestaltet [...] und von ihr gestaltet wird."*[3]

Ein derart enges Verständnis scheint dem Gegenstand in der Tat nicht angemessen. Wenn Recht ein „soziales Steuerungsmittel"[4] sein soll, dann ist es nur folgerichtig, dass sich die Wissenschaft vom Recht mit den Wechselwirkungen zwischen Recht und Wirklichkeit befasst. Dies gilt in besonderem Maße für die Völkerrechtswissenschaft, die sich immer wieder mit dem Vorwurf der Wirkungslosigkeit ihres Gegenstandes konfrontiert sieht, sofern der Rechtscharakter des Völkerrechts nicht gleich insgesamt verneint wird. Dass diese Darstellung wenig exakt ist, belegt eine wachsende Zahl von Studien, in denen Rechtswissenschaftler und Politologen die Funktionen und Wirkungsweisen des Völkerrechts untersuchen und Kriterien der Effektivität entwickeln. Auf dieser Grundlage ist es möglich, unter Berücksichtigung

---

1 Kelsen, *Reine Rechtslehre*, S. 9.
2 Alexy, *Theorie der Grundrechte*, S. 26 f.
3 Aaken, *"Rational Choice in der Rechtswissenschaft: Zum Stellenwert der ökonomischen Theorie im Recht*, S. 25 f.
4 Ebd., S. 25 f.

seiner Besonderheiten Aussagen über die Effektivität des völkerrechtlichen Minderheitenrechts zu machen.

A. Effektivitätsanalyse im Völkerrecht

Die Frage nach der Effektivität des Völkerrechts führte bis in die jüngere Vergangenheit zu Spannungen zwischen Vertretern der Politikwissenschaft und insbesondere der Disziplin der Internationalen Beziehungen und Juristen. Nachdem der Zweite Weltkrieg den zuvor in den Zwischenkriegsjahren aufgekeimten Hoffnungen auf den Sieg der Rechtsstaatlichkeit in zwischenstaatlichen Beziehungen zunichte gemacht hatte, hatte unter Politikwissenschaftlern die Überzeugung an Einfluss gewonnen, dass angesichts fehlender zentralisierter Durchsetzungsmechanismen internationale Abkommen nicht geeignet seien, staatliches Handeln zu begrenzen.[5] Dieser sogenannte *Realismus* begründete eine Entfremdung zwischen den Disziplinen des Völkerrechts und der Internationalen Beziehungen.

> *„[A] generation or more of political scientists accepted and taught as conventional wisdom that international law could not significantly impact international affairs. "*[6]

Eine solche Auffassung vom Stellenwert des Völkerrechts traf in der Völkerrechtswissenschaft naturgemäß auf wenig Gegenliebe. Autoren wie GOLDSMITH UND POSNER[7], die in ihrer Arbeit eine autonome Wirkung völkerrechtlicher Normen auf staatliches Verhalten bezweifeln[8] und völkerrechtskonformes Verhalten durch das Zusammenfallen von Norminhalt und staatlichen Interessen erklären, wurde gar „Völkerrechtsleugnung" vorgeworfen; Recht sei seinem Wesen nach kontrafaktisch, die Reduktion auf die Abbildung von Interessen spreche dem Völkerrecht seine „Normativität" ab.[9] STEINBERG erklärt die bisweilen ablehnende Reaktion in der Völkerrechtslehre wie folgt:

> *„Many international law [...] scholars challenge "realism" because most think it means that international law is epiphenomenal and so devoid of meaning – which could make their jobs irrelevant, wasteful, and quixotic. [...] [Realism] offers a basis for attacking the feasibility of much of the normative work that espouses changing the*

---

5 Dunoff und Pollack, "International Law and International Relations: Introducing an Interdisciplinary Dialogue", S. 5; Morgenthau 1948.
6 Ebd., S. 6.
7 Goldsmith und Posner, *The Limits of Internation Law*.
8 So auch später Posner und Sykes, "Efficient Breach of International Law: Optimal Remedies, 'Legalized Noncompliance', and Related Issues".
9 Cremer, "Völkerrecht – Alles nur Rhetorik?", S. 276 f.

status quo in international law. In IL, a field that remains driven largely by normative agendas, realists constantly raise annoying facts and analyses that spoil the party. "[10]

Diese Konfrontation der Völkerrechtswissenschaft mit den Erkenntnissen des Realismus erzwang einen Perspektivwechsel, der nach SLAUGHTER BURLEY in drei Schritten erfolgte:

„First, all [the efforts] sought to relate law more closely to politics...Second, as part of this mission, all redefined the form of law, moving in some measure from rules to process. Third, all reassessed the primary functions of law. Whereas rules guide and constrain behavior,...processes perform a wider range of functions: communication, reassurance, monitoring, and routinization."[11]

Sowohl Politik- als auch Rechtswissenschaftler konzentrieren sich nunmehr darauf, die Art und Weise der Wirkung völkerrechtlicher Normen und Institutionen zu beschreiben und ermöglichen dadurch einen differenzierteren Blick auf die Rolle des Völkerrechts für die internationale Gemeinschaft. Gleichzeitig bleibt auf der Zielebene der Anspruch des Völkerrechts, soziales Steuerungsmittel zu sein und damit letzten Endes Entscheidungsprozesse zu beeinflussen. Aus rechtswissenschaftlicher Sicht stellt sich daher das Problem, mit welcher Methode die Frage nach der Effektivität völkerrechtlicher Normen unter Berücksichtigung ihrer jeweiligen Ziele, Funktionen und Wirkungsformen beantwortet werden kann.

Den hierfür geeigneten theoretischen Rahmen bietet die Entscheidungstheorie. Dieser formale Ansatz wird in der Rechtswissenschaft bisher in erster Linie für eine strukturierte Darstellung hermeneutischer Problemstellungen unter Einbeziehung der Realfolgen der möglichen Interpretationsalternativen herangezogen.[12] Darüber hinaus ermöglicht er aber Aussagen über die Wirkungen von Rechtsnormen, indem er Voraussagen über das Entscheidungsverhalten der Normadressaten zulässt.

I. Entscheidungstheorie in der Rechtswissenschaft

Die (normative) Entscheidungstheorie ist eine

„[...] interdisziplinäre Forschungsrichtung, die sich auf formalisierte, prinzipiell in ein Kalkül transformierbare Konzepte rationaler Entscheidungen beschränkt. [Sie] zerlegt einzelne Entscheidungs- und Bewertungsschritte und ermöglicht die

---

10 Steinberg, "Wanted – Dead or Alive: Realism in International Law", S. 146.
11 Slaughter Burley, "International Relations Theory: A Dual Agenda", S. 209.
12 Kilian, *Juristische Entscheidung und elektronische Datenverarbeitung: Methodenorientierte Vorstudie*, S. 207 ff.

> *oftmals in der [...] Rechtswissenschaft geforderte, aber leider so oft nicht praktizierte Transparenz.* "[13]

Die klassischen Anwendungsfelder der Entscheidungstheorie in der Rechtswissenschaft sind die Normsetzung[14] und die Norminterpretation.[15] Im Bereich der Normsetzung befördert sie die Bildung widerspruchsfreier Zielsysteme; im Bereich der Norminterpretation kann sie dabei helfen, Zielkonflikte zwischen Normen zu lösen und Entscheidungen auf Grundlage unbestimmter Rechtsbegriffe zu objektivieren und transparenter zu gestalten. Die Entscheidungstheorie ist aber gleichermaßen relevant für die Evaluierung der tatsächlichen Wirkungen einer Norm. Soweit Recht als soziales Steuerungsmittel begriffen wird, besteht sein unmittelbares Ziel in der Beeinflussung der Auswahl einer von mehreren Alternativen durch die Normadressaten. Es ist daher dann wirksam, wenn es so Eingang in den Entscheidungsprozess der Normadressaten findet, dass es das Ergebnis zugunsten des Normzieles verschiebt. Die Entscheidungstheorie ermöglicht es, diese Entscheidungsprozesse zu modellieren und auf dieser Grundlage Aussagen über die die Effektivität einer Norm zuzulassen.

1. Alternativen

Am Beginn eines jeden Entscheidungsprozesses steht ein Entscheidungsproblem. Ein Entscheidungsproblem ist ganz allgemein ein Problem der Auswahl einer Alternative unter mehreren.[16] Dabei müssen mindestens zwei Alternativen vorliegen und mindestens zwei Alternativen müssen sich dergestalt unterscheiden, dass man mit ihnen ein Ziel mehr oder minder gut erreicht.[17] Staaten erkennen Gebietseinheiten als Staaten an oder verweigern die Anerkennung, beschließen in anderen Staaten militärisch zu intervenieren oder beschränken sich auf humanitäre Hilfe, öffnen ihre Märkte oder erheben

---

13 Aaken, *"Rational Choice in der Rechtswissenschaft: Zum Stellenwert der ökonomischen Theorie im Recht*, S. 288.

14 Schlink, "Inwieweit sind juristische Entscheidungen mit entscheidungstheoretischen Modellen theoretisch zu erfassen und praktisch zu bewältigen?", S. 333 f.

15 Kilian, *Juristische Entscheidung und elektronische Datenverarbeitung: Methodenorientierte Vorstudie*, S. 150 ff. siehe auch Aaken, *"Rational Choice in der Rechtswissenschaft: Zum Stellenwert der ökonomischen Theorie im Recht*, S. 290 mit weiteren Nachweisen.

16 Laux, Gillenkirch und Schenk-Mathes, *Entscheidungstheorie*, S. 5.

17 Ebd., S. 5.

Schutzzölle und dergleichen mehr. In vielen Fällen sind die verfügbaren oder denkbaren Alternativen nicht offensichtlich, sondern müssen gesucht oder erzeugt werden. Dies gilt insbesondere für im Kern politische Fragen, die potenziell in den Regelungsbereich des Völkerrechts fallen. Welche Handlungsoptionen sich einem Staat bieten, der mit dem Sezessionsverlangen eines Teilgebiets, einer drohenden Intervention durch einen Drittstaat oder erheblichen Gefahren für die nationale Wirtschaft konfrontiert wird, lässt sich nicht spontan beantworten, sondern erfordert einen Prozess, in dem die zur Verfügung stehenden Alternativen modelliert werden. Wann ein solcher Prozess beendet wird und welche Alternativen letztlich bei der Entscheidung berücksichtigt werden sollen, ist wiederum Gegenstand eines eigenen Entscheidungsprozesses.[18] Steht die entscheidungserhebliche Alternativmenge schließlich fest, stellt sich die Frage, für welche Alternative sich der Entscheider letztlich entscheiden sollte:

> *„Um ein Entscheidungsproblem zu lösen und eine Alternative auszuwählen, muss ein Entscheider die Alternativen im Hinblick auf ihre Vorziehenswürdigkeit bewerten. Hierzu muss er die Ergebnisse prognostizieren, die er mit der Wahl einer Alternative erreichen wird, und er muss einschätzen, wie diese Ergebnisse von Umweltentwicklungen abhängen, d. h. von Entwicklungen, die er nicht beeinflussen kann. Die Alternativen, Ergebnisse und Umweltentwicklungen kennzeichnen das Entscheidungsfeld."*[19]

Eine Prognose über die Folgen einer Entscheidung ist für Normadressaten sowohl tatsächlich als auch rechtlich schwierig. Die Schwierigkeit in tatsächlicher Hinsicht besteht darin, dass insbesondere bei komplexen Entscheidungsproblemen die Prognosequalität durch die kognitiven Kapazitäten der Entscheider begrenzt wird: Wichtige Entscheidungen haben in der Regel Präzedenzcharakter und die Folgen der Entscheidung sind nicht auf der Grundlage objektiver Häufigkeitsverteilungen kalkulierbar, sondern können nur auf der Basis subjektiver Wahrscheinlichkeitserwartungen berücksichtigt werden. So mag die Anerkennung eines Staates einen Konflikt vermutlich stabilisieren, eine militärische Intervention eine „humanitäre Katastrophe" mit überwiegender Wahrscheinlichkeit verhindern oder das Erheben von Schutzzöllen die wirtschaftlichen Beziehungen zu einem anderen Staat kaum beeinflussen. In rechtlicher Hinsicht wird die Prognose über die Folgen einer Entscheidung durch den oft unklaren Maßstab der Entscheidung erschwert. Ist die Anerkennung eines Gebiets als Staat ein unzulässiger Eingriff in die inneren Angelegenheiten eines anderen Staates oder eine rechtmäßige Bestä-

---

18 Eisenführ und Weber, *Rationales Entscheiden*, S. 20 ff.
19 Laux, Gillenkirch und Schenk-Mathes, *Entscheidungstheorie*, S. 6.

tigung des Rechts auf Selbstbestimmung? Ist eine militärische Intervention ein Verstoß gegen das völkerrechtliche Gewaltverbot oder angesichts der Schutzverantwortung der Staaten sogar geboten?

2. Ziele

Hat der Entscheider die aus seiner Sicht für ihn erheblichen Alternativen abgebildet und ist er sich über die jeweiligen Konsequenzen im Klaren, stellt sich für ihn die Frage, nach welcher Maßgabe er eine unter ihnen auswählen soll. „Entscheidungen werden getroffen, um Ziele zu erreichen."[20] Sie stellen die Beurteilungsgrundlage für die Auswahl zwischen den verfügbaren Alternativen dar und sind gleichzeitig Voraussetzung für die Generierung neuer Alternativen.

Ziele können danach unterschieden werden, ob es sich bei ihnen um Fundamental- oder Instrumentalziele handelt:

> *„Ein Fundamentalziel ist ein Ziel, das um seiner selbst willen verfolgt wird und für den Entscheider keiner Begründung mehr bedarf. [...] Ein Instrumentalziel wird verfolgt, weil man sich dadurch eine positive Wirkung auf die Erreichung eines anderen, fundamentaleren Zieles erhofft."*[21]

Die staatliche Gewährleistung der Meinungsfreiheit kann etwa bereits ein Fundamentalziel in sich darstellen oder aber instrumental zur Erreichung anderer Ziele wie der Verbesserung der Handelsbeziehungen zu Staaten sein, für die Menschenrechtsfragen außenpolitisch eine wichtige Rolle spielen. Stellt ein normatives Ziel aus Sicht der Normadressaten lediglich ein Instrumentalziel dar, besteht grundsätzlich die Möglichkeit, dass sie es bei der Bewertung der verfügbaren Alternativen durch ein Fundamentalziel ersetzen, das auch ohne Berücksichtigung des Instrumentalziels erreicht werden kann. Dabei ist allerdings zu beachten, dass die Unterscheidung zwischen Fundamental- und Instrumentalzielen relativ ist:

> *„In einem gegebenen Kontext ist ein Ziel dann fundamental, wenn es nicht Mittel zur Erreichung eines anderen im gleichen Kontext behandelten Zieles ist. [...] Es ist unmöglich, in jeder kleinen Entscheidung bis auf die fundamentalsten Ziele zurückzugehen. Je fundamentaler die betrachteten Ziele werden, desto universaler wird die in Betracht zu ziehende Alternativmenge. [...] Daher ist es oft unvermeidlich, dass in*

---

20 Eisenführ und Weber, *Rationales Entscheiden*, S. 53.
21 Ebd., S. 56.

einem bestimmten Entscheidungskontext 'Fundamentalziele' verwendet werden, die in einem erweiterten Kontext Instrumentalziele wären. "[22]

So mag völkerrechtsgemäßes Verhalten für einen Staat ein Fundamentalziel darstellen, obwohl es in einem weiteren Zusammenhang – unter anderem – deshalb wichtig ist, weil es sein Verhalten für Investoren vorhersehbar macht, deren Investitionen die wirtschaftliche Entwicklung des Landes befördern, was die Steuereinnahmen erhöht, die benötigt werden, um das öffentliche Gesundheitssystem zu reformieren, was letztlich die Lebensqualität der Bevölkerung verbessert. Gleichwohl wäre es unangemessen, das Ziel völkerrechtsgemäßen Verhaltens durch das Ziel der Verbesserung der Lebensqualität der Bevölkerung zu ersetzen, weil sich dadurch eine kaum begrenzte Alternativmenge eröffnen würde.

Bestünde das einzige (Fundamental-)Ziel der Normadressaten in der Befolgung einer Norm, könnten sich mit Fragen der Normsetzung befasste Juristen bezüglich der Frage der Normdurchsetzung auf die Abfassung möglichst klarer und widerspruchsfreier Regelwerke beschränken. Tatsächlich verfolgen Normadressaten in der Regel eine Mehrheit von Zielen, unter denen das Ziel normkonformen Verhaltens nicht notwendigerweise eine dominante Rolle spielt. Sobald nun aber mehrere Ziele gleichzeitig verfolgt werden, können diese untereinander konfligieren. „Der Konflikt besteht darin, da[ss] es keine Alternative gibt, die hinsichtlich jeder Zielvariablen besser als – oder zumindest nicht schlechter als – jede andere ist."[23] Die Anerkennung eines fremden Gebiets als Staat mag den eigenen geostrategischen Zielen förderlich sein, nicht aber dem Streben danach, sich im Einklang mit dem Völkerrecht zu befinden. Sie kann auch nur in dem Maße Ausdruck der Anerkennung eines Rechts auf Selbstbestimmung der Völker sein, wie sie umgekehrt die Reichweite des Souveränitätsprinzips beschränkt. Um Zielkonflikte aufzulösen, können Normadressaten Ziele unterschiedlich stark gewichten und so hierarchisch ordnen oder gegenüber mehreren Zielen eine indifferente Haltung einnehmen.

3. Entscheidungsregel

Kennen Entscheider sowohl ihre Ziele als auch die für sie relevanten Alternativen, bleibt zuletzt die Frage, nach welcher Regel sie sich für eine der

---

22 Ebd., S. 58.
23 Ebd., S. 31.

verfügbaren Alternativen entscheiden. „Eine Entscheidungsregel besteht aus einer Präferenzfunktion [...], die den einzelnen Alternativen Präferenzwerte zuordnet, sowie einem Optimierungskriterium, das zum Ausdruck bringt, welche Ausprägung für den Präferenzwert angestrebt wird."[24] Ein denkbares und oft verwendetes Optimierungskriterium ist die Maximierung. Nach dieser Regel ist von zwei Alternativen jene zu wählen, der ein höherer Präferenzwert zugeordnet wird. Ein anderes Kriterium ist die Befriedigung (Satisfizierung). Danach wählt der Entscheider eine Alternative aus, die ausreichend gut, aber nicht notwendigerweise die beste unter den verfügbaren ist. Sobald eine akzeptable Alternative gefunden wird, werden die weiteren nicht mehr betrachtet. Nach SIMON tendieren Entscheidungsträger wegen der hohen Kosten der Alternativbewertung dazu, die erste Alternative auszuwählen, die zuvor definierten Mindestanforderungen genügt.[25] Diese Regel ist insbesondere kognitiv weniger fordernd als die Idealregel der Nutzenmaximierung. Innerhalb dieser Entscheidungsregel kann weiter differenziert werden:[26] Nach der sogenannten *Conjunctive Decision Rule* definiert der Entscheider hinsichtlich jedes verfolgten Ziels eine Mindestanforderung. Ausgewählt wird die erste Alternative, die allen Mindestanforderungen genügt. Nach der *Disjunctive Decision Rule* wird die erste Alternative gewählt, die mindestens einer Mindestanforderung genügt. Nach der sogenannten *Lexicographic Decision Rule* wird die Alternative gewählt, die den größten Nutzen für das Ziel verspricht, das der Entscheider als das wichtigste identifiziert hat. Im Bereich des Minderheitenrechts ist es beispielsweise denkbar, dass eine Regierung solche Regelungen in Kraft setzt, welche den durch das Völkerrecht formulierten formalen Mindestanforderungen gerade genügen, und sich im Übrigen nicht weiter mit der Frage beschäftigt, ob die gewählte Alternative auf lange Sicht tatsächlich die beste unter den verfügbaren darstellt.

II. Entscheidungtheorie im Völkerrecht

Insofern Juristen im Völkerrecht zur Normsetzung und Normevaluierung Prognosen über das Verhalten der Normadressaten treffen müssen, ergeben sich für die Modellierung der Entscheidungen eine Reihe von Besonderheiten.

---

24 Laux, Gillenkirch und Schenk-Mathes, *Entscheidungstheorie*, S. 33 f.
25 Siehe H. A. Simon, "A Behavioral Model of Rational Choice", S. 104 f. H. A. Simon, "Theories of Decision-Making and Behavioral Science", S. 262 ff.
26 Siehe hierzu Mintz und DeRouen Jr., *Understanding Foreign Policy Decision Making*, S. 35-37.

Aus rechtlicher Sicht stellen zwar Staaten die zentralen Akteure da, deren Verhalten geregelt und beeinflusst werden soll. Völkerrechtlich relevante Entscheidungen werden jedoch nie durch juristische Personen getroffen – auch wenn sie ihnen zugerechnet werden – sondern durch Individuen, die alleine, in Gruppen und oder in Koalitionen[27] agieren. Diese verfolgen unterschiedliche Ziele und haben mit unterschiedlichen Zielkonflikten zu kämpfen. Je nachdem, auf welcher dieser Ebenen Entscheidungen getroffen werden, kommen außerdem unterschiedliche kognitive Faktoren zum Tragen, aufgrund derer das rationale Entscheidungsmodell modifiziert werden muss. Dies gilt umso mehr, als völkerrechtlich relevante Entscheidungen typischerweise durch hohe Einsätze und große Unsicherheit charakterisiert sind.[28] Dies stellt hohe Anforderungen an die kognitive Leistungsfähigkeit der Entscheidungsträger und schafft Anreize, bei der Entscheidungsfindung vom Standardmodell abzuweichen und sich auf einfachere und oft ungenauere Heuristiken zu verlassen. Völkerrechtliche Regeln können sowohl auf der Ebene des Zielsystems als auch auf der Ebene der Alternativmenge, Alternativwahl und ihrer Implementierung eine Rolle spielen.

1. Interessengeleitete Abweichungen vom rationalen Entscheidungsmodell

Abweichungen vom rationalen Entscheidungsmodell finden sich sowohl auf der Ebene der Zielsysteme als auch hinsichtlich der Bildung der Alternativmenge und der Bewertung der verfügbaren Alternativen. Im Gegensatz zum rationalen Entscheidungsmodell, in dem Ziele nur zu dem Zweck definiert werden, im Hinblick auf sie die verfügbaren Alternativen zu bewerten, dienen Ziele politischen Entscheidungsträgern darüber hinaus dazu, politische Unterstützung zu generieren. Dies hat Auswirkungen auf die Art und Weise, wie Ziele definiert werden:

> *„Politcal actors state goals as inspirational visions of a future, hoping to enlist the aid of others in bringing it about. For this purpose, ambiguity is often far better suited than explicitness and precision. [...] By labeling goals vaguely and ambiguously, leaders can draw support from different groups who otherwise might disagree on*

---

27 Trachtman, "International Law and Domestic Political Coalitions: The Grand Theory of Compliance with International Law", S. 133.
28 J. Renshon und S. A. Renshon, "The Theory and Practice of Foreign Policy Decision Making", S. 509.

specifics. [...] Vague goals in statutes allow legislators to vote for the law and shunt the conflicts to an administrative agency for interpretation and implementation."[29]

Politische Entscheidungsträger berücksichtigen also bei ihren Entscheidungen die aus ihrer Sicht möglichen Kosten, die durch die Berücksichtigung bzw. Nichtberücksichtigung der Interessen bestimmter gesellschaftlicher Gruppen in Form politischer Unterstützung oder deren Ausbleiben entstehen können.[30] Die Tendenz zur vagen Zielformulierung gilt insbesondere für völkerrechtlich relevante Entscheidungen, da politische Entscheider hier neben den Interessen ihrer internationalen Vertragspartner die Interessen ihrer Bevölkerung berücksichtigen müssen, gegenüber welcher sie die Ergebnisse der Vertragsverhandlungen vertreten.[31]

Das rationale Entscheidungsmodell setzt ferner die Existenz einer Alternativmenge im Wesentlichen voraus, während in der politischen Realität die Erstellung einer Liste mit möglichen Alternativen eines der zentralen Machtmittel darstellt, mit denen das Ergebnis eines Entscheidungsprozesses manipuliert wird.

> „[C]ontrolling the number and kinds of alternatives on the table is one of the most important techniques of issue framing. Keeping things off the agenda is as much a form of power as getting them on. If an alternative doesn't float on the surface and appear on the list of possibilities, it can't be selected; to keep it off is effectively to defeat it."[32]

Eine weitere politische Technik, die den Zielen des rationalen Entscheidens zuwiderläuft, ist die Darstellung einer subjektiv präferierten Alternative als die objektiv einzig mögliche. Während das rationale Entscheidungsmodell suggeriert, dass alle Alternativen gleich sind, bis bei ihrer Analyse sich eine besser als andere darstellt, wird in der Realität häufig bereits durch die Darstellung der verfügbaren Alternativen das gewünschte Ergebnis vorweggenommen, ohne dass es zu einer detaillierten Folgenprognose kommt.

> „By surrounding the preferred alternative with other, less attractive ones, a politician can make it seem like the only possible recourse."[33]

So stellte der Sprecher des georgischen Parlaments die Entscheidung für oder gegen ein zu beschließendes Anti-Diskriminierungsgesetz, das die Diskrimi-

---

29 Stone, *Policy Paradox: The Art of Decision Making*, S. 252.
30 Für die umstrittene Bedeutung der tatsächlichen öffentlichen Meinung für politische Entscheidungen siehe aber allgemein Robinson, "The Role of Media and Public Opinion".
31 Putnam, "Diplomacy and Domestic Politics: The Logic of Two-Level Games".
32 Stone, *Policy Paradox: The Art of Decision Making*, S. 253.
33 Ebd., S. 253.

nierung aufgrund ethnischer Zugehörigkeit ebenso verbietet wie aufgrund der sexuellen Orientierung, als Wahl zwischen Europa und Russland dar. Die Entscheidung für das Gesetz sei notwendig, um nicht zusammen mit Russland in einer „unzivilisierten Welt" zu verbleiben.[34] Der Patriarch der georgisch-orthodoxen Kirche, Ilia II., erklärte die aus orthodoxer Sicht durch das Gesetz erfolgende Legalisierung homosexueller Beziehungen zur Sünde und beschränkte die Wahl damit auf die Entscheidung zwischen Zurückweisung des Gesetzes und Übertretung kirchlicher Gebote.[35] Darüber hinaus ist es in der Realität jedoch tatsächlich oft nicht trivial, die Gewichtung der verfügbaren Alternativen vorzunehmen, weil es an einem einheitlichen Maß fehlt und die Konsequenzen einer Entscheidung nicht immer klar definiert sind.

2. Abweichungen vom rationalen Entscheidungsmodell wegen kognitiver Verzerrungen

Entscheidungen auf individueller Ebene werden typischerweise durch hochrangige Regierungsvertreter getroffen. Dabei handelt es sich oft um hochpolitische Entscheidungen. Nach HERMANN werden etwa Entscheidungen, einen Krieg zu beginnen oder ein internationales Gipfeltreffen zu besuchen, häufig durch dominante Führer getroffen.[36] Individuen spielen als Entscheidungsträger aber auch dann eine einflussreiche Rolle, wenn staatliche Institutionen schwach ausgeprägt sind, so etwa in neu entstehenden Staaten. Entscheidungen, die auf individueller Ebene getroffen werden, sind besonders anfällig für den Einfluss kognitiver Verzerrungen auf seiten des Entscheiders.[37] So neigen Menschen dazu, bei der Verarbeitung neuer Informationen systematisch diejenigen zu vernachlässigen, die im Widerspruch zu zuvor gebildeten Erwartungen und Überzeugungen stehen. Dadurch neigen individuelle Entscheidungsträger dazu, zu stark von einmal erarbeiteten Standpunkten überzeugt zu sein und bei der Bildung der Alternativmenge wichtige Informationen auszublenden. Entscheider werden darüber hinaus in ihrem Entscheidungsprozess durch die Wahrnehmung einer Information als neu beeinflusst. Nach JERVIS fällt es Entscheidern schwer, ihre Aufmerksamkeit

---

34 http://www.civil.ge/eng/article.php?id=27181, 19.09.2014, 17:40 Uhr.
35 http://www.civil.ge/eng/article.php?id=27201, 19.09.2014, 17:56 Uhr.
36 Hermann, "How Decision Units Shape Foreign Policy: A Theoretical Framework", S. 58 ff.
37 Mintz und DeRouen Jr., *Understanding Foreign Policy Decision Making*, S. 97.

nicht auf die jeweils neueste Information zu fokussieren.[38] Des weiteren sind individuelle Entscheidungsträger besonders anfällig für die (mittelbare) Beeinflussung ihres Entscheidungsprozesses durch Emotionen. Politische Führer werden durch die öffentliche Meinung beeinflusst, welche wiederrum durch internationale und nationale Geschehnisse beeinflusst wird. Insbesondere in völkerrechtliche relevanten Fragen spielen hierbei häufig Gefühle wie Angst, Hass, Wut, Stolz oder der Wunsch nach Vergeltung eine zentrale Rolle. Entscheider, die solchen Gefühlen ausgesetzt sind, haben größere Schwierigkeiten mit dem Fällen objektiver Entscheidungen, wie GEVA, REDD und MOSHER belegen.[39] Darüber hinaus tendieren Entscheider dazu, komplizierte Entscheidungssituationen durch den Rückgriff auf kognitive Verknüpfungen zu vereinfachen. Die beiden zentralen Verknüpfungen sind Bildung von Analogien und Lernen:

> *„When leaders experience events that require a decision, there is a tendency to reflect back to past events that presented similar circumstances, alternatives, and potential outcomes. The past events are referred to as analogs. [...] Analogy and its counterpart, learning, can provide useful shortcuts. However, [...] they might just as easily lead to disastrous outcomes if the wrong lessons are learned or if the current situation is not an accurate reflection of reference events...* "[40]

Schließlich wird die Entscheidung durch die jeweilige Persönlichkeit eines Entscheiders beeinflusst.

3.   Ansatzpunkte des Völkerrechts

Nach SIMON lassen sich Entscheidungsprozesse in vier Stufen gliedern: *intelligence, design, choice* und *implementation*.[41] In einem ersten Schritt werden Informationen gesammelt, in einem zweiten die Alternativmenge gebildet und die Evaluationskriterien festgelegt, in einem dritten werden die Alternativen evaluiert. Auf der Grundlage der Evaluation wird sodann die Entscheidung für eine der Alternativen getroffen und in einem vierten

---

38 Jervis, *Perception and Misperception in International Politics*, S. 215-216, zitiert nach Mintz und DeRouen Jr., *Understanding Foreign Policy Decision Making*, S. 99.
39 Geva, Redd und Mosher, "International Terror, Emotions and Foreign Policy Decision Making", zitiert nach Mintz und DeRouen Jr., *Understanding Foreign Policy Decision Making*, S. 100.
40 Ebd., S. 103.
41 H. Simon, *The New Science of Management Decision Making*, zitiert nach Mintz und DeRouen Jr., *Understanding Foreign Policy Decision Making*, S. 17.

Schritt implementiert. Folgt man dem von SLAUGHTER BURLEY bechriebenen prozessualen Rechtsverständnis, so bildet jede dieser Entscheidungsstufen einen Ansatzpunkt für Einflussnahme durch das Völkerrecht.

Über die Schaffung geeigneter Institutionen kann das Völkerrecht auf der ersten Stufe zur Schaffung einer breiten rechtlichen wie faktischen Informationsbasis beitragen. In minderheitenrechtlicher Hinsicht liefern Institutionen wie das HRC, das ComESCR, das AdComFCNM oder das ComEx der ECRML Interpretationen der jeweiligen Vertragstexte, die einen begrifflichen Rahmen für die Umsetzung der Verträge bilden. So liefert etwa das HRC in seinem *General Comment No. 23* eine Definition des Begriffes „minority" im Sinne des Art. 27 ICCPR:

> „*The terms used in article 27 indicate that the persons designed to be protected are those who belong to a group and who share in common a culture, a religion and/or a language. Those terms also indicate that the individuals designed to be protected need not be citizens of the State party.*"[42]

In faktischer Hinsicht bündeln die genannten Institutionen Informationen, die an sie durch Mitgliedstaaten und Nichtregierungsorganisationen herangetragen werden. So zitiert der vierte Bericht Georgiens an das HRC neben staatlichen Institutionen auch Berichte der *International Crisis Group*. Darüber hinaus lenkt das HRC die Aufmerksamkeit der Mitgliedstaaten auf Bereiche, in denen es an faktischen Informationen mangelt und fordert die Staaten zur Beschaffung der erforderlichen Informationen auf. Im Fall Georgiens erbat das HRC in seiner *List of Issues* bezüglich des zu verfassenden dritten Berichts Georgiens detaillierte Informationen zum Status des Gebrauchs von Minderheitensprachen und Statistiken bezüglich der politischen Repräsentation und Partizipation:

> „*Please provide information about the use of minorities' languages at the level of local government and administration. Please also provide detailed information about the access of members of minority groups to public offices, in particular the Armenian and Azeri communities, as well as comprehensive statistics on their political representation and participation.*"[43]

In den abschließenden *concluding observations* zum dritten Bericht Georgiens machte das HRC schließlich auf Probleme in Bezug auf Minderheiten aufmerksam:

> "*The Committee remains concerned at the obstacles faced by minorities in the enjoyment of their cultural rights, as well as at the low level of political representation*

---

42 UN Doc. CCPR/C/21/Rev.1/Add.5.
43 UN Doc. CCPR/C/GEO/Q/3.

of minorities. While acknowledging that there is no prohibition of the use of minority languages in the private sphere, and minority languages are taught in schools, the Committee is concerned that lack of knowledge of the Georgian language could lead to marginalization and underrepresentation of minorities in different public and private spheres (arts. 25 and 26). "[44]

Dieselben Institutionen können ebenfalls bei der Bildung der Alternativmenge behilflich sein, indem sie Vorschläge zur Lösung der angesprochenen Probleme unterbreiten. Das HRC schlug in seinen *concluding observations* zum dritten Bericht Georgiens etwa vor, Georgien solle die Möglichkeit erwägen, sprachlichen Minderheiten in Gebietsregierungen und -verwaltungen den Gebrauch ihrer jeweiligen Sprache zu gestatten.[45] Das AdComFCNM empfahl Georgien unter anderem, eine gesetzliche Grundlage für zweisprachige Ortsangaben zu schaffen und die große Zahl von Angehörigen ethnischer Minderheiten ohne Ausweisdokumente mit solchen auszustatten.[46]

Grundsätzlich ist auch ein Beitrag zur Evaluation der verfügbaren Alternativen durch internationale Organisationen ebenso denkbar wie die Unterstützung bei der Implementierung der ausgewählten Alternative. Tatsächlich erfolgt die Evaluation im Bereich des völkerrechtlichen Minderheitenrechts – abweichend vom klassischen Entscheidungsmodell – bisher in der Regel aber untechnisch und ex post, also erst nachdem ein Staat sich für eine Alternative entschieden und implementiert hat, durch Berichte der Institutionen. Die Implementierung bleibt weitgehend den Vertagsparteien überlassen.

B.   Effektivitätskriterien

Zwischen MORGENTHAUS Skeptizismus bezüglich des Rechtscharakters des Völkerrechts insgesamt und – umso mehr – seiner Bedeutung für die internationalen Beziehungen und HENKINS optimistischer Einschätzung einer in der Staatengemeinschaft weit verbreiteten Bereitschaft zu völkerrechtsgemäßem Verhalten hat sich in den letzten Jahrzehnten eine wachsende Zahl von Rechts- und Politikwissenschaftlern mit der Frage beschäftigt, unter welchen Bedingungen Staaten sich an völkerrechtliche Regeln halten.

In der Literatur hat sich eine Reihe von Ansätzen zur Beschreibung dieser Bedingungen herausgebildet. VON STEIN ordnet diese Ansätze zwei übergeordneten Kategorien zu und unterscheidet zwischen instrumentalistischen

---

44 UN Doc. CCPR/C/GEO/CO/3.
45 UN Doc. CCPR/C/GEO/CO/3.
46 CoE Doc. ACFC/OP/I(2009)001.

und normativen Ansätzen, wobei letztere sich von ersteren im Wesentlichen dadurch unterscheiden, dass sie Normen ein Gewicht zusprechen, das nicht vollständig durch materielle Nutzenfunktionen abzubilden sei.[47] Beiden Kategorien gemein ist indes, dass die in ihnen enthaltenen Kriterien sich den oben dargestellten Entscheidungsstufen zuordnen lassen. Durch diese Zuordnung ergibt ich ein Prüfschema, das auf die einschlägigen Regelungen des völkerrechtlichen Minderheitenrechts angewandt werden kann. Hierdurch lassen sich Erwartungen in Bezug auf die Effektivität der konkreten Normen formulieren.

I. Instrumentalistische Ansätze

Von einem instrumentalistischen Standpunkt aus sind Staaten rationale Akteure, die die Entscheidung zu konformem oder deviantem Verhalten auf der Grundlage einer Nutzenfunktion treffen. Kosten entstehen Staaten bei der Regelbefolgung etwa dann, wenn internationale Regeln und entsprechende Bestimmungen auf nationaler Ebene rechtliche oder administrative Veränderungen notwendig machen; ferner, wenn sie mit wirtschaftlichen Belastungen verbunden sind oder den programmatischen Zielen der politischen Entscheidungsträger eines Landes widersprechen. Um einen Anreiz für konformes Verhalten zu setzen, müssen demnach die äußeren Umstände so verändert werden, dass der Nutzen des konformen Verhaltens seine Kosten überwiegt.[48] Dabei handelt es sich um eine Einflussnahme auf die Bildung der Alternativmenge der Akteure.

1. Anreize

Einige Autoren gehen davon aus, dass völkerrechtskonformes Verhalten durch das Setzen entsprechender Anreize durch andere Staaten erwirkt werden kann. Diese Anreize könnten positiv (materielle Hilfe, Handelskonzessionen und Kooperation) oder negativ (wirtschaftliche Sanktionen, Reduzierung von

---

47 J. v. Stein, "The Engines of Compliance", S. 478, 487 ff.
48 Für die neorealistische Schule stellvertretend Fearon, "Bargaining, Enforcement, and International Cooperation"; für die neoinstitutionelle Schule stellvertretend Victor, Kal Raustiala und Skolnikoff, *The Implementation and Effectiveness of International Environmental Commitments: Theory and Practice.*

Investitionen in Entwicklungshilfe, militärische Intervention) sein.[49] So ist HAFNER-BURTON der Ansicht, dass der Beitritt zu dem Menschenrechtsschutz dienenden völkerrechtlichen Verträgen allein regelmäßig nicht geeignet ist, aus sich heraus das Schutzniveau der Beitrittsländer zu heben. Bessere Ergebnisse ließen sich durch die Verknüpfung von hohen Menschenrechtsstandards mit Handelskonzessionen und bevorzugten Handelsabkommen erreichen.[50] Gerade wenn es um die Änderung repressiver Politik eines Staates gehe, komme es auf harte, rechtlich bindende und durchsetzbare Regeln an. An solchen fehle es indes in den reinen Menschenrechtskonventionen. Diese setzten vornehmlich auf den Mechanismus der Überzeugung, entbehrten aber jeden Zwanges.[51] Dies sei indes unzureichend, um auf die relevanten Entscheidungsprozesse der verantwortlichen politischen Entscheider einzuwirken. Durch die Kombination „harter" Menschenrechtsstandards mit Handelsabkommen ließe sich das Präferenzsystem der Entscheider zugunsten der Menschenrechte durch das Inaussichtstellen (letztlich monetärer) Belohnungen beeinflussen. Insbesondere sei es nicht erforderlich, die grundsätzliche Haltung der Entscheider zu Menschenrechten zu ändern, solange die in Aussicht gestellten Belohnungen die Kosten-Nutzen-Rechnung kurzfristig zugunsten menschenrechtskonformen Verhaltens ausfallen ließen.[52] Als Positivbeispiel führt HAFNER-BURTON die Lomé- und Catanou-Abkommen an, in denen einseitige Handelskonzessionen an die Einhaltung rechtlich verbindlicher Pflichten zur Wahrung der Menschenrechte niedergelegt sind, die von einem durch die Abkommen instituierten Monitoring-Mechanismus regelmäßig überprüft wird.[53] In mehreren Fällen seien auf der Grundlage der Abkommen in Fällen von Abweichungen von den vereinbarten Standards Sanktionen verhängt worden, die zu einer Verhaltensänderung seitens der Zielstaaten geführt hätten.[54]

---

49 J. v. Stein, "The Engines of Compliance", S. 479.
50 Hafner-Burton, "Trading Human Rights: How Preferential Trading Agreements Influence Government Repression", S. 624; Hafner-Burton, *Forced to be Good: Why Trade Agreements Boost Human Rights.*
51 Hafner-Burton, "Trading Human Rights: How Preferential Trading Agreements Influence Government Repression", S. 595.
52 Ebd., S. 595.
53 Ebd., S. 606.
54 Ebd., S. 606 ff. Entscheidung der ruandischen Regierung 1995, die für die illegale Verlegung eines Flüchtlingslagers verantwortlichen Angehörigen der ruandischen Streitkräfte einem gerichtlichen Strafverfahren zuzuführen; Verabschiedung eines neuen Wahlgesetzes und Beschluss von Neuwahlen in Togo nach Aussetzung des Marktzugangs; demokratische Reformen in Fiji, nachdem Investitionsprojekte wegen

Nach einhelliger Auffassung in der Literatur ergeben sich wichtige Anreize für konformes oder deviantes Verhalten auch auf nationaler Ebene. So geht SLAUGHTER etwa davon aus, dass das Justizsystem liberaler Staaten völkerrechtsnormkonformes Staatenverhalten auf zweierlei Weise begünstigt: Bürger können ihre Rechte in Gerichtsverfahren durchsetzen und unabhängige Gerichte kontrollieren die Vereinbarkeit von Regierungshandeln mit geltendem Recht.[55] Selbst dann, wenn ein Bürger zunächst erfolglos prozessiert habe, könne der verhandelte Fall einen gesellschaftlichen Reflexions- und Diskussionsprozess anstoßen und somit die Grundlage für späteren politischen Wandel legen.[56] Voraussetzung ist in diesen Fällen freilich, dass das Völkerrecht so Eingang in die nationale Rechtsordnung findet, dass die nationalen Gerichte es bei ihrer Entscheidungsfindung berücksichtigen müssen und die zu berücksichtigenden Regeln den Prozess der gerichtlichen Entscheidungsfindung zu beeinflussen geeignet sind.

Schließlich soll das Völkerrecht in demokratischen Staaten über die Präferenzen der Wähler mittelbar konformes Staatenverhalten erzeugen.[57] So misst NEUMAYER – ebenso wie HATHAWAY – einen positiven Einfluss der Ratifikation von Menschenrechtskonventionen auf die Menschenrechtslage in einem Land, wenn gleichzeitig die Bedingung einer starken Zivilgesellschaft erfüllt ist.[58] Er sieht darin einen Anhaltspunkt dafür, dass Interessengruppen,

---

eines vorangegangenen Putsches zu Lasten der demokratischen Regierung ausgesetzt worden waren.

55 Slaughter, "International Law in a World of Liberal States".

56 Simmons, *Mobilizing for Human Rights: International Law in Domestic Politics*; zu einem weniger optimistischen Ergebnis kommt allerdings Baumgartner, "Does Access to Justice Improve Countries' Compliance with Human Rights Norms?", der bei einer statistischen Überprüfung des Zusammenhangs zwischen der Durchsetzung von Menschenrechten und dem Zugang zu nationalen Gerichten einen nur schwachen Effekt nachweisen konnte, der darüber hinaus in Abhängigkeit von dem getesteten Recht und der verwendeten statistischen Methode variierte. Zudem wurden nur Menschenrechte der sog. ersten Generation geprüft, wie sie in den Artikeln 6 bis 22 des ICCPR niedergelegt sind. Kulturelle Rechte und der Schutz vor Diskriminierung wurden explizit nicht berücksichtigt.

57 Vgl.McGillivray und Alastair Smith, "Trust and Cooperation through Agent-Specific Punishments", S. 821; Trachtman, "International Law and Domestic Political Coalitions: The Grand Theory of Compliance with International Law", S. 157; Leeds, "Alliance Reliability in Times of War: Explaining State Decisions to Violate Treaties", S. 823; Hathaway, "Do Human Rights Treaties Make a Difference?", S. 2019; Neumayer, "Do International Human Rights Treaties Improve Respect for Human Rights?", S. 950.

58 Ebd., S. 950.

Parteien und Individuen auf nationaler Ebene Regierungen überzeugen oder gar unter Druck setzen können, damit diese die Bedingungen der ratifizierten Menschenrechtskonventionen erfüllen. MCGILLIVRAY UND SMITH beschreiben allgemeiner die Kooperation zwischen Staaten als zum Teil durch das Bestreben nationaler politischer Eliten um den Machterhalt geprägt. Diese verhielten sich dann kooperativ bzw. regelkonform, wenn sie andernfalls die zum Machterhalt erforderliche Unterstützung in der Bevölkerung verlören.[59] TRACHTMANN formuliert prägnant: *„[O]pportunities in the international game shape the strategy for maximizing an aggregate basket of preferences in the domestic game."*[60] Der Staat sei ein dynamischer Aggregator der Präferenzen von Individuen, Gruppen und Koalitionen.[61] Auch LEEDS stellt fest, dass politische Führer sich nicht unter allen Umständen an Bestimmungen internationaler Verträge halten. Änderten sich die Interessen, änderte sich mit ihnen die Bereitschaft zu vertragskonformem Verhalten.[62] Somit hängt die Effektivität des Völkerrechts auf nationaler Ebene von seiner Eignung ab, das Präferenzsystem der maßgeblichen Interessengruppen in seinem Sinne zu beeinflussen. Dies kann zum einen durch das Setzen konkreter, materieller Anreize geschehen. Zum anderen können Anreize aber auch schlicht darin bestehen, dass sich der Staat, dem ein Individuum angehört, in Übereinstimmung mit dem Völkerrecht verhält. Hierbei würde es sich um einen quasi-autonomen Effekt des Völkerrechts handeln. In einem groß angelegten Experiment hat TOMZ Anhaltspunkte dafür gefunden, dass Individuen eher bereit sind, politischen Projekten zuzustimmen, wenn diese in Übereinstimmung mit einer internationalen rechtlichen Verpflichtung stünden, als andernfalls.[63] Dies könnte ein erstes Anzeichen für solch einen autonomen Effekt darstellen.

---

59 McGillivray und Alastair Smith, "Trust and Cooperation through Agent-Specific Punishments", S. 821.
60 Trachtman, "International Law and Domestic Political Coalitions: The Grand Theory of Compliance with International Law", S. 153.
61 Ebd., S. 156.
62 Leeds, "Alliance Reliability in Times of War: Explaining State Decisions to Violate Treaties", S. 823.
63 Tomz, *Reputation and the Effect of International Law on Preferences and Beliefs*, S. 32.

2. Reziprozität

Unter *reziprokem* Verhalten versteht GUZMAN solche Maßnahmen, die Staaten spiegelbildlich zu vorangegangenen Völkerrechtsverletzungen durch andere Staaten vornehmen, ohne dass sich für sie selbst daraus Kosten ergeben, die über den Verlust des Vorteils der Kooperation hinausgehen.[64]. Typischerweise handelt es sich hier um die Nichtbefolgung von Vertragsbestimmungen nach einem Vertragsbruch durch einen Vertragspartner, wie es in der Wiener Vertragsrechtskonvention vorgesehen ist:

> „A material breach of a bilateral treaty by one of the parties entitles the other to invoke the breach as a ground for terminating the treaty or suspending its operation in whole or in part."

Reziprokes Verhalten gilt seit spätestens seit einem von AXELROD durchgeführten Experiment zu Strategien in Gefangenendilemmata als kooperationsfördernd. AXELROD hatte verschiedene Spieltheoretiker gebeten, eine Strategie vorzuschlagen, wie sie sich in einem wiederholt gespielten Gefangenendilemma verhalten würden. Die eingereichten Strategien ließ er gegeneinander spielen. Dabei erwies sich, dass die sogenannte Tit-for-Tat-Strategie allen anderen Strategien überlegen ist.[65] Diese Strategie besteht darin, im ersten Aufeinandertreffen zu kooperieren und in allen darauffolgenden Zügen sich dem Verhalten des Mitspielers anzupassen: solange dieser kooperiert, kooperiert man selbst. Weicht er ab, weicht man ebenfalls ab. Damit Reziprozität normkonformes Verhalten hervorrufen kann, müssen drei Voraussetzungen erfüllt sein: Die Vertragsparteien müssen sich in einer wiederholten interdependenten Entscheidungssituation befinden, die Auszahlungen bei einem einmalig devianten Verhalten müssen relativ klein sein im Verhältnis zu den Auszahlungen bei wiederholter Kooperation und abweichendes Verhalten muss für die andere Vertragspartei sichtbar und nachweisbar sein.[66] Letzteres hängt von der Klarheit der relevanten Norm und den verfügbaren Informationen über das tatsächliche Staatenverhalten ab.

---

64 Guzman, *How International Law Works: A Rational Choice Theory*, S. 33.
65 Voigt, *Institutionenökonomik*; für die Beschreibung des Experiments siehe: Axelrod, *The Evolution of Cooperation*. Für die Anwendung der Ergebnisse im Völkerrecht siehe: Guzman, *How International Law Works: A Rational Choice Theory*, S. 42 ff. und Schachter, *International Law in Theory and Practice*.
66 Guzman, *How International Law Works: A Rational Choice Theory*, S. 42.

Nicht erfüllt sind diese Voraussetzungen in der Regel bei Menschenrechtsverträgen und umweltrechtlichen Völkerrechtsnormen.[67] Weicht eine Vertagspartei unter Verletzung von Menschenrechten von einer Menschenrechtskonvention ab, so stellt eine darauf folgende Abweichung durch weitere Vertagsparteien keine spürbare Sanktion für die zuerst abweichende Partei dar. Ausnahmen sind allein im Minderheitenrecht denkbar, wenn in zwei ethnisch weitgehend homogenen Staaten Minderheiten aus dem jeweils anderen Staat leben und eine reziproke Sanktion über eine partielle Schlechterbehandlung der jeweiligen Minderheit erreicht werden kann. Typische Bereiche, in denen Staaten andere Staaten über die Anwendung der Tit-for-Tat-Strategie beeinflussen können, sind das humanitäre Völkerrecht und das Handelsrecht.[68] HAFNER-BURTON schlägt daher vor, zur Effektuierung des völkerrechtlichen Menschenrechtsschutzes entsprechende Schutzbestimmungen in Handelsabkommen aufzunehmen und dadurch eine Grundlage für die wirtschaftliche Sanktionierung von Menschenrechtsverletzungen zu schaffen.[69]

3. Reputation

Für GUZMAN stellt die Reputation eines Staates in Bezug auf seine Bereitschaft, Vertragsverpflichtungen zu entsprechen, eine der drei zentralen Säulen normkonformen Staatenverhaltens dar.[70] Aus seiner Sicht handelt es sich bei der Reputation eines Staates um den Wert seiner *discount rate*, der von anderen Staaten zur Vorhersage seines Verhaltens geschätzt wird.

Staaten seien bestrebt, eine Reputation für das Halten von Versprechen auszubilden, weil sie annehmen, dass andere Staaten in diesem Fall bereitwilliger mit ihnen kooperieren werden und dass – umgekehrt – eine Reputation

---

67 Vgl. Hafner-Burton, "Trading Human Rights: How Preferential Trading Agreements Influence Government Repression", S. 603 ff.
68 J. v. Stein, "The Engines of Compliance", S. 480; hinsichtlich der Wirksamkeit im humanitären Völkerrecht siehe Morrow, "When Do States Follow the Laws of War?", S. 570 f.
69 Hafner-Burton, "Trading Human Rights: How Preferential Trading Agreements Influence Government Repression", S. 623 f.
70 Guzman, *How International Law Works: A Rational Choice Theory*, S. 33 ff. bei den beiden übrigen Säulen handelt es sich um *Reziprozität* und *Retaliation*, weshalb Guzman auch den Begriff der „*Three Rs of Compliance*" verwendet.

für eine Tendenz zum Vertragsbruch die Kooperationsbereitschaft senkt.[71] Dieser Annahme liegen Überlegungen vor dem Hintergrund eines Gefangenendilemmas zugrunde. In einer solchen Situation haben Staaten trotz höchster Auszahlungen im Falle der Kooperation einen dominanten Anreiz, trotz im Ergebnis niedrigerer Auszahlungen zu defektieren. Um dennoch in den Genuss der höchstmöglichen Auszahlung zu gelangen, ist es denkbar, dass ein Staat potentielle Vertragspartner darüber informiert, sich an die Regeln der Abmachung halten zu wollen, auf deren Grundlage kooperiert werden soll. Um die Entscheidung für oder gegen Kooperation treffen zu können, müssen andere Staaten nun die Verlässlichkeit dieser Ankündigung bewerten. Sie tun dies, indem sie das Verhalten des kooperationsanbietenden Staates in der Vergangenheit analysieren und extrapolieren.[72] Staaten, die daran interessiert sind, in Zukunft mit anderen Staaten auf vertraglicher Basis zu kooperieren, werden – so die Theorie – daher regelmäßig bemüht sein, ihren vertraglichen Verpflichtungen nachzukommen.

Unklar ist, ob deviantes Verhalten in einem Bereich die Reputation eines Staates in einem anderen Bereich beeinflussen kann.[73] So gehen DOWNS UND JONES etwa davon aus, dass dem nicht so sei.[74] Staaten hätten in verschiedenen Bereichen verschiedene „Reputationen", die sich untereinander nicht notwendigerweise beeinflussen würden. GUZMAN entgegnet, Staaten könnten zwar mehrere Reputationen in verschiedenen Bereichen haben, diese seien aber oft untereinander verbunden.[75] Deviantes Verhalten in einem Bereich informiere andere Staaten über das grundsätzliche Verhältnis des abweichenden Staates zum Recht und darüber, dass dieser Staat prinzipiell kurzfristige Auszahlungen höher werte als langfristige. GIBLER misst die Reputation von Staaten über die Formierung von Bündnissen und findet für den Einfluss der Reputation insofern eine Bestätigung, als dass Staaten seiner Untersuchung zufolge leichter Bündnispartner finden, wenn sie in der Vergangenheit ihren Bündnispflichten nachgekommen sind.[76]

---

71 Keohane, *After Hegemony: Cooperation and Discord in the World Political Economy*, S. 93 f., 105; Guzman, *How International Law Works: A Rational Choice Theory*, S. 33.

72 Vgl.Brewster, "Reputation in International Relations and International Law Theory", S. 526.

73 J. v. Stein, "The Engines of Compliance", S. 481.

74 Downs und Jones, "Reputation, Compliance, and International Law".

75 Guzman, *How International Law Works: A Rational Choice Theory*, S. 100 ff.

76 Gibler, "The Costs of Reneging: Reputation and Alliance Formation", S. 450.

II. Normative Ansätze

Normative Ansätze gehen hingegen davon aus, dass Staaten grundsätzlich bereit sind, sich an internationale Regeln zu halten, selbst wenn sie Kosten verursachen. Die meisten Regelverletzungen würden vielmehr unbeabsichtigt geschehen, weil den Staaten entweder die notwendigen Handlungskapazitäten zur Um- und Durchsetzung fehlen oder die Verhaltensanforderungen der Regel nicht hinreichend klar seien.[77] Im Unterschied zu instrumentalistischen Ansätzen gehen normative Compliance-Theorien davon aus, dass die Entscheidung für völkerrechtskonformes Staatenverhalten nicht hauptsächlich durch Erwägungen über die Höhe der Auszahlungen auf der Grundlage eines Kosten-Nutzen-Vergleichs getroffen wird.

1. Managerialismus

Da es Staaten grundsätzlich frei steht, völkerrechtliche Verträge abzuschließen oder nicht, vermuten CHAYES UND CHAYES, dass Regierungen nur diejenigen Verträge abschließen, von denen sie sich einen Vorteil versprechen.[78] Aus diesem Grund sei zu erwarten, dass Staaten auch bei Abwesenheit äußerer Zwänge sich grundsätzlich vertragskonform verhalten würden.[79] Dies werde durch die Staatenpraxis in Bezug auf völkerrechtliche Verträge deutlich. Nur in Ausnahmefällen würden formelle Sanktionsmechanismen vereinbart und auch dann nur selten angewandt.[80] Abgesehen davon, dass die Tatsache des Vertragsabschlusses selbst bereits von einem grundsätzlichen Willen zur Vertragskonformität zeuge, sei es zudem zu mühsam, die Kosten konformen oder devianten Verhaltens permanent zu rekalkulieren. Effizienter sei es, eine bereits etablierte Regel zu befolgen. Deviantes Verhalten beruhe deshalb selten auf einer kalkulierten Entscheidung, sondern sei in der Regel

---

77 A. Chayes, A. H. Chayes und Mitchell, "Managing Compliance: A Comparative Perspective".
78 Ebd., S. 41; der Begriff des *managerialism* wurde von CHAYES UND CHAYES selbst nicht verwendet, er hat sich gleichwohl für die Bezeichnung dieses Ansatzes durchgesetzt, vgl. etwa Goodman und Jinks, "How to Influence States: Socialization and International Human Rights Law", S. 625; Kai Raustiala und Slaughter, "International Law, International Relations and Compliance", S. 542.
79 A. Chayes und A. H. Chayes, "On Compliance".
80 A. Chayes und A. H. Chayes, "Compliance with Enforcement: State Behavior under Regulatory Rules", S. 320.

das Resultat mehrdeutiger Vertragsformulierungen oder beschränkter materieller Kapazitäten einer Vertragspartei.[81] Daher könne ein höheres Maß an Vertragskonformität weniger durch Sanktionen, sondern vor allem durch besseres Vertragsdesign, Streitbeilegungsmechanismen und technische wie finanzielle Hilfe erreicht werden.[82] MITCHELL findet in seiner Studie der Effektivität von Regelungen zum Schutz der Meere vor der Verschmutzung durch Öl Anhaltspunkte dafür, dass präzise formulierte Verträge mit konkreten Regelungsstandards ein höheres Maß an vertragskonformem Verhalten generieren, als solche, die lediglich Fernziele definieren.

2. Internalisierung und sozialer Einfluss

In Teilen der Literatur wird die Ansicht vertreten, Normen und Aspekte staatlicher Identität würden aus sich heraus Anreize zu normkonformem Verhalten setzen.[83] Schlüsselkonzepte sind zum einen die sogenannte *Internalisierung*, d.h. der Zustand, in dem eine Norm so tief in das Bewusstsein der Adressaten eingedrungen ist, dass sie nicht mehr in Frage gestellt wird. Dieser Zustand soll durch transnationale rechtliche Prozesse und Überzeugungsmaßnahmen erreicht werden können, also durch das Ändern von Einstellungen ohne Rückgriff auf offenen Zwang.[84] Daneben seien Regierungen empfänglich für soziale Einflussnahme und den Druck kognitiver Dissonanz.

KOH geht davon aus, dass die Internalisierung einer völkerrechtlichen Norm am Ende eines dreiphasigen transnationalen rechtlichen Prozesses stehe. Dieser beginne mit einem Akt (oder mehreren Akten) der Interaktion, der einen Akt der Interpretation der der Interaktion zugrunde liegenden

---

81 A. Chayes und A. H. Chayes, "On Compliance", S. 188 ff., 204 f. Victor, Kal Raustiala und Skolnikoff, *The Implementation and Effectiveness of International Environmental Commitments: Theory and Practice*.

82 A. Chayes und A. H. Chayes, "Compliance with Enforcement: State Behavior under Regulatory Rules", S. 321; A. Chayes und A. H. Chayes, "On Compliance", S. 204 f. Young, *International Governance: Protecting the Environment in a Stateless Society*, S. 154-155; A. Chayes, A. H. Chayes und Mitchell, "Managing Compliance: A Comparative Perspective". Ein transparenteres Vertragsdesign wird allerdings auch regelmäßig die Effektivität von Sanktionen erhöhen, siehe Mitchell, "Regime Design Matters: Intentional Oil Pollution and Treaty Compliance", S. 457 f.

83 Koh, "Why Do Nations obey International Law?"

84 Ebd.; Johnston, "Treating International Institutions as Social Environments", S. 496 ff.

Rechtsnormen erforderlich mache.[85] Im Rahmen des Interpretationsprozesses versuche jede Partei, die jeweils andere zur Internalisierung einer bestimmten Norminterpretation zu bewegen. Dadurch entstehe eine durch den vorangegangenen Interpretationsprozess präzisierte Norm, die maßgeblich für zukünftiges Verhalten durch entsprechend konformes Verhalten bestätigt und schließlich beidseitig internalisiert würde. Erreicht werde die Internalisierung einer Norm durch Akte der Überzeugung.[86] Durch den Prozess der Überzeugung mittels Argumentation würden direkt die Nutzenfunktionen der Adressaten beeinflusst.[87] JOHNSTON hält drei Überzeugungsmechanismen für zentral: Die Überzeugung durch neue Informationen und Fakten, welche die zu überzeugende Partei ihren kognitiven Prozessen zugrunde legt und dadurch zu neuen Ergebnissen kommt; die Überzeugung aufgrund der Beziehung zwischen der überzeugenden und der zu überzeugenden Partei (Quellen aus sog. In-Groups wird mehr vertraut als Quellen aus sog. Out-Groups); und Überzeugung aufgrund von Eigenschaften der zu überzeugenden Person (z.B. Stärke des Wunsches, sich nicht durch Meinungsänderungen in Widerspruch zu vorangegangenem Verhalten zu setzen).[88] Er identifiziert auf dieser Grundlage (institutionelle) Bedingungen, die für die Beeinflussung von Akteuren durch Akte der Überzeugung besonders geeignet sind: (1) Ein Akteur ist aus sich heraus motiviert, seinen Überzeugungen entgegenstehende Informationen zu verarbeiten; (2) die überzeugende Partei ist ein Mitglied einer kleinen In-Group, zu der die zu überzeugende Partei gehört oder gehören will und verfügt darüber hinaus über große Autorität; (3) die zu überzeugende Partei verfügt über nur wenige entgegenstehende Überzeugungen von geringer Intensität; (4) die zu überzeugende Partei wird wiederholt mit ihren Überzeugungen widersprechenden Überzeugungen konfrontiert; (5) die streitige Frage ist technischer Natur und nur auf der Grundlage von ausdifferezviertem Expertenwissen zu beantworten.[89]

---

85 Koh, "Why Do Nations obey International Law?", S. 2646.

86 Johnston, "Treating International Institutions as Social Environments", S. 496 ff.

87 Finnemore und Sikkink, "International Norm Dynamics and Political Change", S. 914; für ein vermeintliches Positivbeispiel eines solchen Überzeugungsprozesses siehe Thomas, *The Helsinki Effect: International Norms, Human Rights and the Demise of Communism*, dessen Erklärungen indes in vielen Fällen alternative Deutungen im Sinne der Rational Choice Theorie zulassen, so dass fraglich sein dürfte, ob das den Helsinki-Normen in Teilen entsprechende Verhalten der Sowjetunion tatsächlich maßgeblich durch die Internalisierung dieser Normen seitens der relevanten Entscheidungsträger erzeugt wurde.

88 Johnston, "Treating International Institutions as Social Environments", S. 496 f.

89 Ebd., S. 498 f.

Darüber hinaus soll normkonformes Verhalten durch die Ausübung sozialen Einflusses erreicht werden können.[90] Staaten verhielten sich regelkonform, um sich gegenüber anderen Staaten zu legitimieren. Regierungen seien oft bestrebt, zu einer bestimmten Referenzgruppe zu „gehören", um damit das nationale wie persönliche Selbstwertgefühl zu stärken und soziale Sanktionen – *naming and shaming*, Ausschluss, Dissonanz zwischen der eigenen Identität und einem bestimmten Verhalten – zu vermeiden.[91] MURDIE UND DAVIS finden hierfür insoweit eine empirische Bestätigung, als sie nachweisen, dass *Shaming* dann einen Einfluss auf staatliches Verhalten ausüben könne, wenn es mit der Präsenz von Menschenrechtsorganisationen auf nationaler Ebene kombiniert werde oder von zwischenstaatlichen Organisationen oder Drittstaaten ausgehe.[92] GOODMAN UND JINKS diskutieren die Bedeutung sozialen Einflusses unter der Überschrift der *Akkulturation*.[93] Hierunter verstehen sie den auf Assimilierungsdruck zurückzuführenden allgemeinen Prozess der Übernahme von Überzeugungen und Verhaltensmustern von der Umgebungskultur.[94] Die Verhaltensänderung werde durch Änderung des Präferenzsystems und der sozialen Umgebung bewirkt. Im Ergebnis stellen aber auch sie auf die bei JOHNSTON aufgezählten kognitiven und sozialen Druckmittel ab.

3. Legitimität und Fairness

Einige Autoren sehen in den Begriffen *Legitimität* und *Fairness* einen Teil der Antwort auf die Frage nach den Bedingungen normkonformen Staatenverhaltens.[95] So postuliert FRANCK, legitime Normen erzeugten einen

---

90 Ebd., S. 499.
91 Finnemore und Sikkink, "International Norm Dynamics and Political Change", S. 902 ff. Johnston, "Treating International Institutions as Social Environments", S. 499 ff.
92 Murdie und Davis, "Shaming and Blaming: Using Events Data to Assess the Impact of Human Rights INGOs", S. 13; MURDIE UND DAVIS beschränken indes ihre Analyse auf Menschenrechte zum Schutz der physischen Integrität und entgehen so weitgehend dem im Minderheitenrecht verbreiteten Problem fehlender Normeindeutigkeit.
93 Goodman und Jinks, "How to Influence States: Socialization and International Human Rights Law", S. 638 ff.
94 Ebd., S. 638.
95 Franck, "Legitimacy in the International System"; Hurd, "Legitimacy and Authority in International Politics"; T. R. Tyler, "Psychological Perspectives on Legitimacy and Legitimation".

sogenannten *compliance pull*, der – unabhängig von weiteren Bedingungen – zu normkonformem Verhalten führe:

> „*[I] in a community organized around rules, compliance is secured – to what ever degree it is*[96] *– at least in part by perception of a rule as legitimate by those to whom it is addressed.*"[97]

Maßgeblich für die Wahrnehmung einer Norm als legitim sei ein Entstehungs- und Anwendungsprozess, der wohldefinierten Voraussetzungen entspreche.[98] Bei diesen Voraussetzungen handele es sich um *determinacy, symbolic validation, coherence* und *adherence*.[99] Ein Normtext müsse demnach hinreichend klar bestimmt sein. Nicht hinreichend klare Normtexte würden die Rechtfertigung abweichenden Verhaltens erleichtern.[100] Darüber hinaus bedürfe es einer symbolischen Signalisierung der Unterwerfung unter die durch eine Norm getroffenen Anordnungen.[101] FRANCK führt als Beispiel das Singen einer Nationalhymne als symbolische Bekräftigung der Beziehung zwischen Bürger und Staat an. Daneben bedürfe es aber auch der kohärenten Anwendung der Norm dergestalt, dass gleiche Fälle gleich behandelt würden und die Norm Teil eines übergeordneten Normsystems sei und in Übereinstimmung mit diesem System angewandt werde.[102] Schließlich sei es für die Legitimität einer Norm förderlich, wenn sie sich nicht als ad hoc-Vereinbarung zwischen zwei oder mehr Parteien darstelle, sondern aus einem zuvor normierten Normsetzungsprozess hervorgehe und sich in ein hierarchisch geordnetes, zuvor festgelegtes Normsystem einfügen lasse.[103] GIBSON, CALDEIRA UND SPENCE finden in ihrer empirischen Studie Anhaltspunkte dafür, dass zumindest Individuen zur Befolgung von Regeln eher bereit sind, wenn sie durch als legitim wahrgenommene Institutionen gesetzt wurden.[104] Dies spiegelt im Wesentlichen den Stand der psychologischen Forschung wieder, wonach das Verhalten von Menschen in Bezug auf Regeln (Konformität/Devianz)

---

96 Hervorhebung im Original.
97 Franck, "Legitimacy in the International System", S. 706.
98 Ebd., S. 706.
99 Ebd., S. 712.
100 Ebd., S. 713 f.
101 Ebd., S. 725 ff.
102 Ebd., S. 741.
103 Ebd., S. 751 f.
104 Gibson, Caldeira und Spence, "Why Do People Accept Public Policies They Oppose?", S. 196 f. untersucht wurden indes nicht internationale, sondern US-amerikanische Institutionen aus der Sicht von Bürgern, nicht von Entscheidungsträgern.

maßgeblich davon abhängt, ob diese durch als fair empfundene Prozesse entstanden sind.[105]

Sei eine Regel nicht nur legitim, sondern erfülle sie ferner die Kosten-Nutzen-Erwartungen der Parteien, so sei sie zudem fair. Fairness und Legitimität seien im Wesentlichen durch wiederholte Verhandlungs- und Argumentationsprozesse zu erreichen. Je legitimer und je fairer eine Norm sei, desto größer werde der *compliance pull*.[106]

C. Effektivität völkerrechtlicher Konfliktlösung

Im Bereich der Prävention und Lösung ethnischer Konflikte muss hinsichtlich der Normeffektivität deutlich zwischen dem völkerrechtlichen Diskriminierungsschutz und territorialen Regelungen wie Autonomie oder Sezession unterschieden werden. Während im Bereich des Diskriminierungsschutzes die – vertraglich verankerten – Normen überwiegend klar formuliert sind und sich lediglich in Einzelfällen Unklarheiten auf der Zielebene ergeben, fehlt es bezüglich Autonomie und Sezession an einer hinreichend klaren normativen Grundlage, ohne die kein bezugsfähiger Maßstab für die Setzung von Anreizen oder die Einflussnahme über Sanktionen und *capacity building* denkbar ist. Dabei verhindert die Abwesenheit einer Regel, nach der Sezessionen vollzogen werden sollen, diese nicht, sondern lässt sie lediglich spontan und ungeordnet passieren. Eine Sezessionsregel kann unter Rückgriff auf die Erkenntnisse der empirischen Gerechtigkeitsforschung und der politischen Geographie formuliert und mittels ihrer Einbeziehung in das Recht der Staatenanerkennung auch mit einem materiellen Anreiz versehen werden.

I. Diskriminierungsschutz

Im Bereich des völkerrechtlichen Diskriminierungsschutzes sind die normativen Ziele hinsichtlich der Rechtsträgerschaft überwiegend klar formuliert. In den wenigen umstrittenen Fällen lassen sich zumindest keine norminternen Zielkonflikte feststellen, so dass einer Konvergenz der Interpretationen zur Rechtsträgerschaft allein politische Interessen der Vertragsparteien entge-

---

105 T. R. Tyler, "Psychological Perspectives on Legitimacy and Legitimation", S. 394.
106 J. v. Stein, "The Engines of Compliance", S. 490.

genstehen. Fehlende Zielschärfe lässt sich indes im Bereich der erforderlichen positiven Maßnahmen zur Vermeidung faktischer Diskriminierung feststellen. Eine Konkretisierung ist hermeneutisch möglich, durch die vertragsüberwachenden und -auslegenden Institutionen bislang jedoch nicht erfolgt. Auch hier besteht die auf dem Weg zur Vereinheitlichung zu nehmende Hürde in den politischen Interessen der Vertragsparteien. Die Menge der Interpretations- und Handlungsalternativen wird durch eine Reihe vertragsgebundener Berichtsverfahren erweitert, hinsichtlich der Handlungsalternativen verbleiben die Berichte indes oft in sehr allgemeinen Empfehlungen. Einen informativen Mehrwert bieten die Verfahren im Übrigen hauptsächlich durch Bündelung von Informationen, die jedoch im Wesentlichen die ergriffenen legislativen Maßnahmen der Vertragsparteien betreffen und evaluative Aspekte und faktische Informationen vermissen lassen. Eine Einwirkung auf die Alternativwertung der Vertragsparteien scheint im Kern mittelbar über die Knüpfung materieller Vor- oder Nachteile an die Vertragskonformität möglich, auf welche die übrigen Compliance-Mechanismen lediglich aufbauen.

1. Ziele

Unter den völkerrechtlichen Normen mit ethnischem Bezug und insbesondere im internationalen Minderheitenschutz besteht relative Sicherheit über Rechtsträgerschaft und Rechtsfolgen, solange keine politisch brisanten Bereiche tangiert werden. Daneben herrscht in einigen wenigen Fragen Uneinigkeit oder fehlt es an Präzision auf der Rechtsfolgenseite, was zuungunsten der Normklarheit und Normeffektivität geht. Eine Konvergenz der Interpretationsalternativen ist hermeneutisch möglich, die politische Durchsetzbarkeit scheint indes zweifelhaft.

a)   Rechtsträger

Die Rechtsträgerschaft ist hinsichtlich der weit überwiegenden Anzahl der Regeln des völkerrechtlichen Diskriminierungs- und Minderheitenschutzes von großer Eindeutigkeit geprägt. Dies gilt insbesondere für jene Rechte, die grundsätzlich allen Menschen gewährt werden. Doch auch das Minderheitenrecht ist bezüglich der Rechtsträgerschaft im Wesentlichen klar gestaltet: Alle diskutierten Minderheitenbegriffe verfügen über einen *„gemeinsamen*

Kern".[107] Hierzu zählen *„numerische Unterlegenheit, das subjektive Element sowie identitätsstiftende Merkmale, die eine Minderheit von der übrigen Bevölkerung unterscheiden. (...) Das subjektive Element hat für alle Minderheitenbegriffe die gleiche Bedeutung. Eine Minderheit muss demnach ein gewisses Solidaritätsgefühl erkennen lassen und keine Gruppe darf gegen ihren Willen zu einer Minderheit gemacht werden."*[108] Unsicherheit besteht lediglich in Einzelfragen bezüglich des Erfordernisses der Staatsangehörigkeit und der Anwendung des Minderheitenbegriffs auf sogenannte „neue Minderheiten".

aa) Vertragliche Grundlagen

Auf universeller Ebene gewähren insbesondere der ICCPR, der ICESCR und die CERD Schutz vor Diskriminierung. Die CERD knüpft hierbei an überwiegend objektive Merkmale an, indem sie rassistische Diskriminierung als *„distinction, exclusion, restriction or preference based on race, colour, descent, or national or ethnic origin which has the purpose or effect of nullifying or impairing the recognition, enjoyment or exercise, on an equal footing, of human rights and fundamental freedoms in the political, economic, social, cultural or any other field of public life"* beschreibt.[109] Ihr personeller Schutzbereich wird explizit nicht auf das Erfordernis der Staatsangehörigkeit der Begünstigten im Aufenthaltsstaat begrenzt.[110] Ebenso enthalten die auf die CERD bezogenen *reservations, declarations* und *understandings* keine Begrenzungen des personellen Schutzbereiches.[111] Gleichsam garantieren der ICESCR und der ICCPR die in den Pakten niedergelegten Rechte allen Menschen *„without discrimination of any kind as to race, colour, sex, language, religion, political or other opinion, national or social origin, property, birth or other status."*[112] Darüber hinaus enthält der ICCPR mit Art. 27 eine Norm, deren Anwendung auf Menschen begrenzt wird, die einer Minderheit angehören. Er lautet:

---

107 Lahnsteiner, *Minderheiten: Versuch einer völkerrechtlichen Begriffsbestimmung*, S. 275.
108 Ebd., S. 275.
109 Art. 1 Abs. 1 CERD.
110 Art. 2 Abs. 2 CERD.
111 Vgl. https://treaties.un.org/Pages/ViewDetails.aspx?src=TREATY&mtdsg_no=IV-2&chapter=4&lang=en (13.02.2015, 22:34 Uhr).
112 Art. 2 Abs. 2 ICESCR bzw. Art. 2 Abs. 1 ICCPR.

> *„In those States in which ethnic, religious or linguistic minorities exist, persons belonging to such minorities shall not be denied the right, in community with the other members of their group, to enjoy their own culture, to profess and practise their own religion, or to use their own language. "*

Die auf europäischer Ebene maßgeblichen Instrumente des Diskriminierungsschutzes sind neben der ECHR die FCNM und das Abkommen zum Schutz von Minderheitensprachen.[113] Der Inhalt der in der FCNM enthaltenen Normen verbleibt bezüglich der Rechtsträger im Unklaren, da der Begriff der *nationalen Minderheit* nicht definiert wird. Das AdComFCNM hat den Vertragsparteien in Ermangelung einer Legaldefinition einen weiten Interpretationsspielraum zugestanden, der allerdings nicht als *„source of arbitrary or unjustified distinctions"* missverstanden werden soll.[114] Gleichwohl nutzen die Vertragsparteien den ihnen zugestandenen Interpretationsspielraum teilweise zum Nachteil ethnischer Gruppen. So sprach Dänemark der Bevölkerung Grönlands und der Faröer-Inseln die Eigenschaft einer nationalen Minderheit mit dem Argument ab, sie könne sich auf den Schutz als *indigenous people* oder *people* berufen, [115] während das AdComFCNM keinen Anlass für die Herausnahme solcher Gruppen aus dem Anwendungsbereich der FCNM sah, die sich auch auf andere Schutzinstrumente berufen können.[116] Die europäische Charta zum Schutz von Minderheitensprachen richtet sich ihrerseits nicht an die jeweiligen Sprecher als Rechtsträger. Ihr Ziel ist vielmehr der Schutz der Minderheitensprachen selbst als Ausdruck kultureller Diversität, wenngleich die Sprecher dieser Sprachen durch die den Staaten auferlegten Schutzpflichten regelmäßig begünstigt werden dürften. Die Menge der geschützten Sprachen wird in Art. 1 lit. a der Charta unmissverständlich auf solche begrenzt, die von Staatsangehörigen des Aufenthaltsstaates gesprochen werden.

bb)   Staatsangehörigkeit

Während Einigkeit darüber besteht, dass der Begriff der Minderheit eine Gruppe von Menschen bezeichnet, die gegenüber einer Bezugsgruppe numerisch unterlegen und von dieser Gruppe anhand objektiver wie subjektiver

---

113 Zur Parallelität des Schutzbereichs der ECHR und des ICCPR vgl. bereits Punkt. 1.1.1.1, 2. Unterabschnitt.
114 Opinion on Albania, ACFC/INF/OPI(2003)004, § 18.
115 Siehe Opinion on Denmark, ACFC/INF/OPI(2001)005, § 16.
116 Opinion on Denmark, ACFC/INF/OPI(2001)005, § 17.

Merkmale abgrenzbar ist, ist bislang offen geblieben, ob der Minderheiten-begriff des Art. 27 ICCPR an die Staatsangehörigkeit des Aufenthaltsstaates anknüpft oder ob der persönliche Anwendungsbereich der Norm auch für Menschen eröffnet ist, die nicht über die Staatsangehörigkeit des Aufent-haltsstaates verfügen. Das HRC interpretiert den Begriff der Minderheit in seiner Allgemeinen Bemerkung Nr. 23 weit und wendet ihn auf alle Per-sonen an, die den Kategorien des Art. 27 ICCPR zugeordnet werden kön-nen, darunter auch auf Wanderarbeiter und *visitors*,[117] und zwar unabhängig von der Staatsangehörigkeit.[118] Dies wird gestützt durch die Ansicht des AdComFCNM[119] und eine zunehmende Tendenz in der Literatur.[120] Die Staatenpraxis verhält sich hierzu uneinheitlich. So verlangen etwa Armenien und die Ukraine die Staatsbürgerschaft einer Person als Voraussetzung für jedweden Minderheitenschutz.[121] Die Niederlande vertreten hingegen einen weiten Minderheitenbegriff und subsumieren hierunter auch Gastarbeiter und Flüchtlinge.[122]

Im Rahmen der FCNM verstehen Österreich, Estland und Schweden unter einer nationalen Minderheit eine ethnische, religiöse oder linguistische Grup-pe, die auf eine historische Verbindung mit dem Aufenthaltsstaat verweisen kann und deren Mitglieder die Staatsangehörigkeit des Aufenthaltsstaates haben.[123] Das Erfordernis der Staatsangehörigkeit des Aufenthaltsstaates ermöglicht es, den Anwendungsbereich der Konvention faktisch durch das nationale Staatsangehörigkeitsrecht zu beschränken, wie das Beispiel der russischen Minderheit in Estland veranschaulicht hat. Demgegenüber wählt das Vereinigte Königreich eine weite Interpretation des Begriffes der natio-nalen Minderheit als *„a group of persons defined by colour, race, nationality,*

---

117 UN Doc. CCPR/C/21/Rev.1/Add.5, § 5.2.

118 UN Doc. CCPR/C/21/Rev.1/Add.5, § 5.1. Die HRC stützt sich dabei auf Art. 2(1) ICCPR, der die im Pakt genannten Rechte unabhängig von der Staatsangehörigkeit der Rechtsträger garantieren soll.

119 Dazu unten.

120 Siehe Lahnsteiner, *Minderheiten: Versuch einer völkerrechtlichen Begriffsbestim-mung*, S. 21, Fn 971.

121 Initial Report Armenien, CCPR/C/92/Add.2, para 254; Sixth Periodic Report Ukraine CCPR/C/UKR/6, para 343; Beispiele entstammen ebd., S. 215.

122 Second Periodic Report Niederlande UN Doc. A/37/40, paras. 114, 133; Beispiel aus ebd., S. 216.

123 Opinion on Austria, ACFC/INF/OPI(2002)009, § 12; Opinion on Estonia, ACFC/INF/OPI(2002)005, § 13; Opinion on Switzerland, ACFC/INF/OPI(2003), § 16.

(including citizenship) or ethnic or national origin".[124] Andere Staaten begrenzten den Anwendungsbereich der FCNM von vornherein auf bestimmte ethnische Gruppen. So erklärte Deutschland, die Konvention sei auf seinem Gebiet auf Dänen, Sorben, Friesen, Roma und Sinti anwendbar, sofern diese über die deutsche Staatsangehörigkeit verfügten.[125] Schweden begrenzte den Anwendungsbereich der Konvention auf Samen, schwedische Finnen, Tornedaler, Roma und Juden.[126]

cc)   „Neue Minderheiten"

Unter „neuen Minderheiten" als weiteres Problemfeld sollen hier nur Angehörige ethnischer Minderheiten mit Staatsangehörigkeit des Aufenthaltsstaates verstanden werden.[127] Dies betrifft vor allem Migrationsminderheiten, deren Angehörige zum Teil seit einigen Generationen im Aufenthaltsstaat leben und dessen Staatsangehörigkeit angenommen haben. EIDE sieht in solchen Fällen das Zeitmoment als maßgebliches Differenzierungskriterium:

> *„(...) It is submitted that long-standing residents, the majority of whom are gainfully employed and pay their taxes, should have no lesser right to educational support than members of the same linguistic group who already have become citizens. It is thus possible that the distinction should not be between citizens, but between those who have been settled for a long time and those who are very recent arrivals, whether or not they have obtained citizenship."*[128]

Konkrete Angaben, nach Ablauf welcher Zeit des Aufenthalts ethnische Minderheiten – unabhängig von der Staatsangehörigkeit der sie bildenden Personen – den Status einer schutzwürdigen Minderheit im Sinne des Völkerrechts erlangen, fehlen indes.

---

124   Opinion on United Kingdom, ACFC/INF/OPI(2002)006, § 14.
125   Opinion on Germany, ACFC/INF/OPI(2002)008, § 12.
126   Opinion on Sweden, ACFC/INF/OPI(2003)006, § 16.
127   Der Begriff der „neuen Minderheit" wird in der Regel weiter gefasst und bezieht für gewöhnlich auch die Diskussion um das Erfordernis der Staatsangehörigkeit des Aufenthaltsstaates mit ein, vgl. Hilpold, "Neue Minderheiten im Völkerrecht und im Europarecht". Aufgrund der restriktiven Tendenz einiger Staaten (darunter auch die Bundesrepublik Deutschland), auch Angehörige ethnischer Minderheiten mit Staatsangehörigkeit des Aufenthaltsstaates von dem personellen Schutzbereich des (völker-)rechtlichen Minderheitenbegriffs auszunehmen, soll diese Gruppe vorliegend gesondert diskutiert werden.
128   E/CN.4/Sub.2/1993/34 v. 10. August 1993, Ziff. 42.

In der Berichtspraxis der Staaten spielt der Begriff „neue Minderheit" selbst praktisch keine Rolle. Unter den 50 der 93 Staatenberichte im Rahmen der FCNM, in denen in irgendeiner Form Bezug auf Immigration genommen wird, wird er nur in zwei Berichten verwendet.[129] In beiden Berichten vertreten die jeweiligen Staaten entweder den Standpunkt, der europäische Minderheitenbegriff schließe sogenannte „neue Minderheiten" prinzipiell nicht ein[130] oder es gebe – entgegen der Ansicht des Europarates – mindestens keinen Grund, den Minderheitenschutz auf nichtautochthone Minderheiten auszuweiten.[131] Auch unter der ECRML wird der Begriff in 266 Dokumenten nur ein einziges Mal erwähnt, und auch hier nur im Rahmen eines Verweises auf die Praxis unter der FCNM.[132]

Im Rahmen des ICCPR wird der Begriff nur in 4 von 380 Berichten verwendet und auch hier unterschiedlich verstanden. In seinem 5. Bericht an das HRC vertritt Deutschland die Auffassung, „neue Minderheiten" unterfielen nicht dem Schutzbereich des Art. 27 ICCPR und verweist dabei auf die *travaux préparatoires*:

> „*The Federal Republic of Germany presumes that Article 27 of the Covenant does not contain the right of further protected minorities also to be recognised as national minorities. It refers here to the material on the Covenant (...) and the Final Report dated 1 July 1955 (A/2929), stating: 'The provisions concerning the right of minorities, it was understood, should not be applied in such a manner as to encourage the creation of new minorities or to obstruct the process of assimilation. It was felt that such tendencies could be dangerous for the unity of the State. In view of clarification given on those points, it was thought unnecessary to specify in the article that such rights may not be interpreted as entitling any groups settled in the territory of a State, particularly under the terms of immigration laws, to form within that State separate communities which might impair its national unity or security.' (A/2929, p. 63, para 186)*"[133]

Währenddessen scheinen sowohl die Slowakei als auch Hongkong in ihren Berichten an das HRC davon auszugehen, dass auch neue Minderheiten durch Art. 27 ICCPR geschützt werden und damit Teil des Berichtsmaterials werden müssen.[134]

---

129 Vgl. ACFC/SR/II(2004)012 E (Finnland), S. 20; ACFC/SR/III(2010)010 rev (Österreich), S. 15 f.

130 ACFC/SR/II(2004)012 E (Finnland), S. 20.

131 ACFC/SR/III(2010)010 rev (Österreich), S. 15 f.

132 MIN-LANG/PR (2003) 6 (Niederlande), S. 22.

133 CCPR/C/DEU/2002/5, S. 99; zuvor bereits CCPR/C/84/Add.5, S. 59.

134 Vgl. CCPR /C/SVK/3 (Slowakei), S. 127; CCPR/C/HKG/2005/2 (Hongkong), S. 122.

b)   Rechtsfolgen

Während der formale Schutz vor rechtlicher Ungleichbehandlung durch die
Einführung gesetzlicher Diskriminierungsverbote vergleichsweise einfach
umgesetzt und – aus Sicht der mit dem Monitoring der Implementierung
betrauten Organe – ohne weiteres überprüft werden kann, erfordert die Herstellung materieller (Chancen-)Gleichheit als Ansatz zur Prävention und
Lösung ethnischer Konflikte ein aktives Eingreifen und Gestalten von staatlicher Seite. Die einschlägigen völkerrechtlichen Normen sind diesbezüglich
jedoch vage und kaum geeignet, eine Veränderung in der Entscheidungsfindung in der nationalen Politik der Vertragsparteien zu motivieren.

aa)   Die Bedeutung des Begriffs „affirmative action" aus historischer Sicht

Der Begriff „Affirmative action" entstammt historisch der Zeit der US-
amerikanischen Bürgerrechtsbewegung und knüpft an die erstmals während
der *Reconstruction*[135] aufgekommenen Idee an, die Fortwirkung vorangegan-
gener systematischer Benachteiligung durch positive Ungleichbehandlung zu
hemmen.[136] Verwendet im Zusammenhang mit ethnisch definierten Gruppen
wurde der Begriff erstmals in der *Executive Order 10925* von 1961, die
eine Klausel enthielt, nach welcher *government contractors*[137] „affirmative
action" anwenden sollten, um sicherzustellen, dass sowohl Bewerber um
Arbeitsstellen als auch Mitarbeiter gleich behandelt würden, und zwar „without regard to their race, creed, color, or national origin."[138] Darauf folgte
etwa vier Jahre später die *Executive Order 11246*, die staatliche Arbeitgeber

---

135   Unter dem Begriff der *Reconstruction* versteht man in den USA die vom Sezessions-
krieg bis 1877 während Phase der Wiedereingliederung der zuvor aus der Union
ausgetretenen Südstaaten.
136   Historischer Hintergrund war, dass es der afroamerikanischen Bevölkerung nach
dem Ende der Sklaverei sowohl an Fähigkeiten als auch an Ressourcen fehlte, um
für den eigenen Lebensunterhalt zu sorgen. General Sherman schlug daher vor, Land
und Güter des Staates Georgia zu teilen und es afro-amerikanischen Familien im
Rahmen der sogenannten „40 acres and a mule"-Politik zukommen zu lassen. Der
Vorschlag wurde indes wenig enthusiastisch aufgenommen.
137   Hierbei handelt es sich um private profit- und non-profit Unternehmen, die auf der
Grundlage eines Vertrages mit dem Staat Güter produzieren oder Dienstleistungen
bereitstellen.
138   http://www.eeoc.gov/eeoc/history/35th/thelaw/eo-10925.html, 09.09.2015, 21:37
Uhr.

dazu verpflichtete, Einstellungen „without regard to race, religion or national origin" vorzunehmen.

Die Reichweite der Anwendung der *Executive Orders* war indes zunächst begrenzt. Nach der *Executive Order 10925* forderte die Regierung keine „special preference or treatment or quotas for minorities", sondern favorisierte „racially neutral hiring", um Diskriminierungen auf dem Arbeitsmarkt entgegenzuwirken. Eine über diese Bedeutung hinausgehende Interpretation enthielt eine 1965 gehaltene Rede des Präsidenten Johnson vor afroamerikanischen Studenten der Howard-Universität, in der er sein Verständnis des Begriffs der „Affirmative action" andeutete:

> „*You do not take a man who for years has been hobbled by chains, liberate him, bring him to the starting line of a race, saying, 'you are free to compete with all the others,' and still justly believe you have been completely fair [...]. We seek not just freedom but opportunity, not just legal equity but human ability, not just equality as a right and a theory, but equality as a fact and as a result.*"[139]

So sah die *Executive Order 11246* von 1965 im Unterschied zu den vorangegangenen Regelungsvorschlägen auch für *government contractors* vor, neben der Dokumentation ihrer Einstellungspraxis den Anteil qualifizierter, ethnischen Minderheiten angehöriger Bürger zu erhöhen.[140]

bb)   Die Bedeutung des Begriffs „affirmative action" auf universeller Ebene

Der Begriff der „affirmative action" samt seiner synonymen Ausdrücke „positive action", „positive measures" und „positive discrimination" findet vielfach Erwähnung in den Dokumenten der *treaty bodies* und der Staatenberichte unter den Zivilpakten und der dem CERD.[141]
In der Allgemeinen Bemerkung Nr. 18 (non-discrimination) konstatiert das Komitee unter Ziffer 10:

---

139 http://www.lbjlib.utexas.edu/johnson/archives.hom/speeches.hom/650604.asp, 09.09.2015, 21:44 Uhr.
140 http://www.eeoc.gov/eeoc/history/35th/thelaw/eo-11246.html, 09.09.2015, 21:39
141 Tabelle 2.1 liegt eine Auswertung sämtlicher in den Online-Archiven der *treaty bodies* zugänglichen und korrekt verknüpften Dokumente zugrunde. Im Fall der CERD-Dokumente wurde der vertragsspezifische Begriff der „special measures" bei der Suche ebenfalls berücksichtigt. Bei weiterer Analyse zeigt sich indes, dass nur ein Bruchteil der einschlägigen Dokumente auch Aussagen zur *affirmative action* mit Bezug auf ethnische Gruppen enthält.

Typ	Vertrag	Dokumente	Einschlägig	Erwähnungen
	CCPR	35	9	16
General comments	CERD	36	7	95
	CESCR	22	10	27
	CCPR	380	165	565
State reports	CERD	533	217	878
	CESCR	337	162	478

Tabelle 2.1: Häufigkeit des Begriffes „affirmative action" und seiner Synonyme

> „The Committee also wishes to point out that the principle of equality sometimes requires States parties to take affirmative action in order to diminish or eliminate conditions which cause or help to perpetuate discrimination prohibited by the Covenant. For example, in a State where the general conditions of a certain part of the population prevent or impair their enjoyment of human rights, the State should take specific action to correct those conditions. Such action may involve granting for a time to the part of the population concerned certain preferential treatment in specific matters as compared with the rest of the population. However, as long as such action is needed to correct discrimination in fact, it is a case of legitimate differentiation under the Covenant."[142]

und hält damit eine bevorzugte Behandlung bestimmter Bevölkerungsgruppen in bestimmten Bereichen für eine bestimmte Zeit für zulässig, wenn sie zur Erreichung materieller Gleichheit erforderlich sein sollte, um einer *de facto*-Diskriminierung entgegenzuwirken.

Konkret bezüglich ethnischer Minderheiten nimmt das HRC trotz der negativen Formulierung des Art. 27 ICCPR („shall not be denied") hinsichtlich der Rechtsfolgen an, dass Art. 27 ICCPR gegebenenfalls auch positive Maßnahmen von staatlicher Seite erforderlich mache:

> „Although article 27 is expressed in negative terms, that article, nevertheless, does recognize the existence of a 'right' and requires that it shall not be denied. Consequently, a State party is under an obligation to ensure that the existence and the exercise of this right are protected against their denial or violation. Positive measures of protection are, therefore, required not only against the acts of the State party itself, whether through its legislative, judicial or administrative authorities, but also against the acts of other persons within the State party."[143]

---

142 UN Doc.-Aktenzeichen nicht in Dokument vermerkt, Dateibezeichnung im Online-Archiv der UN: $INT_CCPR_GEC_6622_E$, dort S. 6 Ziff. 10.
143 UN Doc. CCPR/C/21/Rev.1/Add.5, § 6.1

Erforderlich seien positive Maßnahmen, wenn sie dazu dienten, Angehörige von Minderheiten in die Lage zu versetzen, von den in Art. 27 ICCPR positivierten Rechten Gebrauch zu machen, wozu sie andernfalls nicht in der Lage wären, und die dadurch erfolgende positive Diskriminierung auf der Grundlage objektiver und vernünftiger Kriterien vorgenommen werde.[144] Das HRC hat die unter Art. 27 ICCPR möglichen Maßnahmen positiver Diskriminierung weder abstrakt bestimmt noch abschließend aufgezählt, sondern wertet von Fall zu Fall. In seinen Empfehlungen mahnt es mitunter zwar positive Maßnahmen an, konkretisiert aber nicht, welcher Natur diese Maßnahmen genau sein sollen.[145]

Das Komitee des CERD legt den Begriff der „affirmative action" unter der Überschrift der „special measures" aus und hält in seiner allgemeinen Bemerkung Nr. 32 fest:

> „'Measures' include the full span of legislative, executive, administrative, budgetary and regulatory instruments, at every level in the State apparatus, as well as plans, policies, programmes and preferential regimes in areas such as employment, housing, education, culture and participation in public life for disfavoured groups, devised and implemented on the basis of such instruments."[146]

Mit Blick auf Bedingungen, unter denen „affirmative action" bzw. „special measures" zulässig sind, heißt es weiter:

> „Special measures should be appropriate to the situation to be remedied, be legitimate, necessary in a democratic society, respect the principles of fairness and proportionality, and be temporary. The measures should be designed and implemented on the basis of need, grounded in a realistic appraisal of the current situation of the individuals and communities concerned."[147]

Maßnahmen sind dann nicht diskriminierend im Sinne des Paktes, wenn ihr „sole purpose" darin besteht, „equal enjoyment of of human rights and fundamental freedoms" zu gewähren, was im Charakter der Maßnahmen selbst, in den Äußerungen der die Maßnahmen veranlassenden Stellen und in der Art ihrer Implementierung zum Ausdruck kommen soll.[148]

Die Feststellung der für die Zulässigkeit einer „affirmative action" erforderlichen Bedingungen soll anhand von „accurate data" erfolgen, und zwar

---

144 UN Doc. CCPR/C/21/Rev.1/Add.5, § 6.2; werden diese Bedingungen nicht erfüllt, verletzen positiv diskriminierende Maßnahmen Art. 26 ICCPR, siehe etwa Waldman ./. Kanada, Communication No. 694/1996, UN Doc. CCPR/C/67/D/694/1996, § 2.3.
145 So etwa in seiner Empfehlung an Guatemala, UN Doc. CCPR/CO/72/GTM.
146 UN Doc. CERD/C/GC/32, S. 5, Ziff. 13.
147 UN Doc. CERD/C/GC/32, S. 5, Ziff. 16.
148 UN Doc. CERD/C/GC/32, S. 6, Ziff. 21.

„disaggregated by race, colour, descent and ethnic or national origin and incorporating a gender perspective, on the socio-economic and cultural status and conditions of the various groups in the population and their participation in the social and economic development of the country.".[149] Der Entwurf und die Implementierung der Maßnahmen soll indes nur unter vorheriger Konsultation und Partizupation der betroffenen Gruppen erfolgen.[150]

Soweit in den Staatenberichten zum ICCPR, ICESCR und CERD überhaupt von *affirmative action* bzw. von den synonymen Begriffen die Rede ist, beziehen sich die Berichte (außer im Rahmen der CERD – ganz überwiegend auf Maßnahmen im Bereich *gender equality*. In der überschaubaren Anzahl der Fälle, in denen Ausführungen zu Maßnahmen in Bezug auf ethnische Gruppen gemacht werden, werden wiederum nur in einem Bruchteil dieser Fälle Quoten für den Zugang zu Bildungseinrichtungen (Schulen und Universitäten) beschrieben.[151] Im Übrigen verweisen die Staaten in ihren Berichten oft auf finanzielle Investitionen in die Bildung ethnischer Minderheiten und die Förderung kultureller Traditionen.

cc)   Die Bedeutung des Begriffs „affirmative action" auf europäischer Ebene

Im Rahmen der FCNM wird ein weiter Interpretationsspielraum zuungunsten der Normklarheit den Vertragsparteien auf der Ebene der Rechtsfolgen zugestanden. Positive Schutzpflichten der Vertragsparteien zugunsten nationaler Minderheiten begründet Art. 5 Abs. 1 FCNM:

> *„The Parties undertake to promote the conditions* necessary *for persons belonging to national minorities to maintain and develop their culture, and to preserve the essential elements of their identity, namely their religion, language, traditions and cultural heritage."*[152]

Diese sehr allgemeine Pflicht wird an anderer Stelle zwar konkretisiert, dort aber dergestalt formuliert, dass die Bedingungen, unter denen sie gilt, sehr vage bleiben. So lautet Art. 10 Abs. 2 FCNM:

> *„In areas inhabited by persons belonging to national minorities traditionally or* in substantial numbers, *if those persons so request and where such a request corresponds to a* real need, *the Parties shall endeavour to ensure,* as far as possible, *the conditions*

---

149 UN Doc. CERD/C/GC/32, S. 5 f., Ziff. 17.
150 UN Doc. CERD/C/GC/32, S. 6, Ziff. 18.
151 So etwa im Bericht Griechenlands aus dem Jahre 2009, CCPR/C/GRC/2 S. 41.
152 Hervorhebung durch den Verfasser.

Typ	Vertrag	Dokumente	Einschlägig	Erwähnungen
Advisory opinions	FCNM	74	23	65
	ECRML	206	37	119
State reports	FCNM	93	27	76
	ECRML	266	43	111

Tabelle 2.2: Häufigkeit des Begriffes „affirmative action" und seiner Synonyme

which would make it possible to use the minority language in relations between those persons and the administrative authorities. "[153]

Die hervorgehobenen Begriffe lassen den Vertragsparteien einen weiten Interpretationsspielraum und mindern dadurch die Normklarheit. Ähnliche Formulierungen finden sich etwa in Hinblick auf das Erlernen einer Minderheitensprache, Art. 14 Abs. 2 FCNM, und bezüglich der Partizipation nationaler Minderheiten am sozialen, kulturellen und wirtschaftlichen Leben, Art. 15 FCNM.

Anhand der Berichtspraxis der Staaten zeigt sich, dass der Begriff der *affirmative action* bzw. der *special measures* wie auf universeller Ebene verwendet wird.

c) Zielkonflikte

Fehlende Normklarheit kann die Folge von Zielkonflikten sein. Diese können sich daraus ergeben, dass auf normativer Ebene Ziele formuliert werden, die auf einer hierarchischen Ebene im Widerspruch zueinander stehen. Sie können sich aber auch aus der Kollision normativer Ziele mit normexternen Zielen der Normadressaten ergeben. Im Fall norminterner Zielkonflikte ist zu fragen, ob Auslegungsregeln existieren, mit deren Hilfe die Konflikte aufgelöst werden können. Im Fall normexterner Zielkonflikte ist zu fragen, ob die Adressaten Interessen verfolgen, die der Anwendung der Normen zuwiderlaufen und sie damit unwahrscheinlich machen.

---

153 Hervorhebungen durch den Verfasser.

aa) Norminterne Zielkonflikte und Staatsangehörigkeiterfordernis

Bezüglich des Staatsangehörigkeitserfordernisses im universellen Minderheitenschutz hat zuletzt LAHNSTEINER überzeugende Argumente für den hermeneutisch möglichen Verzicht auf diese Voraussetzung vorgebracht (sofern sie nicht explizit im Vertragstext niedergelegt ist) und damit die interne Widerspruchsfreiheit einer auf das Staatsangehörigkeitserfordernis verzichtenden Rechtsträgerschaft belegt.[154] Neben dem Wortlaut („Personen", nicht „Staatsbürger") sprächen sowohl systematische als auch teleologische Erwägungen gegen die Beschränkung auf Staatsangehörige.[155] Dabei sei insbesondere die Konfliktpräventions- und Stabilisierungsfunktion ein starkes Argument für einen weiten Minderheitenbegriff.[156] Ebensowenig ließen sich die Minderheitenbegriffe der UN-Minderheitendeklaration und der Kinderrechtskonvention auf Staatsbürger beschränken. Auch das *Advisory Committee* der FCNM geht klar von einer möglichen Einbeziehung von Nichtstaatsbürgern in den personellen Anwendungsbereich der Konvention aus, erlaubt aber mit Blick auf den flexiblen Charakter der FCNM und den differenzierenden Konventionstext selbst eine Unterscheidung je nach einschlägigem Artikel. Insofern ist eine begriffliche Konvergenz zwar hermeneutisch möglich, aber nicht erforderlich. Dies trägt der Eigenschaft einer *Rahmen*konvention Rechnung, deren Zweck gerade in der fehlenden konkreten Ausgestaltung des zu regelnden Gebiets Ausdruck findet.

bb) Norminterne Zielkonflikte und „affirmative action"

Bezüglich positiver Maßnahmen auf der Rechtsfolgenseite gibt es weder im Normtext noch in der Berichtspraxis der Monitoring-Organe noch in der Staatenpraxis Anzeichen für eine Konvergenz hin zu einer einheitlichen Handhabung. Selbst in den Fällen, in denen das HRC hinsichtlich einer konkreten Streitigkeit eine Vertragspartei zum Ergreifen positiver Maßnahmen auffordert, beschränkt es sich auf die Feststellung, die Vertragspartei müsse positive Maßnahmen ergreifen, ohne dieser näher zu spezifizieren.[157] Fraglich ist insofern lediglich, ob sich normative Hinweise für eine solche

---

154 Lahnsteiner, *Minderheiten: Versuch einer völkerrechtlichen Begriffsbestimmung*, S. 235.
155 Ebd., S. 230.
156 Ebd., S. 231.
157 Gleiches gilt im Wesentlichen für die entsprechenden Stellen auf europäischer Ebene.

Konkretisierung finden lassen. Paragraph 7 des *General Comment Nr. 23* enthält zunächst nur einen Hinweis auf die generelle Erforderlichkeit positiver Maßnahmen zum Schutz traditioneller Aktivitäten von Minderheiten wie Jagen und Fischen. JOSEPH UND CASTAN schließen daraus auf die allgemeine Regel:

> *„States are [...] obliged to take such measures as are necessary in order to make certain that any disadvantages arising out of minority status are remedied, and that any assimilationist pressures are counteracted."*[158]

Folgt man dieser Auffassung, so gewinnt man mit dem unbestimmten Begriff der Erforderlichkeit einen Anknüpfungspunkt für eine im Weiteren vereinfachte Auslegung, da nur noch der Maßstab der Erforderlichkeit geklärt werden muss, um zu konkreten Anhaltspunkten für die künftige Behandlung von Einzelfällen zu gelangen. Entsprechendes gilt für die Maßnahmenkataloge der FCNM, die vergleichbar unbestimmte Begriffe beinhalten.[159]

cc) Normexterne Zielkonflikte

Während normintern ein widerspruchsfreies Zielsystem unter Anwendung der gängigen Auslegungsregeln hergestellt werden kann, weist die uneinheitliche Staatenpraxis bei der Auslegung der einschlägigen Normen – sowohl auf universeller als auch auf regionaler Ebene – darauf hin, dass die Normziele zum Teil mit politischen Zielen der Vertragsparteien konfligieren. So kann ein Konflikt bestehen zwischen dem Ziel der bestmöglichen Implementierung Minderheiten schützender Konventionsregeln und dem Ziel, eine größtmögliche politische Unterstützung seitens der Bevölkerung zu generieren. Zur bestmöglichen Implementierung des völkerrechtlichen Minderheitenschutzes wäre es unter anderem erforderlich, auf eine möglichst eindeutige Formulierung der Ziele hinzuwirken, um Fortschritte messen und Abweichungen sanktionieren zu können. Auf der Grundlage der Überlegungen zu interessengeleiteten Abweichungen vom rationalen Entscheidungsmodell ergeben sich indes sogar Anreize, einer Präzisierung der völkerrechtlichen Schutzregeln entgegenzuwirken, um durch die Formulierung vager Ziele eine größtmögli-

---

158 Joseph und Castan, *The International Covenant on Civil and Political Rights: Cases, Materials, And Commentary*, S. 865.
159 Siehe etwa Art. 12 Abs. 1 FCNM: *„The Parties shall, when* appropriate, *take measures in the fields of education and research to foster knowledge of the culture, history, language and religion of their national minorities and of the majority."* (Hervorhebung durch den Verfasser).

che Unterstützung durch das Elektorat zu erreichen, also einerseits Aussichten auf Förderung für ethnische Minderheiten zu vermitteln und andererseits in der Wahrnehmung der Restbevölkerung keine Bedrohungsszenarien durch subjektiv als solche begriffene Überförderung einer Minderheit entstehen zu lassen. Zudem werden politische Entscheider dazu tendieren, sich für diejenige Alternative zu entscheiden, die den Mindestanforderungen in einem aus Sicht des Entscheiders nachrangigen Politikfeld gerade entspricht. Reichen einer ethnischen Gruppe vage Versprechungen oder ist ihre politische Unterstützung aufgrund ihrer geringen Größe unerheblich, fehlt es aus Sicht des Entscheiders an Anreizen, nach einer Implementierungsalternative zu suchen, die das Vertragsziel optimal umsetzt.

2.   Informationsgewinnung und Alternativmenge

Die unmittelbare Wirkung des völkerrechtlichen Minderheitenrechts auf nationale Entscheidungsträger konzentriert sich auf die Ebenen der Informationssammlung und der Bildung der Alternativmenge. Vertragseigene Berichtsverfahren, quasi-gerichtliche und gerichtliche Verfahren bündeln Informationen der Vertragsparteien und ergänzen sie durch Berichte nationaler und internationaler NGOs. Sie informieren die Vertragsparteien darüber hinaus über Auslegungsalternativen, die in ihrer Verbindlichkeit je nach Verfahren variieren. Schließlich ergeben sich aus den Empfehlungen, Meinungen und Urteilen, mit denen die Verfahren abgeschlossen werden, Erweiterungen der Handlungsalternativmenge der Vertragsparteien. Fehlende Anreize zur Verfassung von Berichten, die relativ lange Verfahrensdauer und die Allgemeinheit vieler Empfehlungen beschränken jedoch den möglichen Einfluss auf den Entscheidungsprozess.

a)   Berichtsverfahren

Auf der Informationsebene schaffen die vertragseigenen Berichtsverfahren als Monitoringprozesse eine informatorische Grundlage für die Entscheidungsfindung. Im Bereich des Menschen- und Minderheitenrechts werden dieser Kategorie alle Verfahren zugeordnet, in denen Staaten in regelmäßigen Abständen Bericht über ihre Fortschritte in der Erfüllung der jeweiligen Vertragsziele erstatten müssen. Nach einem Anfangsbericht, in dem die Vertragsparteien umfassend Stellung zum Stand der Implementierung der jeweiligen Verträge nehmen sollen, folgen gemäß den Vertragsbestimmungen in regelmäßigen Abständen Fortschrittsberichte. Die Größe der Abstände und die für die Abfassung der Berichte zuständigen Stellen unterscheiden sich von Vertrag zu Vertrag. So beträgt das Intervall für die durch das Außenministerium der Vertragspartei im Verfahren vor dem HRC des ICCPR zu erstellenden Berichte fünf Jahre, dasjenige für die durch das für Minderheitenangelegenheiten zuständige Ministerium des jeweiligen Staates[160] zu erstellenden Berichte an das Expertenkomitee der Europäischen Charta für Regional- und Minderheitensprachen drei Jahre. Da die Reaktion auf einen Staatenbericht zwischen eineinhalb und zwei Jahren in Anspruch nimmt, müssen die Mitgliedstaaten zur Einhaltung des Intervalls nach der Auswertung der Ergebnisse des Berichtsverfahrens direkt mit der Vorbereitung des nächsten Berichts beginnen. Die Literatur sieht hierin bisweilen einen vorteilhaften *„konstanten Dialog"*.[161] Problematisch ist, dass es regelmäßig an Anreizen für Staaten fehlt, Berichte rechtzeitig oder überhaupt zu verfassen und zu allen kritischen Punkten Stellung zu nehmen, was zum Teil die hohe Zahl der zu spät oder gar nicht eingereichten Berichte erklärt.[162] Neben fehlenden Anreizen sehen sich Staaten aber auch dann erheblichen Schwierigkeiten ausgesetzt, wenn sie bemüht sind, die Berichtsanforderungen zu erfüllen. Vor allem Staaten, die mehrere Menschenrechtsverträge unterzeichnet haben, werden mit dem Problem konfrontiert, eine Vielzahl von regelmäßigen Berichten und ad hoc-Stellungnahmen für verschiedene Monitoring-Institutionen verfassen zu müssen, deren Fälligkeiten – ohne offensichtlichen Grund – untereinander nicht koordiniert sind.[163] Fatal aus Sicht des Mechanismus-Designs ist zudem, dass bei unterstelltem idealen Berichtsverhalten der Vertragsparteien die mit dem Monitoring betrauten Institutionen überlastet würden und es zu starken Verzögerungen bei den Kommentierungen der Berichte käme.[164] Doch auch bei fristgerechter Bear-

---

160 Denkbar ist die Erstellung der Berichte etwa durch Innen- oder Bildungsministerien, Oeter, "The European Charter for Regional or Minority Languages", S. 136.

161 Ebd., S. 140.

162 Bis 2002 galt: Kedzia, "United Nations Mechanisms to Promote and Protect Human Rights", S. 61/62.

163 MORIJN illustriert die potenzielle Überlastung engagierter Vertragsparteien mit dem plastischen Beispiel, dass Staaten, die etwa acht bis neun Menschenrechtsverträge ratifizieren, in einem Zeitraum von zehn Jahren bis zu zwanzig Berichte verfassen müssen, im Durchschnitt damit zwei pro Jahr, siehe Morijn, "Reforming United Nations Human Rights Treaty Monitoring Reform", S. 302.

164 So die Meinung des unabhängigen Experten im Jahre 2001 bezüglich der UN-Mechanismen, siehe Kedzia, "United Nations Mechanisms to Promote and Protect

beitung sind die Bearbeitungszeiten zu lang. So benötigte allein das ACFC schon 20 Monate zur Fertigstellung seiner *opinions*. Die ersten zwölf *opinions* samt ihrer Kommentierungen und den abschließenden Resolutionen benötigten durchschnittlich 31 Monate.[165] Grundsätzlich ist sowohl über die normative Umsetzung der Vertragsziele als auch über den faktischen Erfolg der Implementierung zu berichten.[166] In zahlreichen Fällen sind die Staatenberichte allerdings so oberflächlich gehalten, dass die mit dem Monitoring beauftragten Komitees keine hilfreichen Kommentierungen erstellen können, ohne zusätzliche Nachforschungen anzustellen, wofür ihnen regelmäßig die Ressourcen fehlen.[167] Vor allem bezüglich faktischer Informationen ist es daher zu begrüßen, dass NGOs sogenannte *shadow reports* einreichen und damit die Berichte der Vertragsparteien kritisch begleiten können. Die Zahl und die Qualität der eingereichten Berichte variiert dabei jedoch stark und reicht von allgemein gehaltenen Beschwerden und anekdotenhaften Beispielen bis zu aufwändigen quantitativen Feldstudien.[168] Ihren Abschluss finden die Berichtsprozesse mit einer Stellungnahme seitens des für das Monitoring zuständigen Komitees. Der Nutzen dieser Stellungnahmen ist nach MORIJN indes mindestens doppelt begrenzt: Zum einen seien die Stellungnahmen oft zu allgemein, um praktisch von Nutzen für die Vertragsparteien zu sein. Zum anderen fehle es auf nationaler Ebene regelmäßig an den erforderlichen *Follow-up*-Prozessen, mit deren Hilfe die Erkenntnisse aus dem Monitoring-Verfahren in politische Projekte übersetzt werden könnten.[169] Der Nutzen der Monitoring-Prozesse liege damit vermutlich weniger im Ergebnis der Berichtsverfahren als im Prozess der Berichtserstellung, der ressortübergreifende Arbeit und den Austausch mit NGOs auf nationaler Ebene erfordere und damit einen Beitrag zum gesellschaftlichen Austausch und Dialog dar-

---

Human Rights", S. 62. An der dort beschriebenen Situation hat sich seitdem im Kern nichts geändert.

165 Phillips, "The Framework Convention for the Protection of National Minorities", S. 124.

166 Dies sehen unter anderem die Verfahrensrichtlinien des HRC explizit vor: UN Doc. CCPR/C/2009/1. IV, Nr. 25 ff.

167 Morijn, "Reforming United Nations Human Rights Treaty Monitoring Reform", S. 303 ff.

168 Siehe für Letzteres etwa den Bericht der *Civic Development Agency*, goo.gl/C5JxM2 (29.03.2015, 20:23 Uhr).

169 Morijn, "Reforming United Nations Human Rights Treaty Monitoring Reform", S. 304.

stelle.[170] Für eine definitive Aussage zum Einfluss der Monitoring-Verfahren auf nationale Entscheidungsprozesse fehlt es aber an belastbaren Daten.[171]

b) Quasi-gerichtliche Verfahren

Wie im Rahmen der Berichtsverfahren besteht der wesentliche informative Mehrwert in der Auslegung der relevanten Verträge durch die zuständigen Ausschüsse. Insbesondere aufgrund des Erfordernisses der Rechtsweger-schöpfung dürfte der Nutzen bezüglich faktischer Informationen begrenzt sein, zumal quasi-gerichtliche Verfahren Einzelfälle behandeln und nicht systematisch untersuchen, wie die Implementierung der Verträge verbessert werden kann. Schließlich soll der Vorteil der quasi-gerichtlichen Verfahren in ihrer leichteren Zugänglichkeit – verglichen mit Verfahren vor dem ECtHR und dem ICJ – liegen.[172]

c) Gerichtsverfahren

Auf universeller Ebene sind solche bislang nur vor dem ICJ denkbar. Nach Art. 92 UN-Charta ist dieser das Hauptjustizorgan der Vereinten Nationen, das ICJ-Statut ist integraler Bestandteil der UN-Charta. Parteifähig in Verfahren vor dem ICJ sind allein Staaten, so dass NGOs und einzelne Vertreter ethnischer Minderheiten nicht unmittelbar als Streitparteien am Verfahren beteiligt sein können. In der Literatur wird dennoch die Bedeutung der NGOs betont, die während eines Verfahrens wertvolle faktische Informationen liefern könnten. Aus minderheitenrechtlicher Sicht potenziell relevant ist die Zuständigkeit des ICJ nach Art. 9 CPPCG und Art. 22 CERD.[173] Aufgrund der zahlreichen Monitoring-Mechanismen wird allerdings bezweifelt, dass Art. 22 CERD in Verfahren vor dem ICJ eine nennenswerte Rolle spielen wird.[174] Dagegen könnten Urteile des ICJ im Rahmen der CPPCG als Grundlage für folgende Kompensationsansprüche relevant werden. Eine Besonderheit des Verfahrens vor dem ICJ besteht darin, dass Rechtsstreitigkeiten

---

170 Ebd., S. 309.
171 Ebd., S. 309.
172 Morawa, "The United Nations Treaty Monitoring Bodies and Minority Rights, with Particular Emphasis on the Human Rights Committee", S. 45 f.
173 Vgl. etwa *Georgia v. Russian Federation*, 50 ILM 607 (2011).
174 Selbmann, "The International Court of Justice", S. 74.

nicht automatisch dessen Jurisdiktion unterstehen, sondern es hierfür einer speziellen oder generellen Erklärung der Streitparteien bedarf, was die Effektivität des Mechanismus hemmt. Auf europäischer Ebene wird dem gerichtlichen Verfahren vor dem ECtHR eine zentrale Rolle für den Schutz der Menschenrechte zugeschrieben. Anders als bei Verfahren vor dem ICJ ist die Zuständigkeit des ECtHR bei Vorliegen der entsprechenden Bedingungen automatisch gegeben, so dass es einer expliziten Unterwerfung unter seine Jurisdiktion von staatlicher Seite nicht bedarf. Darüber hinaus können neben Staaten auch Individuen und Organisationen Klagen einreichen. Die Effektivität des Verfahrens bezüglich des Schutzes von Minderheitenrechten ist allerdings von vornherein durch den Anwendungsbereich der ECHR begrenzt, die Minderheitenrechte bislang höchstens mittelbar über die die Meinungs-, Versammlungs- oder Vereinigungsfreiheit umfasst.[175] In seinen rechtlich bindenden Urteilen kann der ECtHR zwar keine Urteile nationaler Gerichte kassieren oder verbindlich konkrete Maßnahmen anordnen. Er kann aber feststellen, dass eine Verletzung der ECHR vorliegt und Maßnahmen zu deren Behebung empfehlen und dadurch die Alternativmenge der Vertragsparteien erweitern. Problematisch ist, dass das Gericht notorisch überlastet ist und die Verfahren regelmäßig mehrere Jahre in Anspruch nehmen.[176]

3.   Alternativwertung und Auswahl

Am Ende eines der oben beschriebenen Monitoring-Verfahren steht regelmäßig eine Empfehlung, die von den Vertragsparteien mangels eines formellen Sanktionsmechanismus berücksichtigt oder ignoriert werden kann, ohne dass sich an eine Abweichung offensichtliche Nachteile knüpfen würden. Damit stellt sich die Frage, wie in solchen Fällen auf die Alternativwertung und Präferenzordnung eines Mitgliedsstaates eingewirkt werden kann, um diesen zu normkonformem Verhalten zu bewegen.

a)   Mittelbare Anreize über Vertragsverknüpfung und Club-Mechanismen

Van Aaken schlägt in Fällen fehlender natürlicher materieller Anreize zur Normbefolgung oder reziproker Beziehungen zwischen Staaten die Schaffung

---

175 Varennes, "Using the ECHR to protect the Rights of Minorities", S. 83.
176 Ebd., S. 86, S. 104.

sogenannter Clubgüter oder die Verknüpfung mit anderen Verträgen vor, um künstlich Anreize zur Normbefolgung zu schaffen.[177]

Bei der Verknüpfung von Verträgen werden Verträge miteinander verbunden, die grundsätzlich sachlich unabhängig voneinander existieren.[178] Typischerweise verknüpft werden können etwa Wirtschaftsverträge mit Umwelt- oder Menschenrechtsabkommen, um bei Nichteinhaltung letzterer „Reaktionsmöglichkeiten in Hinblick auf den Wirtschaftsvertrag zu eröffnen". Dadurch erfolgt eine Ausdehnung des Wirtschaftsverträgen eigenen Reziprozitätsmechanismus auf sonst reziprozitätsfreie Gebiete. Dieser Mechanismus ist bereits von HAFNER-BURTON zur Effektuierung von Menschenrechtsverträgen vorgeschlagen worden, ist im Minderheitenrecht bislang aber nicht direkt zur Anwendung gekommen. Eine indirekte Anwendung dieses Prinzips lässt indes auf europäischer Ebene beobachten. GALBREATH UND MCEVOY zeigen, dass die Aussicht auf eine EU-Mitgliedschaft ein geeigneter Anreiz für die politische Führung Lettlands war, um den informellen Vorgaben hinsichtlich der Behandlung ethnischer Minderheiten zu folgen.[179] So ließ sich ein lettischer Verhandlungsführer im Nachgang der EU-Beitrittsverhandlungen dazu ein, dass man die Präsenz der Mission des *High Commissioner on National Minorities* der OSZE als Hinweis darauf wahrgenommen habe „...'that something's not right' and that in order to make progress toward EU accession, the government needed to deal with the HCNM's checklist.".[180]

Neben der Verknüpfung von Verträgen schlägt VAN AAKEN die Umwandlung öffentlicher Güter wie Umwelt und die Einhaltung der Menschenrechte in sogenannte Clubgüter vor.[181] Halten sich Staaten nicht an eine zuvor vereinbarte Regelmenge, werden sie von einem „Club" ausgeschlossen, dem anzugehören ihnen materielle Vorteile verschafft. Club-Mechanismen sind dabei auf Monitoring-Mechanismen angewiesen, durch welche die Informationsgrundlage für Ausschlüsse aus dem Club geschaffen wird. Im Minderheitenrecht existieren bislang keine Club-Mechanismen. Allenfalls ist wiederum der EU-Beitritt als Anreiz in Form des Inaussichtstellens einer Club-Mitgliedschaft heranzuziehen. Die Europäische Union ist indes höchstens ein imperfekter Club (im Sinne des genannten Mechanismus), da nach

---

177 Aaken, "Die vielen Wege zur Effektuierung des Völkerrechts", S. 253, 260 ff.
178 Ebd., S. 253.
179 Galbreath und McEvoy, *The European Minority Rights Regime: Towards a Theory of Regime Effectiveness*, S. 11 ff.
180 Ebd., S. 109.
181 Aaken, "Die vielen Wege zur Effektuierung des Völkerrechts", S. 260 ff.

Aufnahme eines Staates die Sanktion des Ausschlusses wegen Verstoßes gegen den völkerrechtlichen Minderheitenschutz nicht zur Verfügung steht.

b) Anreize über Überzeugung und Reputation

GALBREATH UND MCEVOY dokumentieren im lettischen EU-Beitrittsprozess neben den erwähnten Faktoren auch Elemente normativer Überzeugung und reputationsorientierten Verhaltens. In beiden Fällen scheinen diese Elemente aber lediglich ergänzend zum materiellen Anreiz der Aussicht auf EU-Mitgliedschaft zu wirken.

Unter normativer Überzeugung versteht man eine Form der sozialen Einflussnahme ohne Rückgriff auf materielle Sanktionen oder Anreize.[182] CHECKEL sieht in der normativen Überzeugung keine Form der Manipulation, sondern beschreibt sie als *„social process of interaction that involves changing attitudes about cause and effect in the absence of overt coercion.".*[183] GALBREATH UND MCEVOY gehen davon aus, dass dieser überzeugungsgetragene Einstellungswechsel ein wesentliches Element des europäischen Minderheitenschutzsystems darstellt.[184] Sie stützen sich dabei auf die Rolle des *OSCE High Commissioner on National Minorities*, der im Rahmen des lettischen EU-Beitrittsprozesses eine essentielle Rolle dabei gespielt habe, die lettische Regierung von der Notwendigkeit der Reform des Staatsangehörigkeitsrechts zu überzeugen. Einer der lettischen Verhandlungsführer nannte als eines der ausschlaggebenden Momente für die Umsetzung der Forderungen des HCNM, dass dieser als Spezialist für Minderheitenfragen wahrgenommen wurde, der mit der Regierung Hand in Hand arbeitete, was seinen Forderungen zusätzliches Gewicht verliehen haben mag.[185]

GUZMAN und GIBLER zufolge leiten Staaten aus dem Verhalten anderer Staaten eine Prognose über deren Verlässlichkeit bei der Erfüllung völkerrechtlicher Verpflichtungen ab und machen von der dadurch begründeten Reputation eines Staates ihre künftige Kooperation abhängig. Zu einer Relevanz für das grundsätzlich nichtkooperative Völkerrecht mit ethnischem Bezug gelangt man daher nur, wenn man mit GUZMAN und anders als DOWNS UND JONES davon ausgeht, dass die Reputation eines Staates nicht auf den

---

182 Ikenberry und Kupchan, "Socialization and Hegemonic Power", S. 290.
183 Checkel, *International Institutions and Socialization in the New Europe*, S. 562.
184 Galbreath und McEvoy, *The European Minority Rights Regime: Towards a Theory of Regime Effectiveness*, S. 108.
185 Ebd., S. 109.

Bereich beschränkt ist, in dem sie begründet wird, sondern als Anhaltspunkt für die generelle, nicht bereichsspezifische Zuverlässigkeit eines Staates dienen kann. Einen Hinweis kann man in einer Äußerung des ehemaligen *High Commissioner on National Minorities* Knut Vollebaek sehen, der davon ausging, dass die Staaten, mit denen er arbeitete, wussten, dass *„by fulfilling the obligations that they have or the promises that they made following the High Commissioner, this was also then fulfilling obligations that they would have as new member states of the European Union. "*[186]

c)   Anreize über Beeinflussung des Elektorats

In der Literatur wird externen Faktoren wie der öffentlichen Meinung eine zentrale Rolle bei der Umsetzung der Verträge, Urteile, Resolutionen, Meinungen usw. zugeschrieben.[187] Dem liegen die Annahmen zugrunde, dass (1) die Regeln des völkerrechtlichen Minderheitenschutzes und die Ergebnisse der Verfahren einen (positiven) Einfluss auf die öffentliche Meinung haben und (2) die öffentliche Meinung relevant für die politische Entscheidungsfindung ist.

Zunächst ist unklar, ob die Regeln des völkerrechtlichen Minderheitenschutzes selbst oder die Ergebnisse der Monitoring-Verfahren und der quasigerichtlichen und gerichtlichen Verfahren überhaupt einen nennenswerten Einfluss auf die öffentliche Meinung haben. Die erste Voraussetzung hierfür wäre, dass die Bürger eines Landes Kenntnis von den Ergebnissen erlangen. Grundsätzlich sehen die Regeln der Berichtsverfahren – mit wenigen Ausnahmen – keine Veröffentlichung der Berichte im Berichtsland vor.[188] Solange diese aber nicht Gegenstand intensiver Berichterstattung durch die Massenmedien oder durch staatliche Stellen sind, ist mit einer breiten Kenntnisnahme durch die Bevölkerung nicht zu rechnen. Im Falle der medialen Berichterstattung kommen zudem die bekannten Effekte des *agenda setting, framing* und *priming* zum Tragen.[189] Damit hängt es von der Art und Weise

---

186 Zitiert nach ebd., S. 109. Die Autoren stützen sich auf ein mit Knut Vollebaek im Dezember 2008 geführtes Interview.

187 Siehe hierzu etwa Varennes, "Using the ECHR to protect the Rights of Minorities".

188 Ausnahmen sind Art. 15 der Europäischen Charta der Regional- und Minderheitensprachen sowie Art. 73 der UN Konvention über die Rechte der Wanderarbeiter, die in sehr allgemeiner Form die Publikation der Berichte in den Zielländern verlangen.

189 Robinson, "The Role of Media and Public Opinion", S. 142 ff. mit weiteren Nachweisen.

der Berichterstattung ab, ob die Öffentlichkeit überhaupt von den Ergebnissen erfährt, wie diese Ergebnisse der Öffentlichkeit präsentiert werden und welche Rolle den Ergebnissen für die Bewertung der politischen Führung zugeschrieben wird, so dass ohne Kenntnis der nationalen medialen Berichterstattung kaum vorherzusagen ist, ob Ergebnisse der oben genannten Verfahren einen relevanten Einfluss auf die öffentliche Meinung haben und ob dieser Einfluss, falls er existiert, im Sinne der Verträge wäre.

Selbst im Falle einer ideal informierten Öffentlichkeit dürfte der Einfluss der öffentlichen Meinung auf die politische Entscheidungsfindung gering sein. Untersuchungen zur Bedeutung der öffentlichen Meinung für politische Entscheidungsprozesse konzentrieren sich zumeist auf extreme Entscheidungen bezüglich des Beginns, der Fortführung oder der Beendigung von bewaffneten Auseinandersetzungen[190] und es ist fraglich, ob sich diese Ergebnisse auf den Bereich des Minderheitenrechts übertragen lassen. Für diesen ist charakteristisch, dass die Mehrheit der Bevölkerung von den relevanten politischen Fragen nicht betroffen ist, was ein geringeres Interesse an der Thematik vermuten lässt. In der Regel werden daher die Meinungen internationaler Monitoring-Mechanismen zu Fragen des nationalen Minderheitenrechts eines Staates nicht hauptsächlich zur Bewertung der politischen Führung herangezogen werden, so dass der Druck auf diese in dieser Hinsicht gering ausfallen dürfte.

Hinsichtlich der Effektivität des völkerrechtlichen Diskriminierungsschutzes ist somit neben fehlenden Implementierungsmechanismen problematisch, dass es ohne eine dominante Rolle der Öffentlichkeit bislang an Anreizen für Staaten fehlt, die vertraglichen Regeln auf nationaler Ebene so zu implementieren, dass die Vertragsziele, soweit sie klar genug formuliert sind, optimal umzusetzen.

II. Autonomie und Sezession

Im Gegensatz zu den Gleichheitsrechten in ihrer jeweiligen Ausformung als Schutz- und Leistungsrechte stehen Autonomie und Sezession auf einer weniger stabilen normativen Grundlage. Auf der Zielebene sind sowohl die Rechtsträgerschaft wie die möglichen Rechtsfolgen umstritten. Anders als

---

190 Robinson, "The Role of Media and Public Opinion", S. 140 f. mit weiteren Nachweisen; Mintz und DeRouen Jr., *Understanding Foreign Policy Decision Making*, S. 131 f.

im Bereich des völkerrechtlichen Diskriminierungsschutzes ist das Selbstbestimmungsrecht der Völker insbesondere hinsichtlich der Frage eines Rechts auf Sezession durch einen Zielkonflikt geprägt, an dem bislang alle Versuche einer Konkretisierung der Norm gescheitert sind. Gleichwohl erscheint die Etablierung bzw. Konkretisierung einer völkerrechtlichen Sezessionsnorm aus rechtsethischen, empirischen und pragmatischen Gründen zur Lösung ethnischer Konflikte wünschenswert. Während der Schwerpunkt einschlägiger Studien bislang auf der Frage lag, ob und wann ein Sezessionsrecht besteht oder bestehen soll, erscheint es aus rechtstheoretischer Sicht mindestens ebenso wichtig, eine Antwort auf die Frage zu finden, welche prozessualen Anforderungen an eine Sezession zu stellen sind.

1. Ziele

Geltend gemachte Ansprüche auf territoriale Autonomie oder unilaterale Sezessionen werden im Völkerrecht – wenn überhaupt – maßgeblich mit dem Selbstbestimmungsrecht der Völker begründet. Dabei ist umstritten, wer genau sich auf das Selbstbestimmungsrecht der Völker berufen kann und welche Rechtsfolgen vom Selbstbestimmungsrecht der Völker umfasst werden.

a) Rechtsträger

Hinsichtlich der Rechtsträgerschaft ist der Anwendungsbereich bezüglich der historischen Adressaten – nämlich Bevölkerungen, deren Gebiet durch das Mandatssystem des Völkerbundes bzw. das Treuhandsystem der UN verwaltet wurde, sog. „non-self-governing territories" und ehemalige Kolonialvölker sowie (Staats-)Völker unter fremder militärischer Besatzung unstreitig. Problematisch ist indes die Anwendbarkeit des Selbstbestimmungsrechts auf einen Teil der Bevölkerung eines Staates und insbesondere auf ethnische Minderheiten.

aa) Auslegungsbedürftigkeit des Begriffes „Volk" und
anthropologisch-ethnologischer Volksbegriff

Unstreitig ist, dass Bevölkerungen, deren Gebiet durch das Mandatssystem
des Völkerbundes[191] bzw. das Treuhandsystem der UN[192] verwaltet wurde,
das externe Selbstbestimmungsrecht geltend machen können, ferner „non-
self-governing territories" nach Kapitel XI der UN-Charta[193] und Völker
unter fremder militärischer Besatzung.[194] Umstritten ist indes, ob sich außerhalb dieser Bereiche ethnische Gruppen als Teil der Bevölkerung eines
Staates auf das Selbstbestimmungsrecht berufen können. Dies hängt davon
ab, ob solche Gruppen Völker im Sinne des Selbstbestimmungsrechts sein
können. Der Begriff des Volkes im Sinne des Selbstbestimmungsrechts der
Völker ist ein unbestimmter Rechtsbegriff und als solcher ausfüllungsbe-
dürftig. Nach HEINTZE ist die Frage nach der Volkseigenschaft durch eine
Zusammenschau subjektiver und objektiver Elemente zu beantworten, die
kumulativ vorliegen müssen. Ein Volk müsse sich zunächst als solches be-
greifen.[195] Um zu verhindern, dass Menschen auf dieser Grundlage „Völker
wie Vereine" gründeten, müssten darüber hinaus ethnologische Kriterien wie
Territorium, Sprache, Kultur, Religion, Mentalität oder ähnliche erfüllt sein.
Dieser Definitionsansatz eröffnet einen weiten personellen Anwendungsbereich.

bb) Ausschluss des Selbstbestimmungsrechts bei Anwendbarkeit des
Minderheitenrechts?

Aus der Existenz selbst eines expliziten völkerrechtlichen Minderheitenschutzes wird zum Teil geschlossen, ethnische Minderheiten seien keine Völker im
Sinne des Selbstbestimmungsrechts und könnten daher kein – auch Völkern
nicht *per se* zugebilligtes – Recht auf Eigenstaatlichkeit geltend machen.[196]
Gestützt wird dies durch Verweise auf die Rechtsgrundlagen des interna-

---

191 Art. 22 des „Covenant of the League of Nations".
192 Siehe Kapitel XII und XIII der UN-Charta.
193 Für die durch die UN GA festgelegte Methode zur Identifikation solcher Gebiete
siehe UN GA Res. 1541 (XVI).
194 Art. 1(4) des Zusatzprotokoll I der Genfer Konvention vom 12. August 1949.
195 Heintze, *Selbstbestimmungsrecht und Minderheitenrechte im Völkerrecht: Herausforderungen an den globalen und regionalen Menschenrechtsschutz*, S. 43.
196 Saxer, *Die internationale Steuerung der Selbstbestimmung und der Staatenentstehung*, S. 291 mit weiteren Nachweisen in Fußnote 414.

tionalen Minderheitenschutzes, in denen das Selbstbestimmungsrecht mit keinem Wort erwähnt wird.[197] Dies folgt nach SUMMERS – mindestens für die externe Ausformung des Selbstbestimmungsrechts – zudem sowohl aus dem Entstehungsprozess der einschlägigen Vertragswerke – insbesondere den *travaux préparatoires* zum ICCPR – und der Staatenpraxis.[198] Dem HRC zufolge sollen einfache Minderheiten im Sinne des Art. 27 ICCPR nicht einmal Träger des Selbstbestimmungsrechts der Völker in seiner internen Ausprägung sein:

> „[t]he Covenant draws a distinction between the right to self-determination and the rights protected under Article 27. The former is expressed to be a right belonging to peoples and is dealt with in a separate part (Part I) of the Covenant...Article 27, on the other hand, relates to rights conferred on individuals as such...The enjoyment of the rights to which Article 27 relates does not prejudice the sovereignity and territorial integrity of a State party. Concretely, this means that a population – and not a minority – on part of a State's territory may exercise 'internal' self-determination through a certain degree of autonomy and self-governance within the State. Members of a minority within a State enjoy minority rights, but these do not encompass the right of 'internal' self-determination."[199]

Auch die zum Teil angenommene Verbindung zwischen dem Bereich des Minderheitenrechts und des Selbstbestimmungsrechts der Völker auf der Grundlage des Konstrukts der sogenannten *remedial secession* wird von einem Teil der Völkerrechtslehre mit dem Argument abgelehnt, es handele sich bei der *remedial secession* um einen rechtlichen Mythos ohne normative Grundlage.[200] Für eine Verbindung zwischen völkerrechtlichem Minderheitenschutz und dem Selbstbestimmungsrecht sei zudem kein Raum, da die Unterdrückung ethnischer Minderheiten die Menschenrechte von Individuen verletze, während die Unterdrückung eines Volkes dessen kollektives Recht auf Selbstbestimmung missachte.[201]

---

197 Ebd., S. 291 ff.
198 Summers, *Peoples and International law: How Nationalism and Self-Determination Shape a Contemporary Law of Nations*, S. 333; so auch Cassese, *Self-Determination of Peoples: A Legal Reappraisal*, S. 61.
199 HRC, Allgemeine Bemerkung Nr. 23, CCPR/C/21/Rev.1/Add.5.
200 Siehe unten.
201 Mar, "The Myth of Remedial Secession", S. 91.

cc)   Anwendbarkeit des Selbstbestimmungsrechts bei dem Volksbegriff
      unterfallenden Minderheiten

Saxer ist hingegen der Auffassung, dass aus dem Schweigen des völkerrechtlichen Minderheitenschutzes zum Recht auf Selbstbestimmung nicht
zwingend ein Ausschluss dieses Rechts für Minderheiten folge. Völkerrechtlicher Minderheitenschutz und Selbstbestimmungsrechtsträgerschaft seien
nicht unbedingt inkompatibel. Vielmehr könne unter besonderen Umständen
„unter Umgehung des Anwendungsvorrangs von Minderheitenrechten der
direkte Rückgriff auf das Selbstbestimmungsrecht auch bei Minderheiten
geboten sein".[202] Auch die Staatenpraxis verhalte sich nicht eindeutig zur
Unterscheidung zwischen Völkern im Sinne des Selbstbestimmungsrechts
und ethnischen Gruppen, wie an den Beispielen der erfolgreichen und mit
internationaler Anerkennung bedachten Sezessionen Eritreas und Bangla-
deschs zu erkennen sei.[203] Ott orientiert sich hinsichtlich der Bedeutung des
Minderheitsbegriffs an der bekannten Capotori-Definition

> *„A group which is numerically inferior to the rest of the population of a State in
> a non-dominant position, whose members – being nationals of the State – possess
> ethnic, religious or linguistic characteristics differing from those of the rest of the
> population who, if only implicitely, maintain a sense of solidarity, directed towards
> preserving their culture, traditions, religion and language."*[204]

und kommt auf dieser Grundlage zu dem Schluss, dass Minderheiten dann
Träger des Selbstbestimmungsrechts der Völker sein können, wenn sie im
Einzelfall unter den Begriff des Volkes im Sinne dieses Rechts subsumiert
werden können.[205]

b)   Rechtsfolgen

Die im Rahmen des Selbstbestimmungsrechts der Völker möglichen Rechtsfolgen unterscheiden sich je nach dem, welche Komponente des Selbstbestim-

---

202   Saxer, *Die internationale Steuerung der Selbstbestimmung und der Staatenentste-*
      hung, S. 293; Saxer verweist damit vermutlich auf die Möglichkeit der *remedial*
      secession.
203   Summers, *Peoples and International law: How Nationalism and Self-Determination*
      Shape a Contemporary Law of Nations, S. 334.
204   E/CN.4/Sub.2/384/Rev.1, Ziff. 568, zitiert nach Ott, *Das Recht auf Sezession als*
      Ausfluss des Selbstbestimmungsrechts der Völker, S. 129.
205   Ebd., S. 132.

mungsrechts zum Tragen kommt. Das Selbstbestimmungsrecht der Völker wird üblicherweise in ein *internes* und ein *externes* Selbstbestimmungsrecht unterteilt. Dies wird unter anderem anhand der Formulierung des *Helsinki Final Act* deutlich, in dessen Abschnitt VIII das Recht der Völker erwähnt wird „[...] to determine, when and as they wish, their internal and external political status, without external interference [...]". Während das interne Selbstbestimmungsrecht allgemein als „right of a people to full and meaningful participation and representation in the government and administration of an existing State on the basis of equal treatment and non-discrimination." anerkannt ist,[206] richtet sich das externe Selbstbestimmungsrecht auf die Unabhängigkeit des sich hierauf berufenden Volkes. Sowohl seine Voraussetzungen als auch sein Anwendungsbereich sind im Einzelnen streitig. Dabei lassen sich die Positionen danach unterscheiden, ob die Sezession als solche durch das Völkerrecht geregelt wird oder ein bloßes Faktum darstellt und die Frage des Selbstbestimmungsrechts erst im Rahmen der Anerkennung von *de-facto*-Staaten virulent wird.

aa)   Territoriale Autonomie als Regelungsgegenstand des Völkerrechts

Das sogenannte interne Selbstbestimmungsrecht bezieht sich auf die Wahl des Regierungssystems auf der Grundlage des Willens der Bevölkerung.[207] Die Implementierung dieses Rechts vollzieht sich durch die Gewährung des Rechts jedes Bürgers zur politischen Partizipation.[208] In seiner internen Form hat das Selbstbestimmungsrecht der Völker breite Anerkennung gefunden. So gab es im Vorfeld der *advisory opinion* des ICJ zur Unabhängigkeitserklärung des Kosovo keinen Staat, der in seinen mündlichen oder schriftlichen Stellungnahmen das Selbstbestimmungsrecht der Völker in seiner internen Form nicht explizit anerkannt hätte. Unter gewissen Bedingungen – z.B. bei indigenen Bevölkerungen – soll das interne Selbstbestimmungsrecht neben dem allgemeinen Recht auf Partizipation das Recht auf Selbstverwaltung in kulturellen Angelegenheiten und gegebenenfalls auf territoriale Autonomie

---

206 Albanien, Protokoll der mündlichen Verhandlung vor dem ICJ vom 02.12.2009 (CR 2009/26), S. 19 Ziff. 5.
207 Weller, "Why the Legal Rules on Self-determination Do Not Resolve Self-determination Disputes", S. 20.
208 UN doc. A/51/18, 1. Januar 1996: "right of every citizen to take part in the conduct of public affairs at any level...".

gewähren. Konkretisiert wird dies beispielsweise durch (den rechtlichen nicht bindenden) Art. 4 der UN Declaration on the Rights of Indigenous Peoples:

> *„[i]ndigenous peoples, in exercising their right to self-determination, have the right to autonomy or self-government in matters relating to their internal or local affairs, as well as ways and means for financing their autonomous functions."*

Eine Analyse der einschlägigen Staatenberichte im Rahmen des CERD, des ICCPR und des ICESCR zeigt indes, dass der Begriff der Autonomie allein im Sinne kultureller Autonomie verwendet wird, von territorialer Autonomie ist hingegen keine Rede.

bb)   Die Sezession im Völkerrecht: Das Recht auf Unabhängigkeit

Das externe Selbstbestimmungsrecht bezieht sich auf das Recht zur vollständigen Unabhängigkeit eines Volkes. Implementiert wird es durch die Bildung eines unabhängigen Staates, den Anschluss an einen unabhängigen Staat oder die Änderung des politischen Status auf der Grundlage des freien Willens des Volkes.[209] Unproblematisch ist sein Vollzug, soweit er auf einer Übereinkunft des Mutterstaates und des das Selbstbestimmungsrecht ausübenden Bevölkerungsteils beruht. Uneinigkeit besteht hingegen hinsichtlich der Existenz und der Voraussetzungen eines unilateralen Sezessionsrechts auf der Grundlage des Selbstbestimmungsrechts der Völker außerhalb eines kolonialen Kontextes.[210] Die Existenz eines solchen Rechtes wird durch seine Befürworter zur Legitimation ihres Strebens nach Unabhängigkeit und der Schaffung eines neuen Staates angeführt. So stellten die britischen Kolonien in Nordamerika ihren Kampf um Unabhängigkeit von der englischen Krone auf das naturrechtliche Fundament eines individualistisch konzipierten Selbstbestimmungsrechts[211] und das revolutionäre Frankreich durchbrach die überkommene Herrschaftslegitimation des *ancien régime* durch den – hier in der Theorie des *contrat social* begründeten – kollektivistischen Begriff der Selbstbestimmung des Volkes.[212] Während die Legitimationsbedürftigkeit der historischen Sezessionen und der sich hierdurch erklärende Rückgriff auf den Selbstbestimmungsbegriff ihren Grund in der Überwindung dynastisch

---

209 UN GA Res. 2625 (XXV); siehe auch *Western Sahara Advisory Opinion*, ICJ Reports 1975, S. 33; ferner UN GA Res. 1514 (XV) und 1541 (XV).

210 Für einen detaillierten Überblick siehe French, *Statehood and Self-Determination*.

211 Saxer, *Die internationale Steuerung der Selbstbestimmung und der Staatenentstehung*, S. 51.

212 Ebd., S. 51.

legitimierter Herrschaftsansprüche hatten, soll die Legitimationsbedürftigkeit der Gründung neuer Staaten sich heute vielmehr aus dem Gedanken
ergeben, dass „Staatsgründungen in einem aus Staaten zusammengesetzten
internationalen System grundsätzlich legitimationsbedürftig sind".[213] „Die
Vorstellung von ausserhalb des internationalen Rechts stehenden, sich selber
steuernden soziopolitischen Staatswerdungsvorgängen" sei mit Blick auf die
weitreichenden Folgen solcher Prozesse „irreal geworden.".[214]

Soweit nun also das Selbstbestimmungsrecht der Völker als Legitimation unilateraler Sezessionen herangezogen werden soll, stützen sich seine
Befürworter maßgeblich auf die Konstruktion der sogenannten *remedial secession* (ein Sezessionsrecht *prima facie* wird in der Völkerrechtspraxis nicht
vertreten) und argumentieren maßgeblich mit dem Wortlaut der *Friendly
relations*-Deklaration:

> *„Nothing in the foregoing paragraphs shall be construed as authorizing or encoura-
> ging any action which would dismember or impair, totally or in part, the territorial
> integrity or political unity of sovereign and independent States conducting themselves
> in compliance with the principle of equal rights and self-determination of peoples as
> described above and thus possessed of a government* representing the whole people
> belonging to the territory without distinction as to race, creed, or color. "[215]

Aus dem Text ergebe sich *a contrario*, dass das Selbstbestimmungsrecht
der Völker eine unilaterale Sezession erlaube, wenn Regierungen nicht das
gesamte Volk repräsentierten und dadurch das Recht auf Selbstbestimmung
verletzten.[216] Dieses Argument wurde 2010 in zahlreichen schriftlichen wie
mündlichen Stellungnahmen im Vorfeld der *advisory opinion* des ICJ zur
Rechtmäßigkeit der Unabhängigkeitserklärung des Kosovo[217] und schließlich
in den „Separate Opinions" der ICJ-Richter YUSUF und CANÇADO TRINDADE
zur *Kosovo Advisory Opinion* aufgegriffen.[218]

> *[T]he saving clause in its latter part implies that if a State fails to comport itself
> in accordance with the principle of equal rights and self-determination of peoples,*

---

213 Ebd., S. 193.
214 Ebd., S. 193.
215 UN GA Res. 2625 (XXV), 24. Oktober 1970, *principle* 5, § 7; Hervorhebung durch
     den Verfasser.
216 So auch Crawford, The Creation of States in International Law, S. 111; Doehring,
     Self-Determination, S. 58, § 37; Cassese, Self-Determination of Peoples, S. 120;
     Weller, *Escaping the Self-Determination Trap*, S. 59
217 Z.B. im *written statement* der Niederlande, S. 8 Ziff. 3.7 oder Russlands, S. 31 Ziff.
     88 f.
218 Vgl. Kosovo Advisory Opinion, Separate Opinion des Richters CANÇADO TRINDADE,
     S. 193, § 175 und Separate Opinion des Richters YUSUF, S. 3-4, § 11.

> *an exceptional situation may arise whereby the ethnically or racially distinct group denied internal self-determination may claim a right of external self-determination or separation from the State which could effectively put into question the State's territorial unity and sovereignty.* "[219]

Ähnlich formuliert CANÇADO TRINDADE:

> *„Human nature being what it is, systematic oppression has again occurred, in distinct contexts ; hence the recurring need, and right, of people to be freed from it. The principle of self-determination has survived decolonization, only to face nowadays new and violent manifestations of systematic oppression of peoples. International administration of territory has thus emerged in UN practice (in distinct contexts under the UN Charter, as, for example, in East Timor and in Kosovo). It is immaterial whether, in the framework of these new experiments, self-determination is given the qualification of "remedial" or another qualification. The fact remains that people cannot be targeted for atrocities, cannot live under systematic oppression. The principle of self-determination applies in new situations of systematic oppression, subjugation and tyranny.* "[220]

Zum Teil wird – wohl mit Blick auf das in der UN-Charta niedergelegte Ziel des Weltfriedens – zudem vertreten, unilaterale Sezessionen müssten ausnahmsweise zugelassen werden, wenn sie zur Stabilisierung einer Region beitrügen.[221] Die Niederlande formulieren in ihrem *written statement* bezüglich des Kriteriums der Stabiliät:

> *„The Kingdom of the Netherlands acknowledges that the emergence of the right of external self-determination has not been without controversy. On the one hand, the exercise of this right results in a reconfiguration of the international community and may affect the essential requirement of stability referred to by the Court in the* Case Concerning the Frontier Dispute. *On the other hand, as a result of past events, it may be that stability can only be achieved through change. The law, in particular the law on self-determination, should provide guidance in this process of change.* "[222]

Weiter wird argumentiert, ein unilaterales Sezessionsrecht habe prinzipiell schon immer im Völkerrecht existiert. WELLER führt hierfür das Beispiel der Åland-Inseln an.[223] Dieser Fall betraf eine schwedische Minderheit in Finnland, die sich samt ihrem Gebiet Schweden anschließen wollte, was ihr durch die finnische Regierung verwehrt wurde. Die mit der Bewertung

---

219 YUSUF, Separate Opinion, Ziff. 12.
220 CANÇADO TRINDADE, Separate Opinion, Ziff. 175.
221 So bezüglich des Kosovo etwa Bulgarien, Protokoll der mündlichen Verhandlung vor dem ICJ (CR 2009/28) vom 04.12.2009, 10:00 Uhr, S. 18.
222 *Written statement* der Niederlande, S. 12 Ziff. 3.16.
223 Weller, *Escaping the Self-Determination Trap*, S. 59.

der Forderung betraute Kommission der Berichterstatter des Völkerbundes erklärte in diesem Zusammenhang:

> *„[t]he separation of a minority from the State of which it forms a part and its incorporation in another State can only be considered as an altogether exceptional solution, a last resort if the State lacks the will or the power to enact or apply just and effective guarantees."*[224]

cc) Die Sezession im Völkerrecht: Abspaltungsverbot und Faktum

Zum Teil wird vertreten, es gebe nicht nur kein Recht auf eine unilaterale Sezession, eine einseitig vollzogene Abspaltung verstoße sogar gegen das allgemeine Völkerrecht, insbesondere gegen das Prinzip der territorialen Integrität, das gegenstandslos würde, gewährte man ein Recht auf unilaterale Sezession.[225] Das Prinzip der territorialen Integrität gelte ungeachtet seiner vormals auf die Beziehungen zwischen Staaten beschränkten Anwendung mittlerweile auch zwischen Staaten und die Sezession anstrebenden Bevölkerungsteilen, da das moderne Völkerrecht auch nicht-staatliche Akteure adressiere.[226]

Von dem Prinzip der territorialen Autonomie könne auch aufgrund der GA Res. 2625 keine Ausnahme gemacht werden. Kritiker wie DEL MAR postulieren etwa, die *saving clause* biete bei einer Auslegung nach Treu und Glauben keine Grundlage für eine *a-contrario*-Interpretation – der Wortlaut deute offensichtlich darauf hin, dass der Zweck der Klausel darin bestehe, Sezessionen zulassende Interpretationen auszuschließen.[227] Dies finde auch in den *travaux préparatoires* Bestätigung.[228] Der Anwendungsbereich des Selbstbestimmungsrechts werde des Weiteren durch die Worte „as described above" beschränkt, die auf die Beschreibung des Selbstbestimmungsrechts der Völker in *principle 5* der Deklaration verwiesen. Dort werde es nur in

---

224 Bericht der Kommission der Berichterstatter an den Rat des Völkerbundes, League of Nations doc. B.7.21/68/106 (1921), S. 28.

225 *Written statement* Aserbaidschans, S. 5 Ziff. 25, und Serbiens, S. 203 Ziff. 558.

226 Argentinien, Protokoll der mündlichen Verhandlung vor dem ICJ vom 02.12.2009, 10:00 Uhr (CR 2009/26), S. 42 f.

227 Mar, "The Myth of Remedial Secession", S. 94; so auch China, Protokoll der mündlichen Verhandlung vor dem ICJ (CR 2009/29) vom 07.12.2009, 10:00 Uhr, S. 36.

228 Vgl. etwa die Stellungnahme durch Arangio-Ruiz, UN doc. A/AC.125/SR.110-114, S. 22; hierzu ferner Summers, "The Right of Self-Determination and Nationalism in International Law", S. 335.

Fällen kolonialer Beziehungen, fremder militärischer Besatzung und rassistischer Regime in Betracht gezogen. Auch sei die Interpretation *a contrario* bisher von keinem „authoritive body" der Vereinten Nationen aufgegriffen worden und werde auch nicht durch die Staatenpraxis gestützt.[229]

Auch sei die Etablierung eines unilateralen Sezessionsrechts Rechts bisher am deutlichen Widerstand der Staatengemeinschaft gescheitert.[230] Zum Teil wird vertreten, dass selbst in Fällen schwerer und systematischer Menschenrechtsverletzungen das Prinzip der territorialen Integrität keinen Raum für ein unilaterales Sezessionsrecht gebe.[231] Letzteres ergebe sich aus der Staatenpraxis:

> *„In this regard, some explicit examples of the practice of the international community towards the situations in which, during a non-international armed conflict, the magnitude of the violations of human rights and humanitarian law was a real concern can be observed. In all these examples, the international community though strongly condemned the violations and endeavored to stop them, never gave up the principle of territorial integrity."*[232]

Schließlich berge ein hypothetisches Sezessionsrecht mangels hinreichend klarer Kriterien die Gefahr zunehmender Instabilität der internationalen Gemeinschaft.[233] Vergleichbare Befürchtungen finden sich bereits im Bericht bezüglich der Åland-Inseln:

> *„To concede to minorities, either of language or religion, or to any fractions of a population the right of withdrawing from the community to which they belong,*

---

229 China, Protokoll der mündlichen Verhandlung vor dem ICJ (CR 2009/29) vom 07.12.2009, 10:00 Uhr, S. 36.

230 *Written statement* Chinas, S. 6 lit. d.

231 *Written statement* Irans, S. 6 Ziff 4.1 ff.

232 *Written statement* Irans, S. 7. In der Fußnote 14 verweist der Iran auf die Reaktionen auf die tschetschenische Unabhängigkeitserklärung vom 02.11.1991 sowie auf die Reaktion des UN Sicherheitsrates und dessen Betonung des Prinzips der territorialen Integrität bezüglich des Sudans im Fall Darfur.

233 Dass die Gewährung eines (allgemeinen) unilateralen Sezessionsrechts zur Destabilisierung der internationalen Gemeinschaft führen werde, ist ein oft vorgebrachtes Argument, das unter anderem durch Richter Yusuf (Ziff. 11 der *Separate Opinion*) geäußert wurde. Daneben wurde es auch in den schriftlichen Stellungnahmen Boliviens (Ziff. 7), Ägyptens (Ziff. 74), Deutschlands (S. 34), Rumäniens (S. 41 f.) und des Irans (S. 8) zur Vorbereitung der *Advisory Opinion* des ICJ und im *General Comment* Nr. 21 des CERD-Komitees aufgegriffen.

because it is their wish or good pleasure, would be to destroy order and stability within States and to inaugurate anarchy in international life... "[234]

Ein bedeutender Teil der Völkerrechtslehre wie auch der Staaten vertritt hingegen die (wohl herrschende) Auffassung, Sezessionen stellten ein bloßes Faktum dar und seien nicht durch das Völkerrecht geregelt. Es gebe daher weder ein wie auch immer geartetes Sezessionsrecht noch ein Verbot der Abspaltung. So argumentierten etwa Österreich, Tschechien, die Vertreter des Kosovo, Lettland, Luxemburg und die USA vor dem ICJ unter Berufung auf die Lotus-Rechtsprechung des ICJ, die Sezession des Kosovo und dessen hierauf Bezug nehmende Unabhängigkeitserklärung könnten mangels Verbotsnorm nicht gegen das Völkerrecht verstoßen.[235] Unterstützung findet diese Position auch in den Stellungnahmen der beauftragten Völkerrechtsexperten bezüglich der anstehenden Entscheidung des Obersten Gerichtshofs Kanadas zur Sezession Quebecs.[236] So stellt ABI-SAAB fest:

> *„While international law does not recognize a right to secession, neither does it prohibit secession, unless the latter results from a violation of one of the fundamental principles of contemporary international law and perpetuates the effects of such a violation."*

Auch FRANCK unterstützt diese Auffassung:

> *„The correct conclusion to be drawn from the vast repertory of state practice [...] is that international law maintains neutrality towards the secessionist impulse but recognizes it when it succeeds [...]. Quite simply, the law is neutral."*

Ebenso SHAW

> *„Secession as such [...] is not contrary to international law."*

und PELLET

> *„[N]o principle of international law excludes the right of a people to secede, and when such is the case, the law of nations simply takes notice of the existence of a new state."*

---

234 Bericht der Kommission der Berichterstatter an den Rat des Völkerbundes, League of Nations doc. B.7.21/68/106 (1921), S. 28, zitiert nach Mar, "The Myth of Remedial Secession", S. 94.

235 Vgl. *written statemens* der genannten Staaten, abrufbar unter http://www.icj-cij.org/ docket/index.php?p1=3&p2=4&k=21&case=141&code=kos&p3=1, letzte Einsicht: 12.04.2015, 22:05.

236 Siehe hierfür den Überblick im *written statement* Deutschlands auf den S. 28 f. mit weiteren Nachweisen.

Das Völkerrecht komme erst im Moment der Frage der Anerkennung durch Drittstaaten ins Spiel.[237] CRAWFORD ergänzt mit Blick auf die Anerkennung durch Drittstaaten:

> *„International law has been prepared to acknowledge international realities once the independence of a seceding entity was firmly established and in relation to the territory effectively controlled by it."*

Zum einen gelte das Prinzip der territorialen Souveränität nur zwischen Staaten, nicht aber zwischen Staaten und die Unabhängigkeit anstrebenden Bevölkerungsteilen und könne dem Selbstbestimmungsrecht im Falle einer unilateralen Sezession eines Bevölkerungsteils mangels Anwendbarkeit gar nicht entgegenstehen.[238] Dies ergebe sich aus dem Wortlaut des Art. 2(4) UN-Charter:

> *„All members shall refrain in their international relations from the threat or use of force against the territorial integrity or political independence of any state (...)."*

Das Völkerrecht adressiere nicht-staatliche Akteure nur ausnahmsweise und in klar definierten Bereichen wie dem Völkerstrafrecht oder dem humanitären Völkerrecht.[239] Es verbleibe damit bei der Nichtanwendbarkeit des Prinzips der territorialen Autorität zwischen Staaten und Teilen ihrer Bevölkerung.

Zum anderen folge dies auch aus dem Wortlaut der *saving clause*[240], zum Teil mit der Abwesenheit einer expliziten Verbotsnorm und dem Verweis auf die *Lotus*-Rechtsprechung des ICJ in Verbindung mit der Unanwendbarkeit des Prinzips der territorialen Souveränität außerhalb des Bereichs zwischenstaatlicher Beziehungen.[241] Hätte die internationale Gemeinschaft unilaterale Sezessionen verbieten wollen, hätte sie dies spätestens in der GA Res. 2625 explizit getan.[242]

Auch diese Auffassung ist nicht unbestritten geblieben. Im Rahmen der Vorbereitung der *advisory opinion* zur Frage der Unabhängigkeitserklärung des Kosovo durch den ICJ äußerte eine Reihe von Staaten die Ansicht, das

---

237 *Written statement* Deutschlands, S. 31.
238 *Written statement* der USA, S. 69 ff.
239 Norwegen, Protokoll der mündlichen Verhandlung vor dem ICJ vom 09.12.2009, 10:00 Uhr (CR 2009/31), S. 48 f.
240 Die Teilung des Gebiets eines souveränen Staates sei zwar weder „autorisiert", noch solle jemand durch die Deklaration zu einer solchen „ermutigt" werden, explizit verboten sei sie aber nicht, Vidmar, "Unilateral Declarations of Independence", S. 72.
241 Siehe oben.
242 Albanien, Protokoll der mündlichen Verhandlung vor dem ICJ vom 02.12.2009, 10:00 Uhr (CR 2009/26), S. 20 f.

Völkerrecht verhalte sich keineswegs neutral zur Frage unilateraler Sezessionen. Im Rahmen der mündlichen Stellungnahmen argumentierte etwa Spanien, das Völkerrecht könne sich bezüglich eines Aktes mit schwerwiegenden Konsequenzen auf internationaler Ebene schon aus systematischen Gründen nicht ausschweigen:

> *„Le droit international est un système juridique composé non seulement des normes, mais aussi des principes qui doivent s'appliquer à un cas particulier. Ces normes et principes doivent, en outre, s'appliquer de façon systématique et contextuelle. Par conséquent, il n'est pas possible d'accepter, d'après un point de vue juridique, que le droit international puisse rester «neutre» à l'égard d'un acte (la déclaration unilatérale d'indépendance) qui aurait de graves conséquences sur le plan international.“*[243]

c) Zielkonflikte

Vor dem Hintergrund der notorischen Zielunschärfe des Selbstbestimmungsrechts stellt sich die Frage, ob eine Konvergenz der Begriffsdeutungen zu erwarten ist. In rechtlicher Hinsicht hängt dies davon ab, ob bei Zielkonflikten hinsichtlich Rechtsträgerschaft und Rechtsfolgen Fundamentalziele der Normen gefunden werden können, über die sich die Konflikte auf instrumenteller Ebene lösen ließen. Voraussetzung hierfür wäre, dass dem Ziel der Verwirklichung des Selbstbestimmungsrechts der Völker kein gleichwertiges Fundamentalziel entgegenstünde. Problematisch ist dies vor allem mit Blick auf das in der UN-Charta formulierte Fundamentalziel des Friedens und bezüglich des Prinzips der souveränen Gleichheit der Staaten. Darüber hinaus widerspricht die Ausübung des Selbstbestimmungsrechts regelmäßig dem Interesse der Mehrheitsbevölkerung in ethnische Minderheiten beinhaltenden Staaten.

aa) Der Begriff „Volk"

Zur Begrenzung des Begriffs des Volkes wird regelmäßig auf die *travaux préparatoires* verwiesen. Danach sei nicht beabsichtigt gewesen, ethnische Minderheiten in den Anwendungsbereich des Selbstbestimmungsrechts der Völker aufzunehmen. Insofern wird ein Konflikt zwischen der Ausübung

---

243 ICJ (CR 2009/30), Protokoll der öffentlichen Sitzung vom 08.12.2009 (10:00 Uhr), S. 21.

des Selbstbestimmungsrechts durch ethnische Minderheiten und dem in den *travaux préparatoires* zum Ausdruck kommenden Willen der Staatengemeinschaft vermutet. Die *travaux préparatoires* dürfen indes nur hilfsweise zur Auslegung herangezogen werden. Beschränkt man sich auf die Analyse des Wortlauts und der Systematik des Selbstbestimmungsrechts der Völker, so sind ethnische Minderheiten kaum grundsätzlich vom Anwendungsbereich auszuschließen.[244] Der Minderheitsbegriff ist maßgeblich durch sein quantitatives Element geprägt und alle weiteren Beschränkungen nur vor dem Hintergrund der jeweils einschlägigen Vertragsnormen zu verstehen. Der Hinweis auf die systematisch unterschiedliche Behandlung von Art. 1 und Art. 27 ICCPR führt nur auf den ersten Blick zu einem anderen Ergebnis, denn der Begriff der Minderheit ist relativer Natur und damit nur eine echte Teilmenge des Oberbegriffs der ethnisch definierten Gruppe. Es besteht damit kein logischer Grund, eine Schnittmenge der beiden Teilmengen Minderheit und Volk auszuschließen. Die Schwierigkeit, eine Konvergenz der Deutungen des Volksbegriffs im Sinne des Selbstbestimmungsrechts zu erzielen, liegt vor allem darin begründet, dass auf der Ebene der Rechtsträgerschaft ein Streit ausgetragen wird, der dogmatisch überzeugender auf der Ebene der Rechtsfolgen anzusiedeln wäre.[245] Kern der Auseinandersetzung über die Frage, ob ethnische Minderheiten Völker im Sinne des Selbstbestimmungsrechts sein können, ist denn auch, ob und unter welchen Bedingungen ethnische Minderheiten territoriale Autonomie oder gar Eigenstaatlichkeit fordern können. Da die mit dem Selbstbestimmungsrecht der Völker verknüpften Rechtsfolgen nicht klar definiert sind, verbleibt ausreichend Raum zur Interpretation, durch die ggf. Bedingungen identifiziert werden können, unter denen die Forderung nach Autonomie oder Eigenstaatlichkeit unstatthaft wäre.

bb)   Widerspruch zum Prinzip der souveränen Gleichheit der Staaten?

Darüber hinaus wird ein Widerspruch zum Prinzip der souveränen Gleichheit der Staaten angeführt, das der Beeinträchtigung der territorialen Integrität

---

244 So mit überzeugenden Argumenten schon Niewerth, *Der kollektive und der positive Schutz von Minderheiten und ihre Durchsetzung im Völkerrecht*, S. 84.
245 Bezüglich der fehlenden Trennschärfe zwischen Tatbestandsmerkmal und Rechtsfolgen des Selbstbestimmungsrecht vgl.Saxer, *Die internationale Steuerung der Selbstbestimmung und der Staatenentstehung*.

der Vertragsparteien durch Sezessionsbestrebungen entgegenstehe.[246] Damit stellt sich die Frage nach dem Verhältnis des Ziels der politischen Selbstbestimmung der Völker und dem Ziel der Ausübung souveräner Gewalt der Vertragsparteien über ihr Territorium. Sieht man beide Ziele als in der UN-Charta verankerte und bis heute unverändert gültige und gleichwertige Fundamentalziele an, so ist der Zielkonflikt zwischen ihnen unauflösbar.[247] Ordnet man sie hingegen hierarchisch, kommt man entweder zur grundsätzlichen Bejahung oder Verneinung eines Sezessionsrechts. Bejaht man ein Sezessionsrecht, sind seine Anwendungsvoraussetzungen zu klären. Hier ist zu fragen, was maßgeblich für die Bestimmung der Anwendungsvoraussetzungen ist. Nach der Wiener Vertragsrechtskonvention ist hierfür unter anderem auf das Ziel und den Zweck des Selbstbestimmungsrechts abzustellen. Gegner eines auf ethnische Minderheiten ausgedehnten Sezessionsrechts – sei es *prima facie*, sei es im Rahmen des Konstrukts der *remedial secession* – verweisen auf die in der *friendly-relations*-Deklaration formulierte Beschränkung auf Völker unter Kolonialherrschaft. Dann ist aber zu fragen, warum den Kolonialvölkern das Recht auf Selbstbestimmung in erster Linie gewährt wurde. Zeitlich erfolgte die Gewährung jedenfalls, nachdem sich zuvor bereits nationale Bewegungen gebildet hatten und es vielerorts zu Aufständen gekommen war. Dies spricht dafür, dass der Gewährung des Selbstbestimmungsrechts dem übergeordneten Ziel des Friedens dienen sollte. Damit stellt sich die Frage nach dem Verhältnis zwischen dem Ziel des Friedens und dem Prinzip der territorialen Unversehrtheit.

cc)   Widerspruch zum Fundamentalziel des Friedens?

Die Frage, ob ein Recht auf unilaterale Sezession letztlich im Widerspruch zum Fundamentalziel des Friedens steht, ist mehr eine empirische denn hermeneutische. Geht man mit den Gegnern eines weit gefassten Sezessionsrechts davon aus, dass Sezessionen den Weltfrieden prinzipiell gefährden,

---

246 So heißt es in *principle 6* der *friendly relations*-Deklaration: „*All States enjoy sovereign equality. They have equal rights and duties and are equal members of the international community, notwithstanding differences of an economic, social, political or other nature. In particular, sovereign equality includes the following elements: (...) d. The territorial integrity and political independence of the State are inviolable; (...).*".

247 Ausgenommen von dem Zielkonflikt sind dann lediglich die oben genannten unumstrittenen Fälle, insbesondere die Sezession von Kolonialmächten.

ergibt sich kein Widerspruch, wenngleich die Annahme selbst mit den Erkenntnissen der empirischen Konfliktforschung nicht konform geht. Darüber hinaus ist das Argument insoweit fragwürdig, als es die Weigerung der bestehenden Staaten antizipiert, Sezessionen von ihrem Staatsgebiet zuzulassen und gegebenenfalls mit Gewalt zu unterbinden. Ebenso gut könnte man aber die Weigerung der sezessionswilligen Bevölkerungsgruppe antizipieren, im Staatsverband zu verbleiben und die Sezession gegebenenfalls mit Gewalt durchzusetzen.

Geht man mit den Befürwortern des Konzepts der *remedial secession* davon aus, ein Sezessionsrecht ergebe sich erst nach intensiven innerstaatlichen Konflikten, setzt man sich wiederum in Widerspruch zu den Ergebnissen der empirischen Konfliktforschung, denn die besten Prognosen für eine stabile Konfliktlösung erfordern eine friedliche Sezession. Befürwortet man ein Sezessionsrecht *prima facie*, setzt man sich – normextern – in Widerspruch zu den natürlichen Interessen der Staaten als Völkerrechtssubjekte, den CASSESE prägnant wie folgt darstellt:

> „...it is clear that States will never depart from their present intransigence. As regards this position, it is sufficient to consider [...] three basic facts [...]: most members of the international community are multinational or multi-ethnic agglomerates; the majority of existing States are authoritarian entities which pay little attention to the aspirations of their populations; the economic and security interests of small or weak States compel them to enter into alliances with major international players. Since most sovereign States [...] are heterogenous, the international community undoubtly will continue to reject any proposals subsequently likely to empower individual sectors of their populations and to threaten their territorial integrity; secession is thus certain to remain an anathema.“[248]

Da die Gewährung territorialer Autonomie oftmals – und unter bestimmten Bedingungen sicherlich nicht gänzlich zu Unrecht[249] – als Vorstufe zur Sezession wahrgenommen wird, dürfte sich die durch CASSESE beschriebene Tendenz auf den internen Aspekt des Selbstbestimmungsrecht übertragen lassen.

---

248 Cassese, *Self-Determination of Peoples: A Legal Reappraisal*, S. 349.
249 Vgl. Brancati, "Decentralization: Fueling the Fires or Dampening the Flames of Ethnic Conflict and Secessionism?"

2. Die Erforderlichkeit einer Sezessionsnorm

Das Fehlen einer wohldefinierten Regel, nach der Sezessionen bei Bedarf durchgeführt werden können, ist aus drei Gründen problematisch. Zunächst sprechen gewichtige rechtsethische Erwägungen für ein allgemeines Sezessionsrecht und bilden damit einen moralisch-philosophischen Nährboden für Sezessionsbestrebungen. Darüber hinaus bestehen empirische Hinweise darauf, dass Sezessionen unter bestimmten Bedingungen stabilen und friedlichen Lösungen ethnischer Konflikte dienen können und damit im Einklang mit dem in der Präambel der UN-Charta formulierten Fundamentalziel des Weltfriedens stehen. Schließlich finden Sezessionen ohne Rücksicht auf ihre rechtsdogmatische Begründbarkeit statt, so dass – *faute de mieux* – eine mindestens das Wie regelnde Sezessionsnorm dazu beitragen kann, Unsicherheiten hinsichtlich des konkreten Verfahrens zu beseitigen, nach dessen Durchführung die jeweiligen *De-facto*-Staaten mit einer Anerkennung seitens der internationalen Gemeinschaft rechnen können.

a) Rechtsethische Erwägungen

Tomz begründet eine generelle Zulässigkeit von Sezessionen überzeugend über die liberale Idee der Vereinigungsfreiheit, die etwa in die Allgemeine Erklärung der Menschenrechte als Individualrecht Eingang gefunden hat und sich auch im ICCPR und der ECHR wiederfindet. Gewähre man Individuen das Recht, Vereinigungen zu bilden und – spiegelbildlich dazu – Vereinigungen zu verlassen und aufzulösen, so müsse man dasselbe Recht im Wege der Aggregation auch Gruppen von Menschen gewähren.

> *„Liberals commonly couple the privilege to associate with the freedom from association. For instance, the Universal Declaration of Human Rights, a liberal charter, not only authorizes people to form groups at whim, but also protects people from joining groups under duress. The freedom from association complements the privilege to associate by promoting human well-being. (...) Finally, the broad category of associative freedoms can include the privilege to dissociate from an existing group. (...) The connection between association and well-being generates a tentative presumption, and therefore a prima facie right, in favor of secession. [L]liberals who maintain that each individual may associate and dissociate freely must also allow groups to behave similarly, when individuals exercise their associative liberties through interpersonal cooperation. "*[250]

---

250 Tomz, "The Morality of Secession", S. 31 ff.

Daraus folgt nach Tomz indes kein unbeschränktes Sezessionsrecht.[251] Dieses finde seine Schranken in dem Schaden, den andere durch seine Ausübung nehmen könnten:[252]

> *„The duty to refrain from harming others applies to groups as well as individuals. Through intentions and actions, groups can harm others in morally significant ways. In some cases, collectives can even achieve noxious results that individuals could not produce through solitary actions. Certain people, particularly those who play key roles in collective behavior, bear more responsibility for the resulting harm than accomplices who assume less significant functions. Nevertheless, all members bear some responsibility when the group inflicts harm, because each member engages in acts or omissions which contribute to the damage. Since the Millian principle binds collectives, separatist groups bear moral duties to avoid harming others."*[253]

Auf welche Art von Schaden Rücksicht zu nehmen ist, beantwortet Tomz indes nicht generell.[254] Problematisch sei jedenfalls das Verbleiben von Restminderheiten im von der Sezession betroffenen Gebiet, wie etwa die russische Minderheit in den baltischen Staaten nach deren Loslösung von der Sowjetunion. Dördelmanns Untersuchung der rechtsethischen Grundlagen der Sezession in der politischen Philosophie der Gegenwart zeigt, dass die Einwände gegen die Annahme eines grundsätzlichen Sezessionsrechts oder seine Bregrenzungen regelmäßig auf die vorausgesetzten oder mindestens vermuteten negativen Folgen einer Sezession abstellen. Damit wird dieser Teil der Diskussion vom Bereich der Rechtsethik in den Bereich der empirischen Rechtswirkungsforschung verlagert.[255]

b) Empirische Erwägungen

Einer der Haupteinwände gegen die Etablierung eines Sezessionsrechts *prima facie* stellt auf die negativen Auswirkungen eines solchen Rechts auf den Weltfrieden ab. Die Gewährung eines allgemeinen Sezessionsrechts führe unweigerlich zu einer Fragmentierung der Völkerrechtssubjekte und -akteure und münde in Anarchie und Chaos.[256] Dieses Argument beruht letztlich offenbar auf einem vermuteten Widerspruch zum Fundamentalziel des Frie-

---

251 Tomz, "The Morality of Secession", S. 40 ff.
252 Ebd., S. 42 mit weiteren Nachweisen.
253 Ebd., S. 43.
254 Ebd., S. 45 mit Beispielen.
255 Dördelmann, "Rechtsethische Rechtfertigung der Sezession von Staaten", S. 58 ff.
256 Siehe oben.

dens, wie es in der Präambel und Art. 1 Nr. 1 der UN-Charta formuliert ist:

> *„We the peoples of the United Nations determined to save succeeding generations from the scourge of war...";* *„The purposes of the United Nations are: 1. To maintain peace and security...".*[257]

Indem das Argument auf die Folgen eines Sezessionsrechts abstellt, stellt es eine empirisch überprüfbare Prognose über die damit verbundenen Rechtswirkungen auf. Ein Sezessionsrecht erhöhe die Zahl der Sezessionskonflikte dramatisch und Sezessionen führten zu weniger Sicherheit und Frieden als der Verbleib im Staatsverbund. Beide Prognosen beruhen auf einer empirisch schwachen Grundlage und vermögen im Ergebnis nicht zu überzeugen. Zunächst ist festzustellen, dass es sich bei der Mehrheit der Völkerrechtssubjekte tatsächlich um ethnisch heterogene Gebilde handelt. Allerdings sind nur in einem Bruchteil der Staaten Sezessionsbestrebungen zu erkennen.[258] Es mag sein, dass diese Bestrebungen durch die Gewährung eines prinzipiellen Sezessionsrechts unterstützt würden. Es ist indes wenig wahrscheinlich, dass es in allen Fällen zu einer Sezession käme und in den Fällen der Sezession Anarchie und Chaos die notwendigen Folgen wären. Quantitative Studien zu den Auswirkungen einer Sezession kommen zu einem differenzierteren Ergebnis. Unterschieden wird zwischen Sezessionen als Mittel der Konfliktlösung und der Konfliktprävention. Während SAMBANIS keine signifikante Veränderung des Verlaufs von Konflikten nach einer Sezession feststellt,[260] schloss er in einer späteren Studie zusammen mit SCHULHOFER-WOHL gleichwohl nicht aus, dass bestimmte Formen der Sezession auch nach Ausbruch gewaltsamer Konflikte zu stabilen Konfliktlösungen führen könnten.[261] Hinsichtlich der Konfliktprävention durch Sezession findet TIR

---

257 Präambel und Art. 1 Nr. 1 UN-Charta.
258 So zählt QVORTRUP nur 50 Unabhängigkeitsreferenden seit dem Ende des zweiten Weltkrieges, von denen die meisten in ehemals sozialistischen Staaten im Zuge der Auflösung der Sowjetunion stattfanden, Qvortrup, "New development: The Comparative Study of Secession Referendums". SAXER ging 2010 noch von bestehenden Sezessionskonflikten in etwa 50 Ländern aus.[259] Sezessionsreferenden in Nichtentwicklungsländern seien zudem fast ausnahmslos erfolglos verlaufen. Vor diesem Hintergrund erscheint das Argument, die ethnische Heterogenität der meisten Staaten führe bei Gewährung eines Sezessionsrechts *prima facie* unweigerlich zu einer Fragmentierung der internationalen Gemeinschaft als schwach begründet und katastrophisierend.
260 Sambanis, "Partition as a Solution to Ethnic War".
261 Sambanis und Schulhofer-Wohl, "What is in a Line? Is Partition a Solution to Civil War?"

Anhaltspunkte dafür, dass eine friedlich durchgeführte Sezession grundsätzlich eine erfolgversprechende Taktik sei, um dem Ausbruch gewaltsamer ethnischer Konflikte vorzubeugen.[262] Bei einer friedlichen Trennung sei auch die Bildung neuer Minderheiten in den abgetrennten Gebieten unproblematisch.[263] Wenngleich diese Resultate grundsätzlich mit Vorsicht zu werten sind, zeigen sie doch hinreichend deutlich, dass es an einer Grundlage für die Behauptung fehlt, Sezessionen führten mit einer solchen Regelmäßigkeit zu einer Verschärfung ethnischer Konflikte, dass sie zur Ablehnung eines Sezessionsrechts *prima facie* führen müssten.

c) Pragmatische Erwägungen

Ungeachtet ihrer rechtsethischen Vertretbarkeit und ihrer Folgen für die Beziehungen zwischen konfligierenden Gruppen sind Sezessionen Teil der – zum Teil mit internationaler Anerkennung bedachten – Realität. So spaltete sich Bangladesch 1971 erfolgreich von Pakistan ab und 1993 Eritrea von Äthiopien. Beide Sezessionen führten zu Staatsneugründungen, die breite Anerkennung durch die Staatengemeinschaft erfuhren.[264] Die umstrittene Abspaltung der Region Kosovo von Serbien wird mittlerweile von 109 der 193 Mitgliedstaaten der Vereinten Nationen als Bildung eines neuen Staates (Republik Kosovo) anerkannt[265] und die Regionen Transnistrien, Abchasien und Südossetien sind trotz überwiegend fehlender internationaler Anerkennung der Kontrolle der sie vormals beinhaltenden Völkerrechtssubjekte entzogen. Sezessionen vollziehen sich damit unabhängig von einem anerkannten Anspruch auf Eigenstaatlichkeit. Die Vereinbarung einer Regel, nach der Sezessionen durchgeführt werden können, kann vor diesem Hintergrund fast unabhängig von ihrer Ausgestaltung nur begrenzend wirken, da sie tatsächliches Verhalten in einem bislang ungeregelten Bereich kanalisiert. Der

---

262 J. Tir, "Letting Secessionists Have Their Way: Can Partitions Help End and Prevent Ethnic Conflicts?"

263 J. Tir, "Keeping the Peace after Secessions: Territorial Conflicts between the Rump and Secessionist States".

264 Dass im Falle Eritreas die äthiopische Regierung letztlich in die Durchführung eines Unabhängigkeitsreferendums einwilligte, muss vor dem Hintergrund eines 30-jährigen gewaltsamen Sezessionskonfliktes und des vorangegangenen militärischen Sieges der eritreischen Separatisten gesehen werden und ändert nichts am im Ganzen unilateralen Charakter der Abspaltung.

265 Liste Staaten auf der Internetseite des Außenministeriums der Republik Kosovo: http://www.mfa-ks.net/?page=2,33.

Entwurf einer Sezessionsregel ist schließlich auch unabhängig von ihrer Verkörperung in einem Vertrag sinnvoll, da durch sie ein Handlungsalgorithmus skizziert wird, an dem sich die maßgeblichen Akteure bei bedarf orientieren können. Insofern besteht eine Parallele zu internationalen Wahlstandards und des CGPR der Venedig-Kommission. Dabei handelt es sich ebenfalls nicht um rechtlich verbindliche Regeln, sondern Standards, deren Umsetzung nach Ansicht ausgewiesener Experten zuvor formulierte Ziele optimal berücksichtigt.[266] Im Falle des CGPR kann auf klare Ziele und eine lange Tradition der Wahlgrundsätze zurückgegriffen werden. Im Bereich einer Sezessionsnorm müssen die prozessualen Anforderungen zunächst formuliert und begründet werden.

3. Rechtstheoretische Anforderungen an eine Sezessionsnorm

Eine prozessuale Sezessionsnorm muss mindestens das Territorium festlegen, welches durch den Sezessionsprozess erfasst wird, und den Entscheidungsprozess bestimmen, an dessen Ende die Befürwortung oder Ablehnung der Sezession steht. Dabei muss sie so formuliert sein, dass das Prozessergebnis maximale Akzeptanz findet. Ein Anreiz zur Nutzung der Regel kann durch ihre Inkorporierung in das Recht der Staatenanerkennung gesetzt werden.

a) Fair division und Gerechtigkeitskriterien

Die Akzeptanz eines Ergebnisses hängt – neben seiner subjektiven Wahrnehmung als „fair" – vielfach von der Beachtung eines als *fair* empfundenen Prozesses ab. Der Begriff der *Fairness* ist damit subjektiver Natur und die Kriterien, die für die Feststellung von *Fairness* herangezogen werden, unterscheiden sich je nach Disziplin. So greift man im Bereich der *fair division* und insbesondere des *cake cuttings* auf bestimmte Kriterien wie Proportionalität und Neidfreiheit zurück, um die *Fairness* einer Aufteilung zu beschreiben. Im Fall einer *proportionalen* Teilung erhält jede Partei mindestens einen proportionalen Anteil, bei zwei Parteien also mindestens die Hälfte, bei drei Parteien mindestens ein Drittel usw. Dabei orientieren sich die Parteien nicht an der Größe der Ressource, sondern an ihrem subjektiven Wert, der sich aus den Präferenzfunktionen der Parteien für jede Partei gesondert

---

266 Unter Ziff. I des CGPR.

ergibt. Eine *neidfreie* Aufteilung ist eine solche, bei der keine Partei eine andere Partei um ihren Teil der Ressource beneidet. Eine neidfreie Aufteilung impliziert zugleich Proportionalität. Um diese Ziele zu erreichen, wird im Bereich des *cake cuttings* ein sogenanntes *cake-cutting*-Protokoll formuliert. Dabei handelt es sich um eine Abfolge von Handlungen, die zur Ausführung empfohlen wird, um die Ressource unter einer gegebenen Anzahl von Parteien zu teilen.[267] Eine direkte Anwendung der Prinzipien des *cake cuttings* auf Sezessionsprozesse scheitert an den unterschiedlichen Prämissen. Das *cake cutting* setzt voraus, dass die beteiligten Parteien gleiche Rechte an der zu teilenden Ressource haben, während Sezessionsprozesse gerade das Gegenteil, nämlich Sonderrechte einer Partei in Form des Selbstbestimmungsrechts, implizieren. Nutzbar gemacht werden kann jedoch das Prinzip des Protokolls als klare Handlungsabfolge, nach der sich die Teilung unter Beachtung anerkannter Gerechtigkeitsprinzipien vollziehen soll. Die für den Sezessionsprozess maßgeblichen Prinzipien sind das im Wesen des Selbstbestimmungsrechts verankerte *Bedürfnisprinzip* (Aufteilung einer Ressource nach den verschiedenen und verschieden großen Bedürfnissen) und das *Prinzip der Verfahrensgerechtigkeit*.[268]

Der zentrale Grundsatz hinsichtlich des Ergebnisses eines Selbstbestimmungsprozesses lautet:

> Jede Partei muss davon ausgehen, dass nach der Teilung die Voraussetzungen für die Ausübung des Selbstbestimmungsrechts in rechtlicher Hinsicht erfüllt sind.

Aus diesem Grundsatz folgt zugleich eine untere und eine obere Grenze für Gebietsansprüche der Parteien. Die untere Grenze wird durch die subjektive Eignung zur Selbstbestimmung festgelegt. Die die Sezession beanspruchende Partei muss nach der Teilung davon überzeugt sein, ihr Schicksal in rechtlicher Hinsicht auf eine Weise zu bestimmen, die ihr vor der Teilung verwehrt war. Die obere Grenze wird durch die Beschränkung auf die rechtliche Selbstbestimmung und den Begriff des Volkes definiert. Zur nicht nur rechtlichen, sondern auch tatsächlichen Selbstbestimmung mag eine Partei größere Gebiete beanspruchen, um Zugang zu Infrastruktur oder Bodenschätzen zu erlangen und damit die wirtschaftlichen Grundlagen für eine Existenz frei jeglicher fremder Einflüsse zu legen. Abgesehen davon, dass auch traditionelle Nationalstaaten aus diesem Blickwinkel nicht vollends

---

267 Rothe u. a., *Einführung in Computational Social Choice*, S. 237.
268 Vgl. Lotz u. a., "Gerechtigkeit als Forschungsgegenstand", S. 19 ff. Hinsichtlich des Begriffs der Verfahrensgerechtigkeit wird vorliegend nicht mit DÖRDELMANN auf die Diskursethik, sondern auf die empirische Gerechtigkeitsforschung verwiesen.

selbstbestimmt wären, kann es im Lichte der in der UN-Charta niedergelegten Prinzipien nicht Aufgabe des Selbstbestimmungsrechts sein, ökonomisch
für wünschenswert gehaltene Expansionen auf Kosten anderer Völker zu
rechtfertigen. Ebenso schließt dieser Grundsatz das Sichberufen auf historische Ansprüche aus. Neben diesem Ziel, nämlich die jeweilige Überzeugung
von einem im Lichte des Selbstbestimmungsrechts fairen Ergebnis, muss das
Protokoll möglichst viele Kriterien der prozeduralen Gerechtigkeit erfüllen.
Das für den Sezessionsprozess zentrale Kriterium lautet aber:

> Sämtliche Bewohner des von den Selbstbestimmungsbestrebungen erfassten Gebiets
> müssen die Gelegenheit erhalten, sich für oder gegen die Sezession auszusprechen.

Der Grundsatz findet seinen Ursprung in der sogenannten Voice-Bedingung
prozeduraler Gerechtigkeit. Danach müssen Verfahrensbeteiligte die Möglichkeit erhalten, ihre Meinung kund zu tun und Gehör zu finden.[269] Für das
subjektive Gerechtigkeitsempfinden spielt es nachweislich eine untergeord-
nete Rolle, ob durch die Meinungskundgabe direkt auf das Entscheidungser-
gebnis eingewirkt wird. Für Sezessionen dürften aber Referenden regelmäßig
auch aus Sicht der Verfahrenstransparenz schlichten Meinungsumfragen
vorzuziehen sein.

b) Teilungsmethoden

Hinsichtlich der durch das Protokoll (die Sezessionsnorm) vorzuschreibenden
Handlungsabfolge existieren unterschiedliche Ansätze. DÖRDELMANN schlägt
eine Handlungsabfolge unter Einbeziehung der Vereinten Nationen und eine
(für diesen Zweck zu errichtende) *Sezessionskommssion* vor.[270] Sie begründet die Einbeziehung mit der Legitimation der UN durch die Mitgliedschaft
nahezu sämtlicher Staaten der Welt. Die zu errichtende Kommission soll
offenbar je nach Sezessionsanliegen mit Vertretern solcher Staaten besetzt
werden, die nicht unmittelbar am Konflikt beteiligt sind. Die Absicht hinter dieser Konstruktion ist vermutlich die Verwirklichung der prozeduralen
Gerechtigkeitskriterien des unbefangenen Dritten,[271] obwohl DÖRDELMANN

---

269 Leventhal, "What should be done with equity theory? New approaches to the Study of
   fairness in social relationships"; T. Tyler, "Social Justice: Outcome and procedure",
   zitiert nach Lotz u. a., "Gerechtigkeit als Forschungsgegenstand", S. 21.
270 Dördelmann, "Rechtsethische Rechtfertigung der Sezession von Staaten", S. 184 ff.
271 Leventhal, "What should be done with equity theory? New approaches to the Study
   of fairness in social relationships".

dies nicht explizit formuliert.[272] Die Prüfung eines Sezessionsverlangens soll auf Antrag der die Sezession antrebenden Partei erfolgen. Darauf soll die Durchführung eines Referendums folgen, an die sich im Falle der Befürwortung einer Sezession eine Art mehrjähriger Probezeit in Form territorialer Autonomie anschließt, während der die betroffene Bevölkerung die Gelegenheit erhält, ihr Verlangen zu überdenken, um den Effekt einer dem akuten Konflikt geschuldeten emotionalen Entscheidung zu minimieren. Nach Ablauf der Frist sei ein zweites Referendum über die endgültige Abspaltung abzuhalten.[273] Damit scheint sich DÖRDELMANN für ein Alles-oder-nichts-Referendum nach dem uti possidetis-Grundsatz auszusprechen. Dies scheint aus Sicht des Selbstbestimmungsrechts problematisch, denn sofern in Grenzregionen Vertreter des anderen Volkes innerhalb der Verwaltungsgrenzen der die Sezession begehrenden Partei leben, würde durch eine das gesamte Gebiet betreffende Mehrheitsentscheidung ihr Recht auf Selbstbestimmung missachtet (sofern sie denn nicht zum neu zu bildenden Staat gehören wollen). Das Ziel der Anwendung des *uti possidetis*-Grundsatzes ist denn auch

> *„to prevent the independence and stability of new States being endangered by fratricidal struggles provoked by the challenging of frontiers following the withdrawal of the administering power."*[274]

Damit ist der *uti possidetis*-Grundsatz nur das Werkzeug, mittels dessen regionaler Instabilität entgegengewirkt werden soll. Sein Einsatz ist daher auch nur soweit gerechtfertigt, wie es zur Erreichung dieses Ziels geeignet ist. Es lassen sich mithin keine Gründe feststellen, die durch geordnete Referenden offen gelegten Informationen über die Präferenzen der Bevölkerung nicht zum Anlass einer Anpassung der Grenzen zu nehmen, wenn eine solche sich regional stabilisierend auswirken kann. Für einen solchen Prozess gibt es auch vielfach historische Beispiele. So wurden grenzändernde Referenden nach dem 1. Weltkrieg für Deutschland, Österreich, Dänemark, Polen und das ehemalige Jugoslawien durchgeführt:[275]

> *„Following the First World War a further step in the democratization of international relations was taken when, in the Schleswig and a number of other contested areas on the borders of Germany and Austria, voters were not only asked to choose a sovereignty but also to decide, or at least to help decide, whether the contested*

---

272 Dördelmann, "Rechtsethische Rechtfertigung der Sezession von Staaten", S. 184 f.
273 Ebd., S. 185 f.
274 IGH, *Frontier Dispute*-Urteil vom 22.12.1986 (Burkina Faso ./. Mali), S. 15.
275 Vgl. Laponce, "Turning Votes into Territories: Boundary Referendums in Theory and Practice", S. 169.

territory should be split between the contestants and, in that case, where the boundary should run."[276]

Das Problem ist nach LAPONCE damit weniger ein ethisches als ein praktisches: Es gilt, eine geeignete Handlungsabfolge zur Zuteilung von Gebiet auf der Grundlage abgegebener Stimmen zu finden, die auf maximale Zustimmung in der Bevölkerung stößt.[277] LAPONCE identifiziert zwei Methoden zur Lösung des Problems, das sich ergibt, wenn Regionen an der Peripherie oder als Inseln inmitten eines eine Sezession anstrebenden Gebietes die Sezession mehrheitlich ablehnen: Das *Schleswig-Verfahren* und das *Jura-Verfahren*.[278] Das Schleswig-Verfahren kam erstmals 1920 bei der Festlegung der Grenze zwischen Deutschland und Dänemark zum Einsatz. Die für die Durchführung des Referendums verantwortliche Kommission nahm an, dass die Zustimmung zur Union mit Dänemark abnehmen würde, je weiter die Wähler sich von der dänischen Grenze befanden und unterteilte das von der Abstimmung zu erfassende Gebiet in einen nördlichen und einen südlichen Teil, wobei das Referendum zunächst im grenznäheren Teil durchgeführt werden sollte, um die Bildung von Enklaven zu verhindern. Im Norden wurde die Mehrheit der Stimmen über das gesamte Gebiet gewertet, im Süden nach Mehrheiten pro Kommune als kleinster Verwaltungseinheit differenziert. Im Ergebnis optierte die Mehrheit der nördlichen Bevölkerung für einen Anschluss an Dänemark und – trotz der Differenzierung nach Kommunen – die Mehrheit der südlichen Bevölkerung insgesamt und pro Kommune für den Anschluss an Deutschland. LAPONCE hält die im Süden angewandte Methode für die überzeugendere, da nur durch sie eine Grenzziehung in Übereinstimmung mit den Präferenzen der Bevölkerung gewährleistet werden kann. Durch das willkürliche Einteilen der Wahlgebiete besteht jedoch in beiden Fällen das Risiko der Manipulation des Ergebnisses über die Festlegung der Wahlkreise. Dieses Risiko kann nach LAPONCE mit dem Jura-Verfahren ausgeschlossen werden. Dabei handelt es sich um eine Art *Matrjoschka*-Verfahren,[279] bei dem die Bevölkerung eines Gebiets bis zu dreimal befragt wurde, um die Grenze bei der Abspaltung des Jura vom Kanton Bern (1974) zu bestimmen.

> „*In a first referendum, the whole of the Jura (the northern segment of the canton of Bern) was asked whether it favoured remaining within Bern or becoming a canton on its own, in other words separating from Bern. The vote was narrowly in favour of a new canton. It was thus established, after this first vote, that there would be a new*

---

276 Ebd., S. 170.
277 Ebd., S. 170.
278 Ebd., S. 173 ff.
279 Nach den ineinander geschachtelten russischen Holzpuppen.

> canton, but its borders were not yet finalized at that point [...]. Each of the regional districts where the majority had voted against separation had the option of requesting a second referendum of its own to determine whether the region would either follow or not follow the Jura in its separation move. Three regions made such a request (following normal Swiss practice, the request had to be made through a petition signed by at least 1/5 of registered voters). This second referendum, held nine months after the first, resulted in three anti-separation regions deciding not to join the newly created Jura. One of those comprised Moutiers, the Jura's capital city. At a third stage – the last stage of the Russian doll procedure – the communes (the commune is the basic unit of local government), at least the communes that were geographically located on the yet tentative border separating the Jura from Bern, could request, by petition, that a communal referendum of their own be held to determine which side of the border they wanted to be on. Ten communes requested such a vote. The vote was held six months after the second referendum. One commune shifted from the Jura to Bern; nine made the opposite move."[280]

LAPONCE ergänzt das Jura-Verfahren durch die Einführung einer Schlussabstimmung, in welcher die Regionen, die ursprünglich für die Sezession gestimmt haben, nach Kenntnis der neu gezogenen Grenzen abschließend für oder gegen die Sezession unter den neuen Bedingungen stimmen können.[281] Folgt man – wie hier befürwortet – diesem differenzierten System, so bleibt lediglich die Frage der Festlegung der kleinsten Einheit. Im Interesse der Bewahrung natürlicher Gebietseinheiten sollte auch hier auf die kommunale Ebene abgestellt und grundsätzlich keine weitere Unterteilung vorgenommen werden, sofern die Kommune nicht aus einzelnen abtrennbaren Ortsteilen zusammengesetzt ist. Varianten des von LAPONCE vorgeschlagenen Verfahrens sind denkbar.[282] Entscheidend mit Blick auf die Umsetzung des Selbstbestimmungsrecht der Völker ist jedoch nicht die Wahl einer bestimmten unter diesen Varianten, sondern das Prinzip, die Grenze in möglichst hoher Übereinstimmung mit den Wählerpräferenzen zu ziehen. Damit ist DÖRDELMANNS Vorschlag der Einbeziehung einer Sezessionskommission nicht ausgeschlossen, er scheint aber auch nicht zwingend zu besseren Ergebnissen zu führen. Aus Sicht der Gerechtigkeitsforschung lassen sich Argumente sowohl für die Beteiligung von Dritten als auch für die Durchführung des Verfahrens unter ausschließlicher Beteiligung der betroffenen Parteien finden.[283] Maßgebend dürfte sein, worauf sich die Parteien einigen können.

---

280 Laponce, "Turning Votes into Territories: Boundary Referendums in Theory and Practice", S. 175 f.
281 Ebd., S. 197.
282 LAPONCE nennt selbst Beispiele.
283 Lotz u. a., "Gerechtigkeit als Forschungsgegenstand", S. 21 ff.

c)   Das Recht staatlicher Anerkennung als Anreiz und Steuerungsmittel

Die völkerrechtliche Behandlung der Anerkennung „steht seit dem 19. Jahrhundert im Bannkreis des traditionellen Antagonismus zwischen der deklaratorischen und der konstitutiven Theorie."[284] Die Anerkennung eines Staates ist nach der klassischen deklaratorischen Theorie zulässig, wenn sich ein „konsolidiertes, stabiles Gebilde mit den Merkmalen völkerrechtlicher Staatlichkeit konstituiert hat [...]".[285] Über die Entstehung eines Staates entscheidet damit ausschließlich die Herausbildung einer dauerhaften, effektiven politischen Ordnung auf einem abgrenzbaren Territorium. Unerheblich für die Existenz eines Staates ist nach der deklaratorischen Theorie, ob er als solcher von anderen Staaten anerkannt wird. Demgegenüber verlangt die konstitutive Theorie die Anerkennung eines Staates als Voraussetzung für seine Existenz als Staat und Subjekt des Völkerrechts. SAXER konstatiert in der neueren Staatenpraxis indes eine Verdrängung der traditionellen Anerkennungstheorien durch eine verstärkt instrumentale Anwendung der Staatenanerkennung, die einer „teilweisen Hinwendung zur konstitutiven Theorie" gleichkomme.[286] Die internationale Integration eines neuen Staates sei zunehmend vom politischen Willen der anderen Gemeinschaftsmitglieder abhängig, den Staat als Teil ihrer Gemeinschaft anzuerkennen.[287] Hierfür werde die Anerkennung an vom neuen Staat einzuhaltende Verhaltensanforderungen oder Zusagen geknüpft und dadurch als Anreizinstrument zur Verhaltensbeeinflussung verwendet. Nach SAXER steht eine solche *Konditionalität der Anerkennung* grundsätzlich aber im Einklang mit der deklaratorischen Theorie, da es im Belieben der Staaten stehe, die Aufnahme diplomatischer Beziehungen von der Erfüllung von Bedingungen abhängig zu machen, solange diese völkerrechtskonform seien.[288] Derzeit fehle es jedoch an klaren und homogenen Anerkennungskriterien.[289] Vor dem Hintergrund der Frage nach der Durchsetzung einer zu formulierenden, das Wie einer Sezession regelnden Norm liegt es indes nahe, die Durchführung eines klar definierten Sezessionsverfahrens – etwa nach dem Beispiel des Laponce-Verfahrens – in den Katalog der Bedingungen für die Staatenanerkennung aufzunehmen. Die Bedingung der

---

284   Saxer, *Die internationale Steuerung der Selbstbestimmung und der Staatenentstehung*, S. 703.
285   Ebd., S. 704.
286   Ebd., S. 711 ff., 718.
287   Ebd., S. 718 f.
288   Ebd., S. 725.
289   Ebd., S. 727.

Durchführung eines solchen Verfahrens stellt keinen völkerrechtswidrigen Zwang dar und ist ein weit weniger intensiver Anspruch an die Ausgestaltung der Staatlichkeit eines neuen Staates als die von Saxer und anderen geforderte „Demokratie im Inneren"[290] und weiterer Forderungen, da die einmalige Durchführung des Verfahrens lediglich eine mit den Präferenzen der Bevölkerung weitestgehend übereinstimmende Grenzziehung ermöglichen soll, im Übrigen aber keine Ansprüche an die Binnenorganisation des neuen Staates stellt.

D. Zusammenfassung

Im Gegensatz zum früheren engen Verständnis des Gegenstandes der Rechswissenschaft als allein hermeneutische Disziplin wurde das akademische Feld über die Jahre um Fragen der Wirkung von Recht erweitert und bildet damit nunmehr die Grundlage für die Erforschung der Normeffektivität. Die Angemessenheit dieser Erweiterung ergibt aus dem Anspruch des Rechts, „soziales Steuerungsmittel" zu sein. Dies gilt insbesondere für das Völkerrecht, das sich mangels eines einheitlichen Rechtsdurchsetzungssystems regelmäßig mit dem Vorwurf der Wirkungslosigkeit konfrontiert sieht. Dabei haben vor allem die Erkenntnisse der sogenannten *realistischen* Schule der Internationalen Beziehungen einen Perspektivwechsel seitens der Völkerrechtswissenschaft motiviert, in dessen Rahmen eine verstärkte Hinwendung zur Betrachtung des Rechts als Prozess (anstatt als Menge statischer Regeln) und eine breitere Betrachtung seiner vielfältigen Funktionen erfolgte. Sowohl die Politik- als auch die Rechtswissenschaft konzentrieren sich nunmehr darauf, die Art und Weise der Wirkung völkerrechtlicher Normen und Institutionen zu beschreiben und ermöglichen dadurch einen differenzierteren Blick auf die Rolle, die das Völkerrecht als Steuerungsmittel in staatlichen Entscheidungsprozessen spielt.

Die zur Untersuchung der Wirkung völkerrechtlicher Normen geeignete (Meta-)Theorie ist die Entscheidungstheorie, die als interdisziplinäre Forschungsrichtung sowohl für hermeneutische Probleme als auch für tatsächliche Fragen der Rechtswirkung fruchtbar gemacht werden kann. Soweit Recht als soziales Steuerungsmittel begriffen wird, besteht sein unmittelbares Ziel in der Beeinflussung der Auswahl einer von mehreren Alternativen durch

---

290 Saxer, *Die internationale Steuerung der Selbstbestimmung und der Staatenentstehung*, S. 729.

die Normadressaten. Es ist daher dann wirksam, wenn es so Eingang in den Entscheidungsprozess der Normadressaten findet, dass es das Ergebnis zugunsten des Normzieles verschiebt. Die Entscheidungstheorie ermöglicht damit die Modellierung der relevanten Entscheidungsprozesse und lässt auf diesem Wege Aussagen über die Effektivität einer Norm zu. Die klassische Entscheidungstheorie stellt ein gedankliches Grundgerüst aus Zielsystem, Alternativmenge und Präferenzordnung auf, das an die Eigenheiten völkerrechtlich relevanter Entscheidungen angepasst werden muss. Diese werden stets durch Individuen getroffen, die alleine, in Gruppen oder Koalitionen handeln und vielfältigen rechtsexternen Zielkonflikten und kognitiven Verzerrungen ausgesetzt sind, aufgrund derer Abweichungen vom rationalen Entscheidungsmodell zu erwarten sind. So ist aus Sicht der rationalen Entscheidungstheorie die Bildung eines eindeutigen und widerspruchsfreien Zielsystems anzustreben, aus Sicht politischer Entscheidungsträger ist es indes vielfach opportun, Ziele diffus zu formulieren, um möglichst breite politische Unterstützung zu generieren. Das rationale Entscheidungsmodell setzt ferner die Existenz einer Alternativmenge im Wesentlichen voraus, während in der politischen Realität die Erstellung einer Liste mit möglichen Alternativen eines der zentralen Machtmittel darstellt, mit denen das Ergebnis eines Entscheidungsprozesses manipuliert werden kann. Die Auswahl der Alternative erfolgt für völkerrechtliche Entscheidungen auch nicht immer nüchtern kalkulierend, sondern ist anfällig für den Einfluss von Emotionen. Politische Führer werden durch die öffentliche Meinung beeinflusst, welche wiederum durch internationale und nationale Geschehnisse beeinflusst wird. Dabei spielen häufig Gefühle wie Angst, Hass, Wut, Stolz oder der Wunsch nach Vergeltung eine wichtige Rolle.

Im Bereich der Prävention und Lösung ethnischer Konflikte kann das Völkerrecht sowohl auf der Ebene der Informationssammlung als auch jener der Alternativmengenbildung und der Beeinflussung der Präferenzordnung Einfluss ausüben. Diese beiden Ebenen werden etwa durch Berichtssysteme bedient, in deren Rahmen Informationen zusammengetragen und Handlungsempfehlungen ausgesprochen werden. Daneben hat sich im Schrifttum eine Reihe von Kriterien herausgebildet, die für die Effektivität völkerrechtlicher Normen relevant sein sollen, so etwa die Setzung (unmittelbarer wie mittelbarer) materieller Anreize, die möglichst eindeutige Formulierung von Völkerrechtsregeln, reziproke Beziehungen im Sinne des *Tit-for-Tat-Prinzips*, *capacity building* und sozialer Einfluss durch Überzeugung. Unter Zuhilfenahme der nunmehr identifizierten Bewertungskriterien ergibt sich für die Eignung des Völkerrechts zur Prävention und Lösung ethnischer Konflikte ein ambivalentes Bild. Hinsichtlich der Erweiterung der Informationsmenge erfüllen die Berichtsverfahren bislang eine weniger erweiternde denn kompilierende Funktion. Die mit dem Monitoring der Vertragseinhaltung beauftragten Institutionen nehmen periodische Berichte der Staaten entgegen, die sich regelmäßig auf die ergriffenen regelnden Maßnahmen zur Vertragsimplementierung konzentrieren und die Seite des *Fact Findings* vernachlässigen. Positiv ist zu vermerken, dass die Monitoring-Mechanismen teilweise NGOs als Plattform zur Darstellung ihrer Sicht der Lage dienen, die in die abschließende Bewertung und die Vorschläge der Institutionen einfließen können. Vor dem Hintergrund der regelmäßig auch außerhalb der Monitoring-Prozesse öffentlichkeitswirksamen Arbeit von NGOs dürfte der informative Mehrwert für die politischen Entscheidungträger damit allerdings gering ausfallen. Gedämpft wird die Wirkung der Berichtsverfahren zudem durch die fehlenden Anreize für die Vertragsparteien, Berichte rechtzeitig bzw. überhaupt abzuliefern, was die große Zahl überfälliger Berichte verdeutlicht. Schließlich ist der teilweise behauptete mittelbare Einfluss der Berichtsverfahren auf die politischen Entscheidungträger über die öffentliche Meinung nicht zwingend so groß wie erforderlich. Zunächst enthält die Mehrzahl der Verträge keine Pflicht zur Veröffentlichung der Berichte auf nationaler Ebene. Darüber hinaus bestimmen die aus der Medienwissenschaft bekannten Effekte des *Agenda Setting*, *Framing* und *Priming* über die Rezeption der Berichte und damit über ihre Relevanz für die politischen Entscheidungträger. Dies wird noch verstärkt durch die Eigenheit des völkerrechtlichen Minderheitenrechts, dessen Gegenstand für die dominante ethnische Mehrheit einer Gesellschaft von geringem Interesse sein und oft eher als lästiges Ärgernis denn als wichtiges Politikfeld empfunden werden dürfte. Auf der Ebene der Präferenzbeeinflussung stehen mit der Verknüpfung von Verträgen und der Etablierung von Clubgütern Mechanismen zur Verfügung, die Anreize für die Implementierung des völkerrechtlichen Diskriminierungsschutzes bieten können, bislang aber kaum und nicht vollumfänglich genutzt werden. Ob die Reputation eines Staates oder die Technik der normativen Überzeugung völlig losgelöst von der Existenz materieller Anreize bestimmende Faktoren für die Entscheidung zu vertragskonformem Verhalten darstellen, ist mit Blick auf den EU-Beitrittsprozess Lettlands mindestens zweifelhaft.

Hinsichtlich der Gewährung territorialer Autonomie und der Ermöglichung eines geordneten Sezessionsprozesses fehlt es im Völkerrecht an einer hinreichend stabilen Grundlage. Das hiefür vielfach herangezogene Selbstbestimmungsrecht der Völker ist zwar grundsätzlich so allgemein formuliert, dass es eine entsprechende begünstigende Interpretation nicht ausschließt, einer Konkretisierung in dieser Richtung stehen jedoch – je nach Auffassung – sowohl normative als auch nichtnormative Zielkonflikte im Weg. In normativer Hinsicht hängt die Möglichkeit einer Konkretisierung von der Frage ab, ob das Selbstbestimmungsrecht der Völker und der Schutz der territorialen Integrität der Staaten als Ausfluss des Prinzips der souveränen Gleichheit der Staaten als gleichberechtigte Fundamentalziele nebeneinander stehen oder Instrumentalziele zur Erreichung des in der UN-Charta niedergelegten und an systematisch exponierter Stelle normierten Fundamentalziels des Weltfriedens darstellen. Solange an der Auffassung gleichberechtigter Fundamentalziele festgehalten wird, ist der dieser Konstellation inhärente Zielkonflikt nicht lösbar. Sobald man hingegen annimmt, es handele sich jeweils um Instrumentalziele zur Erreichung des Weltfriedens, verlagert sich die Lösung des Zielkonflikts hinsichtlich des Ob vom hermeneutischen in den empirischen Bereich. Hier deutet eine Reihe von Untersuchungen darauf hin, dass das Argument, die Gewährung des Rechts zur Sezession führe zu einer Fragmentierung der Staatengemeinschaft und damit im Ergebnis zu mehr und nicht zu weniger Konflikten, nicht stichhaltig ist. Die Ergebnisse der Studien lassen vielmehr darauf schließen, dass unter bestimmten Bedingungen die Gewährung territorialer Autonomie oder der Sezession eines Bevölkerungsteils sich positiv auf die Entwicklung eines Konfliktes auswirken können. Maßgeblich für den Erfolg ist dabei insbesondere, ob sich die Sezession friedlich vollzieht oder nicht. Ob sich eine solche Teilung friedlich vollzieht hängt wiederum davon ab, ob der Teilungsprozess als fair empfunden wird. Zur rechtlichen Modellierung eines solchen Prozesses fehlt es bislang an einer entsprechenden Sezessionsregel, die das Wie der Abspaltung normiert. Die Schaffung einer solchen ist sowohl aus rechtsethischen als auch aus pragmatischen Gründen wünschenswert. Sie muss den aus der interdisziplinären Gerechtigkeitsforschung hervorgegangenen Kriterien der Bedürfnis- und Verfahrensgerechtigkeit entsprechen, um maximale Anerkennung von den betroffenen Bevölkerungsgruppen zu erfahren und sich damit konfliktmindernd auszuwirken. Hierzu erscheint insbesondere das von LAPONCE modifizierte *Jura*-Verfahren geeignet. Auch ohne eine solche Teilungsregel zum Gegenstand eines formellen völkerrechtlichen Vertrags zu machen, kann ihre Durchsetzung über das etablierte Recht der Staatenanerkennung als Anreizmechanismus gefördert werden.

Kapitel 3 Fallstudie: Georgien

Georgien ist in mehrerlei Hinsicht ein geeignetes Beispiel für den beste-
henden oder fehlenden Einfluss des Völkerrechts auf die Lösung ethnischer
Konflikte. Im Gegensatz zu ihren südkaukasischen Nachbarn Armenien und
Aserbaidschan war die georgische Gesellschaft über lange Zeit stark hetero-
gen und wies sowohl territorial konzentrierte ethnische Gruppen mit als auch
ohne *kin state* auf.[1] Daneben existierten in einigen Dörfern verstreut kleine
Minderheiten und eine Mischung diverser Ethnien in den urbanen Zentren wie
Tiflis, Batumi oder Kutaisi.[2] Mit dem sogenannten Fünf-Tage-Krieg, in dem
sich im August 2008 die Gebiete Abchasien und Südossetien mit russischer
Unterstützung endgültig von Georgien abspalteten, wurden den in Georgi-
en schwelenden ethnischen Konflikten für kurze Zeit die Aufmerksamkeit
der internationalen Gemeinschaft zuteil. Das Zentrum der Aufmerksamkeit
rechtswissenschaftlicher Betrachtungen bildete jedoch zunächst vor allem
die russische Intervention und das von Abchasien und Südossetien behauptete Sezessionsrecht, hinsichtlich dessen die Diskussion vor allem um die
Frage kreiste, ob ein solches (unilaterales) Recht überhaupt existiert. Weniger aufmerksam betrachtet wurde die Frage der Verwaltung der ethnischen
Diversität durch den georgischen Staat, obgleich zwischen beiden Themen-
komplexen enge Verbindungen bestehen.[3] Dabei zeigt die Geschichte des
Konfliktes zwischen Abchasien und Südossetien auf der einen und Georgien
auf der anderen Seite zum einen die typischen Merkmale eines ethnischen
Konflikts, der durch die empfundene Bedrohung für die jeweilige kollektive soziale Identität der Konfliktparteien begründet und aufrechterhalten
wurde. Zum anderen bietet er ein Beispiel für die Nachteile ungeordneter
Sezessionen, die sich auch ohne Billigung durch den überwiegenden Teil der
Staatengemeinschaft vollziehen. Die Betrachtung des aktuellen Minderhei-

---

1 Mit *kinstate*: Armenier und Aserbaidschaner in Javakheti und Kvemo Kartli; ohne *kin
  state*: Osseten und Abchasier in Südossetien und Abchasien.
2 Zu den kleinen, verstreuten Minderheiten zählten die russischen Dukhobor und die
  Griechen, die früher vor allem in Tsalka siedelten. In Tiflis lebten und leben sowohl
  Georgier als auch Armenier und Aserbaidschaner.
3 In tatsächlicher Hinsicht ergibt sich dies aus den im ersten Kapitel dargestellten Gründen
  für die Entstehung ethnischer Konflikte, in rechtlicher Hinsicht wird die Verbindung
  durch die im zweiten Kapitel beschriebene Diskussion um die Auswirkungen einer
  Sezession in Hinblick auf das Fundamentalziel des Weltfriedens hergestellt.

tenrechts Georgiens zeigt daneben zugleich den Einfluss völkerrechtlicher Monitoring-Mechanismen als auch dessen Schranken.

A. Geschichtlichter Hintergrund

Georgien unterscheidet sich von seinen südkaukasischen Nachbarn in demographischer Hinsicht vor allem durch seine ethnische Heterogenität: Georgier stellen knapp 84 % der Gesamtbevölkerung des Landes.[4] Insgesamt lassen sich in Georgien – je nach Quelle – zwischen 23 und 80 verschiedene ethnische Gruppen nachweisen,[5] was die Frage aufwirft, weshalb es gerade zwischen Georgiern auf der einen und Abchasen und Osseten auf der anderen Seite zu gewaltsamen Auseinandersetzungen kam, während die Beziehungen zwischen Georgiern und den übrigen in Georgien lebenden ethnischen Minderheiten nie vergleichbare Tiefpunkte erreichten. Von entscheidender Bedeutung hierfür sind die sich gegenseitig ausschließenden Auffassungen der Konfliktparteien bezüglich ihrer jeweiligen Geschichte, der Einfluss der sowjetischen Nationalitätenpolitik und Staatsorganisation und die russische Außenpolitik nach dem Zusammenbruch der Sowjetunion.

I. Die Grundlagen des Konflikts

Dem Konflikt um die Gebiete Abchasien und Südossetien liegt die Struktur eines Nullsummenspiels zugrunde. Alle drei Konfliktparteien erhoben Anspruch auf die Gebiete und begründeten dies historisch damit, im Gegensatz zu der jeweils anderen Partei schon immer dort gesiedelt zu haben. Elemente der sowjetischen Nationalitätenpolitik verschärften den Grundkonflikt

---

4 Als Georgier versteht man im Allgemeinen Sprecher kartwelischer Sprachen. Dazu zählen neben dem Standardgeorgischen auch das Mingrelische und das Lasische, siehe Cornell, *Small nations and great powers*, S. 142. Ob diese, auf einer Volkszählung aus dem Jahre 2002 beruhende Zahl noch immer in etwa die demographischen Verhältnisse widerspiegelt, wird unterschiedlich bewertet. Während manche Vertreter ethnischer Minderheiten vermuten, dass ob der besseren wirtschaftlichen Perspektiven insbesondere in der armenischen und aserbaidschanischen Gemeinschaft eine starke Abwanderung in die *kin states* stattgefunden habe, gehen andere davon aus, die Kräfteverhältnisse seien seitdem im Wesentlichen erhalten geblieben, siehe etwa Stepanian und Mirzoev, *Alternative Report to the Georgian State Report Pursuant to Article 25 Paragraph 1 of the Framework Convention for the Protection of National Minorities*, S. 8.
5 Cornell, *Small nations and great powers*, S. 142.

und schufen die Grundlage für den nach mit Ende der Sowjetunion wieder aufflammenden Sezessionsstreit, der im Sommer 2008 seinen vorläufigen Höhepunkt fand.

1. Historische Streitpunkte

Georgier, Abchasen und Osseten zählen sich zu den ältesten Völkern des Kaukasus. Georgischen Historikern zufolge sind proto-georgische Stämme bereits gegen Ende des zweiten Jahrtausends v. Chr. nachweisbar. Zum ersten verbindenden Element wurde mit der Christianisierung um 331 n. Chr. die Religion, die im Folgenden die Herausbildung der georgischen Nation vorantreiben sollte. Zum zweiten verbindenden Element wurde ab dem 5. Jahrhundert n. Chr. die georgische Sprache.[6]

a) Bevölkerungsanteil und Siedlungsdauer als Anspruchsbeschränkung

Sowohl Abchasien als auch Südossetien[7] betrachtet man in Georgien als historische georgische Siedlungsgebiete. In Bezug auf Abchasien vertreten einige georgische Historiker die Ansicht, dass die ursprüngliche Bevölkerung ausschließlich aus ethnischen Georgiern bestanden habe. Andere sind der Auffassung, dass auf dem Gebiet sowohl Georgier als auch Abchasen gelebt, Georgier aber die dominante Mehrheit der Bevölkerung dargestellt hätten, so dass beide Ansichten im Ergebnis territorial begründete Sonderrechte der Abchasen bestreiten. Was Südossetien angeht, so gehen georgische Historiker davon aus, das ursprüngliche Siedlungsgebiet der von den Alanen abstammenden Osseten sei ausschließlich im Nordkaukasus zu verorten. Die Präsenz der Osseten auf dem Gebiet des heutigen Südossetiens sei auf eine nicht mehr als ein paar Jahrhunderte zurückliegende Migration aus dem Nordkaukasus zurückzuführen. Daher sei es auch zu vernachlässigen, dass

---

6 Für eine ausführlichere Darstellung der georgischen Geschichte, auf die auch im Folgenden zurückgegriffen wird, siehe ebd., S.142 ff. Council of the European Union, *Independent International Fact-Finding Mission on the Conflict in Georgia: Report Vol. II*, S. 2 ff.

7 Südossetien wird von Georgiern nicht Südossetien, sondern *Samachablo* oder *Shida Kartli* (Inneres Kartli) genannt. Im Folgenden wird dennoch die international gebräuchlichere Bezeichnung Südossetien verwendet. Damit ist keine Wertung verbunden.

Osseten mittlerweile die ethnische Mehrheit auf dem Gebiet Südossetien darstellen.[8]

b) Verteidigung gegen „Georgisierung"

Davon abweichend vertreten abchasische Historiker die Auffassung, das abchasische Volk lebe mindestens seit dem 5. Jahrhundert v. Chr. auf dem heutigen Gebiet Abchasiens. Georgier seien vor erst relativ kurzer Zeit nach Abchasien migriert. Zudem sei diese Migration das Resultat einer nationalistischen „Georgisierungspolitik" gewesen.[9] So habe etwa Lavrenti Beria – Führer der georgischen Kommunistischen Partei und späterer Leiter des NKWD[10] – in den 1930er Jahren die (Zwangs-)Umsiedlung zehntausender Abchasen angeordnet. Zuvor war bereits etwa die Hälfte der abchasischen Bevölkerung aufgrund von Aufständen nach dem russisch-türkischen Krieg von 1877-1878 durch das zaristische Regime zur Flucht ins Osmanische Reich gezwungen worden, woraufhin vor allem georgische, aber auch armenische, russische und griechische Siedler das freigewordene Land in Anspruch genommen hatten. Daneben bestreiten auch ossetische Historiker die georgische Sicht auf Südossetien: Ihrer Ansicht nach siedeln Osseten seit jeher sowohl im Nord- als auch im Südkaukasus.

c) Gruppendynamik und nationale Mythen

Die divergierenden Geschichtsauffassungen bergen damit die Grundlage eines dauerhaften und praktisch unlösbaren ethnischen Konfliktes, indem gegenseitig die Verbindung der jeweiligen ethnischen Gruppen mit dem Gebiet, auf dem sie siedeln, in Frage gestellt wird. Eine solche Verbindung ist regelmäßig von besonderer Bedeutung für das kollektive Bewusstsein einer Gruppe.

---

8 Weitere Nachweise bei Council of the European Union, *Independent International Fact-Finding Mission on the Conflict in Georgia: Report Vol. II*, S. 66.

9 Vgl. Shamba und Neproshin, *Abkhazia. Pravovye osnovy gosudarstvennosti i suvereniteta*, S. 14-24; Bgazhba und Lakoba, *Istoria Abkhazii s drevejshikh vremen do nashikh dnej*, S. 51-98; Hewitt, *The Abkhazians*, S.37-58.

10 Vorgängerorganisation des KGB und jetzigen FSB.

2. Sowjetisches Nationalitätenrecht

Neben den sich gegenseitig ausschließenden Geschichtsauffassungen wurden die Beziehungen zwischen den ethnischen Gruppen der georgischen SSR entscheidend durch das sowjetische Nationalitätenrecht geprägt, das auf den Bestrebungen Lenins und Stalins zur Schaffung eines einheitlichen sowjetischen Gruppenbewusstseins beruhte. Die prinzipiell mit modernen Konfliktlösungstechniken konforme Idee der Schaffung einer supranationalen Identität zur Überwindung interethnischer Konflikte fand nach kurzer Blütezeit ein jähes Ende, das nachhaltig Eingang in das nationale Gedächtnis der Abchasen und Osseten fand und mitbestimmend für den weiteren Konfliktverlauf wurde.

a) Sinn und Zweck leninistischer Nationalitätenpolitik

Lenin war ein „strategischer Marxist"[11], dessen Nationalitätenpolitik auf die Überwindung des von ihm als Bedrohung für die Ausbildung einer sowjetischen Identität empfundenen großrussischen Chauvinismus zaristischen Ursprungs gerichtet war. Nationale Selbstbestimmung, Gleichheit der Völker, Autonomie und eine formal föderalistische Staatsorganisation unterstützte er nicht um ihrer selbst Willen, sondern in der Überzeugung, dass ohne diese Elemente ein sowjetischer Vielvölkerstaat keine Aussicht auf Bestand haben würde.[12] Durch den Prozess der *Korenisazija*[13] wurden sogenannte Titularnationen innerhalb der Grenzen ihrer jeweiligen territorialen Einheiten mit Privilegien ausgestattet, um zwischen den Sowjetvölkern auf lange Sicht ökonomische und sozio-kulturelle Gleichheit herzustellen.[14] Nichtterritoriale kulturelle Rechte standen aus Lenins Sicht im Widerspruch zur sozialistischen Ideologie, da sie seiner Ansicht nach durch die Anknüpfung an die ethnische Zugehörigkeit den Schwerpunkt der Politik weg von einem klassenbezogenen Sozialismus hin zu einem „bourgeoisen Nationalismus" verlagerten.

---

11 Chinn und Kaiser, *Russians as the New Minority: Ethnicity and Nationalism in the Soviet Successor States*, S. 66.

12 Ebd., S. 66.

13 Vom russischen Wort *koren'*/корень (Wurzel), gemeint ist also ein Prozess der Verwurzelung.

14 Chinn und Kaiser, *Russians as the New Minority: Ethnicity and Nationalism in the Soviet Successor States*, S. 68 f.

b)   Die Blüte der Titularnationen

Sowohl Abchasen als auch Osseten in Südossetien gehörten zu jenen 50 der 90 ethnischen Gruppen in der Sowjetunion, denen der Status einer Titularnation zuerkannt wurde.[15] Damit genossen sie – unabhängig von ihrem Bevölkerungsanteil[16] – Privilegien innerhalb der Grenzen ihrer jeweiligen territorialen Einheit. Diese Privilegien äußerten sich vor allem in der (Über-)-Repräsentation von Vertretern der Titularnation in Regierung und Verwaltung und in der – zumindest formalen – Sonderstellung der abchasischen bzw. ossetischen Sprache.[17] So soll der Anteil der Gruppe der ethnischen Abchasen an der Gesamtbevölkerung der abchasischen ASSR bei 15,9 % (1970) und 17,7 % (1979) gelegen haben,[18] während der Anteil der ethnischen Abchasen innerhalb der Verwaltung und der Regierung der abchasischen ASSR in diesem Zeitraum zum Teil weit mehr als doppelt so hoch gewesen sein soll.[19] Daneben wurde die Entwicklung und Verbreitung der abchasischen und der ossetischen Sprache durch die Politik der *Korenisazija* gefördert.

---

15 B. A. Anderson und Silver, "Equality, Efficiency, and Politics in Soviet Bilingual Education Policy, 1934-1980", S. 1020.

16 Im Gegensatz zur absoluten Mehrheit der Osseten in Südossetien stellten die Abchasen in ihrer eigenen Gebietseinheit eine Minderheit dar, während die relative Mehrheit der Bevölkerung aus Georgiern bestand.

17 Trier, Lohm und Szakonyi, *Under Siege: Inter-Ethnic Relations in Abkhazia*, S. 55 ff.

18 Ebd., S. 139.

19 Ebd., S. 21; für die statistischen Angaben verweist Trier – ebenso wie der Bericht der EU anlässlich des Fünftagekrieges – auf Nikola Cvetskovski, *The Georgian-South Ossetian Conflict*. Dabei handelt es sich entweder um eine Dissertation oder um eine Master-These – genaue Angaben fehlen –, die früher offenbar unter http://www.caucasus.dk/publication5.htm abrufbar war, mittlerweile aber nur noch als Einzelexemplar in der Bibliothek der dänischen Aalborg Universität vorliegt (für die statistischen Angaben Cvetkovskis in der hier zitierten Arbeit siehe Cvetkovski, "The Georgian-South Ossetian Conflict", S. 58-62). Cvetkosvki verweist für seine statistischen Angaben auf Autoren, die entweder selbst Sekundärquellen zitieren oder sich etwas nebulös auf „Georgian Central Committee material", teilweise aber auch auf Ausgaben georgischer Tageszeitungen berufen. So verweist Robert Parson in seinem Beitrag „The Georgians" etwa auf einen Artikel in der Zeitung *Sakhalkho Ganat'leba* vom 4. Juni 1989. Dort findet sich allerdings nur der Abdruck eines historischen Artikels aus dem Jahre 1916, in welchem die Familiennahmen abchasischer Abgeordneter einer regionalen Volksvertretung genannt werden, prozentuale Angaben fehlen. Cvetkovski macht daher zurecht darauf aufmerksam, dass die zitierten Daten bestenfalls Auskunft über die Wahrnehmung der Machtverteilung durch die georgische Bevölkerung geben können.

c) Die Bildung nationaler Mythen: Angriffe auf die kulturelle Identität
    ethnischer Minderheiten

Konterkariert wurden die Bemühungen um die Förderung der Minderheitensprachen bereits durch den häufigen Wechsel der Alphabete zwischen 1926
und 1954. Vor allem aber die Repression der abchasischen Kultur in den
1930er Jahren prägte das nationale Gedächtnis der Abchasen und Osseten in
den Grenzen des späteren Georgiens nachhaltig. Der öffentliche Gebrauch
der abchasischen Sprache wurde verboten und abchasische wie südossetische Sprachschulen wurden durch georgische ersetzt.[20] Zwar wurde diese
repressive Politik nach dem Tod Stalins und Berias aufgehoben und es kam
in 66 von 365 Schulen zur Wiederaufnahme des Sprachunterrichts in Abchasisch. Zu diesem Zeitpunkt lag der Schwerpunkt der Ausbildung jedoch
bereits auf dem Russischen. In den 1960er Jahren wurde das Russische zur
dominierenden Sprache in Abchasien.[21] Noch stärker als in Abchasien und
in den ASSR allgemein kam es in den AO – und damit auch in Südossetien
– im Laufe der Jahre zu einer Verringerung des muttersprachlichen Unter-
richts.[22] Damit wurde das Russische endgültig zur bevorzugten Sprache in
der interethnischen Kommunikation.

3. Postsowjetische Entwicklungen

Die Ende der achtziger Jahre mit ihrer zunehmenden Auflösung beschäftigte
Sowjetunion war immer weniger in der Lage, deeskalierend auf die sich
abzeichnenden Sezessionstendenzen an ihrer Peripherie einzuwirken. Die
ungelösten Spannungen zwischen Georgiern, Abchasen und Osseten entluden
sich 1990 schließlich in den Unabhängigkeitserklärungen Abchasiens und
Südossetiens einerseits und der Aufhebung des autonomen Status der staatsor-
ganisatorisch der georgischen Sowjetrepublik untergeordneten Gebiete. Trotz
russischer und im weiteren Verlauf auch internationaler Vermittlungsversuche scheiterten die Verhandlungen der Konfliktparteien schließlich, wofür
die fehlende Offenheit der Vermittler für eine mögliche Lösung über die Se-

---

20 Council of the European Union, *Independent International Fact-Finding Mission on
    the Conflict in Georgia: Report Vol. II*, S. 70.
21 Grenoble, *Language Policy in the Soviet Union*, S. 119; Trier, Lohm und Szakonyi,
    Under Siege: Inter-Ethnic Relations in Abkhazia, S. 56/57.
22 Siehe die Tabelle bei B. A. Anderson und Silver, "Equality, Efficiency, and Politics in
    Soviet Bilingual Education Policy, 1934-1980", S. 1031.

zession Abchasiens und Südossetiens neben anderen Faktoren mitursächlich wurde. Endgültig scheiterte der Friedensprozess 2008 nach der Aufnahme formeller Beziehungen zwischen Moskau, Sukhumi und Tskhinvali.

a) Referenden und Unabhängigkeitserklärungen

Im Laufe der 1980er Jahre verstärkten sich die Spannungen zwischen Georgiern, Abchasen und Osseten. Im August erließ Georgien im Vorfeld der anstehenden Parlamentswahlen ein Gesetz, nach welchem nur solche Parteien an den Wahlen teilnehmen konnten, die in ganz Georgien aktiv waren.[23] Der südossetische Oberste Rat sah darin (vermutlich nicht gänzlich unberechtigt) den Versuch, die ossetische Unabhängigkeitsbewegung *Ademon Nykhas* von den Wahlen auszuschließen und erklärte Südossetien daraufhin am 20. September 1990 zur souveränen Republik als Teil der Sowjetunion.[24] Die neue georgische Regierung unter *Zviad Gamsakhurdia* beendete daraufhin die Autonomie Südossetiens. In der Folge kam es zu Auseinandersetzungen zwischen georgischen und ossetischen paramilitärischen Einheiten. Noch per Referendum vom 17.03.1991 votierte die Bevölkerung Südossetiens (ebenso wie die Abchasiens) für den Erhalt der Sowjetunion, während die Bevölkerung Georgiens per Rerendum vom 31.03.1991 für die Unabhängigkeit Georgiens stimmte.[25] Nach der Auflösung der Sowjetunion stimmte die Bevölkerung Südossetiens in einem weiteren Referendum für die Unabhängigkeit von Georgien und den Anschluss an Russland. Die georgische Regierung verweigerte diesem Referendum indes die Anerkennung und Russland weigerte sich trotz wiederholter Aufforderung seitens der südossetischen Regierung, die Unabhängigkeit Südossetiens anzuerkennen oder es gar an Russland anzuschließen.

---

23 Council of the European Union, *Independent International Fact-Finding Mission on the Conflict in Georgia: Report Vol. II*, S. 71.

24 Der Text der Erklärung ist nicht auf den offiziellen Seiten der südossetischen Gebietsverwaltung zu finden. Auf die Erklärung selbst verweist eine Mitteilung der südossetischen Botschaft in Russland, vgl. http://www.osembassy.ru/?p=793, 09.09.2015, 22:29 Uhr; Auszüge aus der Erklärung hat zudem das Informationsportal des südossetischen „Komitees für Information und Presse" unter folgender Adresse veröffentlicht: http://cominf.org/node/1127823824, 09.09.2015, 22:32 Uhr.

25 Council of the European Union, *Independent International Fact-Finding Mission on the Conflict in Georgia: Report Vol. II*, S. 72.

In Abchasien hatte bereits Ende August 1990 der abchasische Oberste Rat in Abwesenheit der georgischen Abgeordneten eine „Erklärung über die Souveränität der Abchasischen Sozialistischen Sowjetrepublik" abgegeben, ohne hierdurch jedoch zunächst den Status Abchasiens ändern zu wollen, was einer entsprechenden Äußerung des Obersten Rates der UdSSR vorbehalten bleiben sollte.[26] Georgien erklärte seinerseits die Erklärung des abchasischen Obersten Rates für „null und nichtig". Seine endgültige Unabhängigkeit erklärte Abchasien erst im Oktober 1999 als Reaktion auf die in den Vermittlungen zwischen Georgien und Abchasien zu Tage tretende „Unantastbarkeit" der territorialen Souveränität Georgiens.[27]

In beiden Fällen sollte die Umsetzung der Unabhängigkeit Abchasiens und Südossetiens auf dem *uti possidetis*-Grundsatz beruhen, eine Grenzänderung in Abhängigkeit der Präferenzen der Bevölkerung war zu keinem Zeitpunkt vorgesehen. Eine solche hätte zum Zeitpunkt der ersten Äußerung der Sezessionsabsicht angesichts des großen georgischen Bevölkerungsanteils in Abchasien und insbesondere der regionalen absoluten Mehrheit der Georgier in der Gali-Region zu einer deutlichen Verkleinerung eines Unabhängigen Abchasiens geführt. Auch in Südossetien hätte die Möglichkeit bestanden, bei Berücksichtigung der Bevölkerungspräferenzen die Grenze dort anzupassen, wo überwiegend georgische Dörfer sich hinter der Grenze auf südossetischem Boden befinden.

b) Vermittlung und Ausschluss der Sezession als Mittel zur Beilegung des Konfliktes

Noch während des georgisch-abchasischen Konfliktes, aber auch in der Folgezeit, unternahmen diverse internationale Akteure Vermittlungsversuche, darunter die *Freunde Georgiens* – eine Gruppe von Staaten bestehend aus Frankreich, Deutschland, der Russischen Föderation, den Vereinigten Staaten und dem Vereinigten Königreich –, die Russische Föderation als unabhängiger Akteur und eine Reihe von Nichtregierungsorganisationen, die den

---

26 Ebd., S. 73.
27 http://presidentofabkhazia.org/respublika_abkhazia/history/, 09.09.2015, 22:56 Uhr; Text der Unabhängigkeitserklärung auf der Seite der Vertretung Abchasiens in Transnistrien: http://abkhazia-pmr.org/holidays.php?id=51&rz=1, 09.09.2015, 23:00 Uhr.

Mediationsprozess materiell unterstützten.[28] Während durch die Hinzuziehung Dritter Teilerfolge in den Verhandlungen erzielt werden konnten, wurde das dem Konflikt zugrunde liegende Grundproblem nicht gelöst, so dass die Bemühungen letztlich nicht zu einer friedlichen Regelung der Streitigkeiten zwischen Georgien einerseits und Abchasien und Südossetien andererseits führten.

Die Verhandlungen zwischen Georgien und Abchasien kreisten im Wesentlichen um die beiden Fragen des zukünftigen politischen Status des Gebiets und der Rückkehr georgischer Flüchtlinge. Beide Fragen waren eng miteinander verknüpft, da die Rückkehr der georgischen Flüchtlinge Einfluss auf das Kräfteverhältnis der ethnischen Gruppen Abchasiens nehmen würde. Parallel dazu fand ein spontaner Rückzug georgischer Flüchtlinge in die Region Gali statt. 1998 kam es zu neuen gewaltsamen Auseinandersetzungen in der Region Gali, die zu erneuter Flucht und einer Verlangsamung des Friedensprozesses führten. Den am Friedensprozess beteiligten wurde einmal mehr bewusst, dass die Lösung des Konfliktes nur mit einer Beantwortung der Frage nach dem politischen Status Abchasiens erreichbar würde. 2001 veröffentlichten die *Freunde Georgiens* daher ein Dokument mit dem Titel „Basic Principles for the Distribution of Competences between Tbilisi and Sukhumi",[29] in dem Abchasien im Ergebnis das Recht zur Sezession abgesprochen und eine föderale Lösung angestrebt wurde. Dieses Ergebnis war von der Regierung in Sukhumi antizipiert wurden, die daher bereits 1999 die Unabhängigkeit Abchasiens erklärt hatte.[30] Ab 2001 nahm Abchasien nicht mehr an den von der UN geleiteten Verhandlungen mit Tiflis teil. Zwischen 2002 und 2006 wurden zwar beachtliche Fortschritte in der Verbesserung der Sicherheitslage in Abchasien gemacht, deren Höhepunkt die Wiederaufnahme formeller Beziehungen zwischen Abchasien und Georgien 2003 im Rahmen des sogenannten *second Geneva Process* bildete.[31] Die

---

28 So etwa die Friedrich Ebert-Stiftung und die Heinrich Böll-Stiftung. Für weitere Beispiele siehe Council of the European Union, *Independent International Fact-Finding Mission on the Conflict in Georgia: Report Vol. II*, S. 81.

29 Das Dokument war bis Ende der vorliegenden Arbeit auf offiziellen Seiten nicht abrufbar.

30 Im Lichte der *advisory opinion* des IGH verstieß die Erklärung Abchasiens nicht gegen geltendes Völkerrecht. Gleichzeitig entfaltete die Erklärung aber auch keine rechtlichen Wirkungen. Mangels eines „Rechts auf Sezession" beurteilt der Status sich nach den klassischen Kriterien der Staatengenese, hierzu siehe unten.

31 Bei dem *second Geneva Process*. handelt es sich um eine Serie von Verhandlungen, in denen sich beide Seiten unter internationaler Mediation mit Sicherheitsfragen und der Rückkehr von Flüchtlingen befassten.

Frage des politischen Status Abchasiens blieb indes unbeantwortet und die georgisch-abchasischen Beziehungen verschlechterten sich ab 2006 wieder zunehmend.

Währenddessen waren die Beziehungen zwischen Südossetien und Georgien bis 1999 von Versuchen der Vertrauensbildung gekennzeichnet. Von besonderer Bedeutung war ein 1996 mit der Hilfe der OSCE zustande gekommenes Memorandum „on Measures of Providing Safety and Strengthening of Mutual Confidence Between the Sides in the Georgian-Ossetian Conflict",[32] in dem die Konfliktparteien sich dazu verpflichteten, den politischen Konflikt gewaltlos, insbesondere auch unter Verzicht auf politischen und wirtschaftlichen Druck zu lösen. Gleichzeitig sollten Untersuchungen zur Aufklärung von Kriegsverbrechen und die Unterstützung ziviler gesellschaftlicher Initiativen vorangetrieben werden. In den folgenden zwei Jahren kam es zu wiederholten Treffen zwischen der georgischen und der südossetischen Führung. Der Friedensprozess verlief nach Ansicht vieler Experten erfolgreich. Dies änderte sich 1999. Tskhinvali warf Tiflis vor, wirtschaftlichen Druck auf Südossetien auszuüben, indem es den freien Güterverkehr in die Region blockiere und seine wirtschaftliche Rehabilitation hemme. Insgesamt wurden ökonomische Fragen zu einem der zentralen Streitpunkte zwischen Tiflis und Tskhinvali. Die südossetische Regierung vertrat die Ansicht, dass Tiflis eine Entschädigung für die durch die Krise von 1989 bis 1992 entstandenen Schäden leisten müsse und nicht ausreichend finanzielle Hilfe für den Wiederaufbau leiste, was angesichts der damaligen desolaten Haushaltssituation Georgiens allerdings auch nicht anders zu erwarten war. Mit den Folgen der Krise erklärte Tskhinvali auch die ausfallenden Zahlungen für georgische Stromlieferungen. Ein anderes Problem stellte der nach 1996 zunehmende Schmuggel durch den Russland und Südossetien verbindenden Roki-Tunnel dar, über den die georgischen Behörden keine Kontrolle hatten. Über diesen Tunnel gelangten Waren auf den an der georgisch-südossetischen Verwaltungsgrenze gelegenen Ergneti-Markt, auf dem sich zu guten Zeiten täglich bis zu 3000 Menschen einfanden. Versuche der georgischen Regierung, den illegalen Warenverkehr einzudämmen, wurden regelmäßig von der südossetischen Regierung als Ausübung wirtschaftlichen Drucks kritisiert. Neben dem positiven Effekt der Vertrauensbildung durch Handel zwischen Osseten und Georgiern wird auch ein negativer Einfluss des Marktes auf den Frieden-

---

32 http://peacemaker.un.org/sites/peacemaker.un.org/files/GE_960516_
Memorandum%20on%20Measures%20of%20Providing%20Safety%20and%
20Strengthening%20of%20Mutual%20Confidence.pdf, 10.09.2015, 21:04 Uhr.

sprozess vermutet. Zum einen gab er der georgischen Opposition Anlass, den durch den damaligen Präsidenten geführten Friedensprozess als getarntes Schmuggelunternehmen zu diskreditieren. Zum anderen rief er seitens der internationalen Akteure, die sich an dem Fortschritt des Friedensprozesses interessiert zeigten, Enttäuschung hervor und minderte ihre Motivation hinsichtlich seiner weiteren Begleitung. Gleichwohl fielen die Reaktionen der ossetischen Bevölkerung und ihrer Regierung auf die Schließung des Marktes 2004 durch die georgischen Behörden hauptsächlich negativ aus. Statt einer polizeilichen Maßnahme zur Eindämmung illegalen Handels sah man darin einen weiteren Versuch Georgiens, wirtschaftlichen Druck auf Südossetien auszuüben. Zudem beraubten die Maßnahmen viele Osseten ihrer einzigen nennenswerten Einkommensquelle. Die Folgezeit war durch eine Verschlechterung der Beziehungen zwischen Georgien auf der einen Seite und Russland und Südossetien auf der anderen geprägt. Versuche, den Friedensprozess weiter voran zu treiben blieben weitgehend erfolglos. Spätestens ab dem Sommer 2007 wuchsen die Spannungen zwischen Tskhinvali und Tiflis merklich. In einem im Juni 2007 erschienenen Bericht schrieb die *International Crisis Group*:

> *„The confidence which existed at the community level in the zone of conflict before 2004 has been destroyed. There were some positive trends in the aftermath of that year's crisis but the security situation remains volatile. Repeated small incidents could easily trigger a larger confrontation. Crimes, detentions, shootings and exchanges of fire have become routine. Killings, kidnappings, shelling, mine explosions and other ceasefire violations also occur, as do direct confrontations between armed personnel, especially in the warmer months. With the rise in tension after Sanakoyev's appointment, there is a risk of a new escalation this summer."*[33]

c)   Aufnahme formeller Kontakte mit abchasischen und südossetischen Institutionen durch die Russische Föderation

Im April 2008 beauftragte der Präsident der Russischen Föderation die Regierung mit der Etablierung formeller Kontakte mit den abchasischen und südossetischen Institutionen. Die darauf folgenden kurzen bewaffneten Zwischenfälle zwischen georgischen Truppen und südossetischen Einheiten mündeten schließlich in der georgischen Offensive auf Tskhinvali im August 2008, die den Beginn des sich anschließenden Fünf-Tage-Krieges markierte. Die-

---

33 International Crisis Group, *Georgia's South Ossetia Conflict: Make Haste Slowly*, S. 18.

ser endete mit dem Rückzug der georgischen Verbände aus Abchasien und Südossetien. Sowohl Abchasien als auch Südossetien sind seither vollständig der georgischen Kontrolle entzogen und eine einvernehmliche Lösung des Konflikts ist nicht in Sicht. Daran wird deutlich, dass der kategorische Ausschluss einer Sezession während eines Konfliktlösungsprozesses eine überflüssige Selbstbeschränkung bei der Suche nach stabilen Lösungen darstellt. Insbesondere verzichtet ein solcher Ausschluss auf die Möglichkeit, Bedingungen für ein geordnetes Sezessionverfahren aufzustellen, die unter anderem die Interessen der Vertriebenen besser berücksichtigen können. Problematisch ist unter dem Gesichtspunkt der Verfahrensgerechtigkeit zudem die Formulierung von Vorschlägen durch eine Gruppe mit der Selbstbezeichnung „Freunde Georgiens", die aus Sicht der abchasischen Bevölkerung die Befangenheit wohl bereits im Namen trug.

II. Versuche der Konfliktlösung und Gebietsstatus

Die Diskussionen zwischen den Konfliktparteien kreisen seit dem Anschluss an die Sowjetunion immer wieder um den politischen Status Abchasiens und Südossetiens und bewegte sich damit im Spannungsverhältnis zwischen der Sorge Georgiens um seine territoriale Souveränität und der Sorge der Abchasen und Osseten um den Erhalt ihrer ethnischen Identität. Streitig waren somit vor allem Fragen zur Staatsorganisation, die als zentrales Instrument für den Schutz der ethnischen Minderheiten begriffen wurde.

1. Gebietsstatus im sowjetischen Verfassungsgefüge

Der Status der Gebiete Abchasien und Südossetien und ihre Beziehung zu Georgien änderte sich im Laufe der Geschichte wiederholt. Abchasien – zunächst eines von vielen südkaukasischen Fürstentümern – wurde im Zuge der Integration Georgiens in das russische Zarenreich mit den übrigen westgeorgischen Gebieten zunächst zur Provinz Kutaissi zusammengefasst. Im Kontext der Oktoberrevolution 1917 erlangte Abchasien zunächst den Status einer Georgien gleichgestellten Sowjetrepublik, wurde indes später als autonome Republik Georgien hierarchisch untergeordnet, während Südossetien der Status eines autonomen Gebiets zuteil wurde. Ende der 1970er Jahre wurde der Status der Gebiete erneut in Frage gestellt, eine einvernehmliche Änderung des Status erfolgte indes nicht.

a)   Integration der georgischen Gebiete in das russische Zarenreich

1783 hatte der georgische König Erekle II im Vertrag von Georgievsk der Etablierung eines russischen Protektorats als Schutz gegen Persien und das Osmanische Reich zugestimmt. In der Folge wurden die georgischen Gebiete – abweichend von der vertraglichen Vereinbarung – durch Russland annektiert und in die Staatsstruktur des Zarenreiches integriert. Die Annexion begann 1801 mit der Umwandlung des ostgeorgischen Königreichs in die russische Provinz Tiflis und endete 1864 mit dem Anschluss des Fürstentums Abchasien, das mit den übrigen westgeorgischen Gebieten zur Provinz Kutaissi zusammengefasst wurde.[34]

b)   Integration der georgischen Gebiete in die Sowjetunion

Im Verlauf der Oktoberrevolution 1917 erlangten zunächst die Menschewisten die Kontrolle über Tiflis und im Mai 1918 erklärte sich Georgien für unabhängig. Das menschewistische Georgien wurde durch Russland 1920 unter Einbeziehung der Gebiete Abchasien und Adscharien zunächst anerkannt. Anfang 1921 wurde es jedoch gewaltsam der bolschewistischen Sowjetunion angeschlossen. Kurz danach wurde die Sozialistische Sowjetrepublik Abchasien gegründet. Damit standen Abchasien und Georgien zum Zeitpunkt der Gründung der Sowjetunion in staatsorganisatorischer Hinsicht hierarchisch auf einer Stufe. Während diese Tatsache von abchasischer Seite später als Argument für ihr Recht auf Sezession von Georgien angeführt wurde, war dieser Status nur als vorübergehende Lösung gedacht und so wurde Abchasien nur zehn Jahre später auf den Status einer autonomen Sowjetrepublik herabgestuft und der Jurisdiktion der georgischen SSR unterstellt.[35] In Abchasien befand man die Herabstufung für illegal und vermutete dahinter das Werk Stalins, eines Georgiers. Tatsächlich aber teilte Abchasien sein Schicksal mit einer Reihe anderer ehemaliger Sowjetrepubliken auf der Krim, in Odessa, Stavropol, Khorezm und Bukhara, die allesamt entweder gänzlich abgeschafft oder zumindest ebenfalls herabgestuft wurden.[36] Hierarchisch noch eine Stufe unter Abchasien stand Südossetien, das 1922 den Status eines

---

34 Cornell, *Small nations and great powers*, S. 145 f.
35 Ebd., S. 148 f. Francis, *Conflict resolution and status: The Case of Georgia and Abkhazia (1989-2008)*, S. 65.
36 Cornell, *Small nations and great powers*, S. 149 mit Verweis auf Gachechiladze, The New Georgia, S. 33.

autonomen Gebietes (AO) erhielt, wodurch das ossetische Volk, das seit der Annexion Georgiens durch das Zarenreich in einem Staat vereinigt gewesen war, in einen südkaukasischen und einen nordkaukasischen Teil gespalten wurde.

c) Wiederaufleben der Statusfrage im Vorfeld der Verfassungsreform 1977 und Unabhängigkeitserklärung

Die Frage des politischen Status wurde im Vorfeld der Verfassungsreform von 1977 wieder aktuell. Abchasien sah darin eine Chance, den status quo ante 1931 wiederherzustellen oder zumindest Teil des russischen Nordkaukasus zu werden. Es nutzte die Gelegenheit für eine Kampagne, deren zentrale Punkte der Erhalt der abchasischen Sprache und die Sezession von Georgien bei gleichzeitiger Inkorporation in die russische Sowjetrepublik waren. Ein von 130 abchasischen Intellektuellen unterzeichneter Brief wurde dem Obersten Sowjet der Sowjetunion vorgelegt, in welchem man gegen die „georgische Assimilierungspolitik" protestierte.[37] Eine daraufhin entsandte Kommission aus Moskau stellte in der Folge zwar fest, einige der abchasischen Beschwerden seien begründet. Eine Änderung des politischen Status Abchasiens blieb aber aus.[38] 1988 gründete sich daraufhin die nationale abchasische Bewegung *Aidgylara* (Einheit), die im März 1989 Massendemonstrationen mit bis zu 30.000 Teilnehmern organisierte, um der Forderung nach der Aufwertung des Gebietsstatus zur von Georgien getrennten Unionsrepublik Nachdruck zu verleihen. Ebenfalls im Jahre 1988 hatte sich in Südossetien die Bewegung *Ademon Nykhas* gegründet, die im darauf folgenden Jahr vom Obersten Rat Georgiens eine statusrechtliche Aufwertung von einem Autonomen Gebiet zu einer Autonomen Republik innerhalb Georgiens forderte, was der Oberste Sowjet ablehnte. Als 1990 im Vorfeld der anstehenden Wahlen in Georgien ein Gesetz erlassen wurde, das die Teilnahme an den Wahlen auf Parteien beschränkte, die im gesamten Gebiet Georgiens aktiv waren, sah der Oberste Rat Südossetiens darin einen Versuch, die *Ademon Nykhas* von den Wahlen und damit von der politischen Einflussnahme und der Vertretung

---

37 Ebd., S. 156/157 mit Verweis auf Jones, Border Disputes and Disputed Borders in the Soviet Federal System, in: Nationality Papers, vol. 15 no. 1 spring 1987, S. 56.

38 Ebd., S. 157 mit Verweis auf Slider, Crisis and Response in Soviet Nationality Policy: The Case of Abkhazia. Als Beispiel einer abchasischen Perspektive führt Cornell Stanislav Lakoba, Abkhazia is Abkhazia, in: Central Asian Survey, vol 14, no. 1 1995, S. 97-105, insbesondere S. 99 an.

südossetischer Interessen auszuschließen und beschloss eine Resolution, in der er Südossetiens Souveränität als demokratische Sowjetrepublik innerhalb der UdSSR und damit faktisch die Unabhängigkeit von Georgien erklärte.[39] Knapp drei Monate später erklärte das georgische Parlament unter Präsident Gamsakhurdia die südossetische Autonomie für abgeschafft. Es folgten gewaltsame Auseinandersetzungen zwischen georgischen und ossetischen paramilitärischen Einheiten.

2.   Bestrebungen zur Statusänderung nach dem Ende der UdSSR

Abseits der Sezession als Konfliktlösungskonzept finden sich in der Geschichte des Konfliktes zwischen Georgien und den Gebieten Abchasien und Südossetien Beispiele weiterer Konfliktlösungsansätze, von denen jedoch letztlich keiner erfolgreich war. Hierzu zählen insbesondere die Reorganisation des abchasischen Obersten Rates nach *power-sharing*-Gesichtspunkten, das Modell einer Konföderation zwischen Georgien und Abchasien mit vertraglich festgehaltenem Sezessionsrecht und der Vorschlag einer weitreichenden territorialen Autonomie Südossetiens.

a)   Scheitern der abchasischen Quotenregelung

Etwa ein Jahr nach gewaltsamen Protesten in Sukhumi und Ochamchira, zu denen es nach der Umwandlung der georgischen Sektion der staatlichen Universität Abchasiens in einen Ableger der Staatsuniversität Tiflis gekommen war, veröffentlichte der Oberste Rat Abchasiens eine – in ihrer Wirkung deklaratorische – Erklärung über die staatliche Souveränität Abchasiens als Abchasische Sozialistische Sowjetrepublik in Abwesenheit der georgischen Abgeordneten, die schon am nächsten Tag durch den Obersten Sowjet der georgischen SSR für nichtig erklärt wurde.[40] Noch vor der offiziellen Auflösung der UdSSR kam es 1991 zwischen Sukhumi und Tiflis zu Verhandlungen über den zukünftigen Status Abchasiens. Die *Aidgylara*-Bewegung schlug eine Reorganisation des abchasischen Obersten Rates in ein aus zwei Kammern bestehendes Parlament vor. Während die Vertreter einer der Kammern

---

39 Council of the European Union, *Independent International Fact-Finding Mission on the Conflict in Georgia: Report Vol. II*, S. 71.
40 Ebd., S. 73.

nach geographischen Gesichtspunkten ausgewählt werden sollten, sollte bei der zweite Kammer nach ethnischer Zugehörigkeit differenziert werden. Der georgische Präsident Zviad Gamsakhurdia, der offenbar befürchtete, etwaige Vetorechte der abchasischen Bevölkerung in der zweiten Kammer könnten zu Forderungen vergleichbarer Rechte durch andere ethnische Gruppen in Georgien führen, lehnte diesen Vorschlag indes ab.[41] Im Juli einigten sich beide Seiten auf eine Quotenregelung nach sowjetischem Vorbild. Für jeden Wahlbezirk sollte die Anzahl der Sitze pro Nationalität per Gesetz festgelegt werden. Abchasen sollten über insgesamt 28, Georgier über 26 und die übrigen Nationalitäten über 11 Sitze verfügen. Der Vorsitzende des Obersten Sowjets sollte Abchase, der Vizevorsitzende Georgier sein. Analog, zum Teil aber mit vertauschten Rollen, sollten auch andere zentrale Ämter vergeben werden. Der Vorteil der Reform bestand darin, dass der status quo kaum geändert wurde, die Abchasen vor Abschaffung der Quoten und die Georgier vor der einseitigen Änderung der Verfassung seitens der Abchasen geschützt wurden.[42] Nach den Wahlen im September 1991 schlossen sich die 11 Vertreter der sonstigen ethnischen Gruppen allerdings jeweils der georgischen und abchasischen Fraktion an, so dass letztere faktisch über 35 der 65 Sitze verfügte und – nach Angaben der georgischen Seite – verfassungsändernde Gesetze unter Verletzung der Anforderung einer Zweidrittelmehrheit beschloss. Im Mai 1992 verließen die georgischen Abgeordneten das gemeinsame Parlament und bildeten parallele Machtstrukturen.

b) Abchasischer Verfassungsentwurf und Unionsvertrag

Zwei Monate später verabschiedeten die verbleibenden pro-abchasischen Abgeordneten einen neuen Verfassungsentwurf und stimmten für den Abschluss eines neuen Unionsvertrages zwischen Abchasien und Georgien. Dahingehende Verhandlungen zwischen Sukhumi und Tiflis blieben ergebnislos und wurden schließlich durch den Einmarsch georgischer Truppen in Abchasien unterbrochen. Im daraufhin geschlossenen Friedensvertrag vom 3. September 1992 findet sich neben der Verpflichtung zum Abzug des Teils der georgischen Truppen, die nicht zum Schutz der lokalen Infrastruktur benötigt werde, eine explizite Anerkennung der georgischen territorialen Souveränität durch Abchasien, deren Bedeutung allerdings durch den baldigen Bruch des

---

41 Ebd., S. 74.
42 Ebd., S. 75.

Waffenstillstandes durch pro-abchasische Kräfte gemindert scheint. Während des bis 1994 andauernden Konflikts verließ mit 250.000 Personen beinahe die gesamte georgische Bevölkerung Abchasien. Dadurch wurde neben dem politischen Status die Rückkehr der georgischen Flüchtlinge zu einem der beiden bestimmenden Themen der folgenden Friedensverhandlungen und in beiden Fragen gelangte man zu keinem befriedigenden Konsens. Hinsichtlich des politischen Status Abchasiens schlug Tiflis weitreichende Autonomierechte vor, während Sukhumi auf einem konföderativen Modell beharrte, innerhalb dessen sowohl Abchasien als auch Georgien ein Sezessionsrecht zustehen sollte. Letzteres stellte sich als Kern des Problems heraus: Kompromisse ließen sich bezüglich der institutionellen Ausgestaltung der künftigen Beziehungen finden, nicht aber hinsichtlich des Sezessionsrechts, das in Abchasien als einzig ernstzunehmende Garantie der eigenen künftigen Rechte angesehen wurde, während man in Tiflis befürchtete, ein solches Recht könne von Sukhumi auch ohne hinreichenden Anlass zur legalen Abspaltung missbraucht oder von Moskau mittelbar als Druckmittel gebraucht werden, sollte man sich dort mit der georgischen Außenpolitik unzufrieden zeigen. Damit verzichtete Georgien gleichzeitig auf die Möglichkeit, einen Handlungsalgorithmus für die Durchführung einer Sezession zu schaffen und damit letztlich prozessuale Bedingungen für die Anerkennung einer Abspaltung festzulegen. 1999 erklärte Abchasien schließlich ohne vertragliche Grundlage einseitig seine Unabhängigkeit, welche von Russland erst nach dem Fünftagekrieg 2008, von der ganz überwiegenden Mehrheit aller anderen Staaten jedoch bis heute nicht anerkannt wurde.

c) Südossetische Unabhängigkeitserklärung und Scheitern der territorialen Autonomie

In Südossetien hatte sich die Bevölkerung in einem von Georgien für illegal befundenen Referendum im Januar 1992 kurz nach dem Ende der Sowjetunion für die Unabhängigkeit von Georgien und den Anschluss an Russland ausgesprochen. Im Mai desselben Jahres erklärte das südossetische *defacto*-Parlament daraufhin die Unabhängigkeit Südossetiens und bat Russland wiederholt, Südossetien entweder in die Russische Föderation aufzunehmen oder seine Unabhängigkeit anzuerkennen, was von Russland abgelehnt wurde. Im Laufe der 1990er Jahre wurden Anstrengungen unternommen, die Beziehungen zwischen Südossetien und Georgien zu verbessern, ohne allerdings die Frage des politischen Status Südossetiens direkt anzugehen.

Nach der sogenannten Rosenrevolution 2003 bekundete die georgische Regierung zwar erneut, Schritte zur Lösung des Konfliktes mit Südossetien unternehmen zu wollen, schloss gleichzeitig aber alle Lösungsansätze aus, die die Verletzung der territorialen Integrität Georgiens implizierten.[43] Anfang 2005 stellte der damalige georgische Präsident Saakashvili einen neuen Friedensplan vor, der weitreichende Autonomierechte für Südossetien vorsah [44] Die südossetische Seite lehnte eine Beteiligung an einer zur Diskussion des Vorschlags geplanten Konferenz allerdings mit dem Hinweis darauf, ab, dass weder Russland noch Nordossetien eingeladen worden seien. Ende 2006 wurden sowohl in den ossetisch- als auch in den georgisch-kontrollierten Gebieten Südossetiens Wahlen abgehalten, bei denen die jeweiligen lokalen Favoriten – Eduard Kokoity in den ossetischen und Dmitry Sanakoyev in den georgischen Gebieten – zwischen 94 % und 98 % der Stimmen erhielten,[45] woraufhin Tiflis zur Unterstützung Sanakoyevs im georgischen Teil Südossetiens eine Verwaltungseinheit für das gesamte Gebiet des ehemaligen südossetischen *avtonomnaya oblast'* errichtete, was den Unmut der südoessetischen *De-facto*-Regierung erregte, die daraufhin eine Wiederaufnahme der Verhandlungen mit Tiflis ablehnte. Hier hätte die Einigung auf die Durchführung eines Sezessionsprozesses nach dem Vorbild des *Jura*-Verfahrens die Gelegenheit geboten, einvernehmlich unter Berücksichtigung der Präferenzen der Bevölkerung eine neue Grenze zu ziehen und damit stabilere Verhältnisse zu schaffen. Durch den Verzicht hierauf wurde mit Blick auf die faktischen territorialen Verluste Georgiens jedenfalls kein besseres Ergebnis erzielt.

3. *De-facto*-Staaten und Anerkennung

Der aktuelle Status Abchasiens und Südossetiens bestimmt sich nach der derzeit herrschenden deklaratorischen Theorie der Staatengenese. Danach kommt es für die Bejahung der Staatsqualität nicht auf die Anerkennung durch Drittstaaten an, sondern auf das Vorliegen einer Reihe objektiver Merkmale. Neben den klassischen Staatskriterien JELLINEKS – nämlich die

---

43 Council of the European Union, *Independent International Fact-Finding Mission on the Conflict in Georgia: Report Vol. II*, S. 105, Fn. 155.

44 http://www.coe.int/T/E/Com/Files/PA-Sessions/janv-2005/saakashvili.pdf, 10.09.2015.

45 Die Angaben folgen Council of the European Union, *Independent International Fact-Finding Mission on the Conflict in Georgia: Report Vol. II*, S. 115.

Vereinigung der drei Merkmale Staatsvolk, - gebiet und -macht – und ihrer Positivierung in der Konvention von Montevideo – ergänzt um das Kriterium der Fähigkeit, in Beziehung zu anderen Staaten zu treten – werden zum Teil weitere Kriterien zur Beurteilung der Staatsqualität herangezogen, deren Erforderlichkeit für die Bejahung der Staatsqualität Abchasiens und Südossetiens deren Qualifikation als Nichtstaaten bedingen würde, deren Anwendbarkeit aber bereits streitig ist.

a)   Herausbildung des *De-facto*-Status

Wenngleich die Zukunft des Status Abchasiens und Südossetiens innerhalb der Sowjetunion Anlass zu Diskussionen und politischen Auseinandersetzungen gegeben hatte, so war der Status selbst in rechtlicher Hinsicht doch unumstritten. Dies änderte sich mit dem Ende der Sowjetunion. Denkbar wäre zunächst, dass Abchasien und Südossetien nach 1992 unabhängige Staaten wurden. Umstritten ist, ob die Existenz eines Staates allein nach objektiven Kriterien (permanentes Staatsvolk, klar definiertes Staatsgebiet, effektive Staatsgewalt, etc.) bestimmt werden soll oder ob das subjektive Element der Anerkennung durch andere Staaten hinzukommen muss, um die Staatsqualität bejahen zu können.[46] Je nach Auffassung hat die Anerkennung einer Entität als Staat durch andere Staaten deklaratorische oder konstitutive Wirkung. Ein starkes Argument gegen die konstitutive Theorie der Staatenentstehung liegt in den möglichen Folgen dieses Ansatzes: Gebiete hätten gegenüber anerkennenden Staaten Staatsqualität, gegenüber nicht anerkennenden Staaten hingegen nicht. Außerdem wären Konstellationen denkbar, in denen ein Gebiet zwar alle objektiven Merkmale eines Staates aufwiese, ihm der Schutz des Völkerrechts aufgrund fehlender Anerkennung durch Drittstaaten aber vorenthalten bliebe, was instabile Zustände begünstigen würde, so dass der herrschende deklaratorische Ansatz in der Tat vorzugswürdig erscheint. Daraus folgt, dass es bei der Bestimmung des Status Abchasiens und Südossetiens nicht auf die Anerkennung durch andere Staaten ankommt, sondern lediglich auf objektive Kriterien.

---

46 Nach CRAWFORD die „grand debate" um die Voraussetzungen der Staatlichkeit im Völkerrecht, vgl. Crawford, *The Creation of States in International Law*, S. 19.

b) Die Minimalkriterien der Staatlichkeit

Nach JELLINEK liegt ein Staat im Falle des Zusammentreffens dreier Merkmale vor, nämlich dann, wenn ein (Staats-)Volk mittels seiner (Staats-)Gewalt Herrschaft über ein (Staats-)Gebiet ausübt. Staatsgebiet, Staatsvolk und Staatsgewalt stellen damit Minimalkriterien der Staatlichkeit dar, die in der Montevideo-Konvention durch das Kriterium der Fähigkeit, in Beziehung zu anderen Staaten zu treten, ergänzt wurden. Letzteres Kriterium findet indes keine Bestätigung in der Staatenpraxis.[47] Während die Kriterien des Staatsgebiets und des Staatsvolkes vergleichsweise einfach festzustellen sind, wird die Frage, welche Anforderungen an das Vorliegen einer Staatsgewalt, mittels derer Herrschaft über das Staatsgebiet ausgeübt wird, unterschiedlich beantwortet. Einigkeit besteht insofern, als das Kriterium über einen inneren und einen äußeren Aspekt verfügt, gerichtet einerseits auf die Aufrechterhaltung der Ordnung innerhalb des Staates und andererseits auf die Ausübung staatlicher Autorität gegenüber anderen Staaten.[48] Während der Begriff *effective government* weit verstanden wird und es hierfür ausreicht, ein Gewisses Maß an „Recht und Ordnung" zu gewährleisten,[49] ist es zur Bejahung des Merkmals der Unabhängigkeit erforderlich auszuschließen, dass „foreign control overbearing the decision-making of the entity concerned on a wide range of matters of high policy and doing so systematically and on a permanent basis" ausgeübt werde.[50]

Vor diesem Hintergrund ist es fraglich, ob Abchasien und Südossetien die Minimalkriterien der Staatlichkeit erfüllen. Zwar dürfte allein die Tatsache, dass ein Großteil der Bürger etwa Südossetiens neben der südossetischen auch die russische Staatsbürgerschaft besitzen, für sich genommen nicht ausreichen, um das Merkmal des Staatsvolkes zu verneinen, da die südossetische Verfassung die doppelte Staatsbürgerschaft gestattet. Die große Zahl russischer Staatsbediensteter und Osseten mit russischer Staatsangehörigkeit in südossetischen Ministerien und in der Regierung weckt indes Zweifel an

---

47 Hobe, *Einführung in das Völkerrecht*, S. 72 mit weiteren Nachweisen.
48 Vgl. Council of the European Union, *Independent International Fact-Finding Mission on the Conflict in Georgia: Report Vol. II*, S. 131; CRAWFORD verwendet alternativ die Begriffe *effective government* und *independence*, siehe Crawford, *The Creation of States in International Law*, S. 52.
49 Ebd., S. 59.
50 Council of the European Union, *Independent International Fact-Finding Mission on the Conflict in Georgia: Report Vol. II*, S. 132 mit Verweis auf BROWNLIES *Princples of Public International Law*, S. 72.

der Unabhängigkeit Südossetiens von der Russischen Föderation. Im zweiten Band des Berichtes der *International Fact Finding Mission on the Conflict in Georgia* kommen die Autoren zu dem Schluss, Russland übe durch die beschriebene Praxis einen systematischen und permanenten Einfluss auf den politischen Entscheidungsprozess in Südossetien aus.[51] Südossetien erfülle daher nicht die Minimalkriterien der Staatlichkeit. Gestützt wird diese Wertung durch die Tatsache, dass fast das gesamte Staatsbudget Südossetiens durch Russland finanziert wird.[52] Abchasien dagegen sei in geringerem Maße von Russland abhängig und gestalte seine politischen Entscheidungsprozesse maßgeblich selbst. Damit erfülle es – wenn auch nur knapp – die Minimalkriterien der Staatlichkeit. Das abchasische Budget wurde 2013 nach Angaben der abchasischen Regierung nur zu etwa 30 % durch Russland finanziert.[53]

c) Weitere Kriterien der Staatlichkeit

Zum Teil werden folgende weitere Kriterien zur Bewertung der Staatlichkeit einer Entität herangezogen: Dauerhaftigkeit (*permanence*), die Fähigkeit und der Willen, das Völkerrecht zu achten, ein gewisser Grad an Zivilsation, Anerkennung und die Existenz einer Rechtsordnung.[54] Diese Kriterien finden indes keine Grundlage in der Staatenpraxis. So war Sansibar nur von Dezember 1963 bis April 1964 sowohl ein Staat als auch Mitglied der Vereinten Nationen, bevor es Teil Tansanias wurde, Britisch Somaliland nur für fünf Tage, bevor es Teil der Republik Somalia wurde.[55] Die Fähigkeit und der Willen zur Achtung des Völkerrechts ist eine Frage der Staatenverantwortlichkeit und kann als solche nicht zugleich Kriterium der Staatlichkeit sein.[56]

---

51 Council of the European Union, *Independent International Fact-Finding Mission on the Conflict in Georgia: Report Vol. II*, S. 140 f.
52 Vgl. die Budgetplanung der Russischen Föderation für die Jahre 2015 bis 2017, http://www.minfin.ru/ru/perfomance/budget/federal_budget/budj_rosp/index.php, 06.09.2015, 22:48 Uhr in Verbindung mit Medienberichten zum auf den offiziellen Seiten der Institutionen Südossetiens bislang unveröffentlichen Gesetz über das Staatsbudget 2015, http://www.regnum.ru/news/polit/1878988.html, 06.07.2015, 23:28 Uhr. Danach finanziert Moskau 2015 mit ca. 6,6 Mio. Rubeln 90 % des südossetischen Budgets.
53 http://presidentofabkhazia.org/respublika_abkhazia/economy/, 06.09.2015, 23:15 Uhr.
54 Crawford, *The Creation of States in International Law*, S. 89 ff.
55 Weitere Beispiele bei ebd., S. 90.
56 Crawford, *Brownlie's Principles of Public International Law*, S. 134.

Soweit die USA gelegentlich forderten, Voraussetzung der Staatlichkeit einer Entität sei, dass „the inhabitants of the territory must have atttained a degree of civilization such as to enable them to observe with respect to the outside world those principles of law which are deemed to govern the members of the international society in their relations with each other",[57], so handelt es sich um ein von äußeren Wertungen abhängiges und diskriminierende Anwendung begünstigendes Kriterium, das zudem wiederum auf die Achtung des Völkerrechts abstellt und aus vorgenannten Gründen zur Feststellung der Staatlichkeit nicht herangezogen werden kann. Auch der Akt der Anerkennung ist nach der herrschenden deklaratorischen Theorie unter keinen Umständen ein Kriterium der Staatlichkeit. Ebensowenig ist die Existenz einer Rechtsordnung als eigenständiges Kriterium neben dem klassischen Kriterium der Staatsgewalt erforderlich. Die genannten Kriterien sind daher für den Status Abchasiens und Südossetien nicht konstitutiv.

B. Minderheitenrecht in Kerngeorgien

Während es unter Präsident Gamsakhurdia noch zu offenen Anfeindungen ethnischer Minderheiten und der nationalistischen Parole „Georgien den Georgiern!" gekommen war, sind seither – und insbesondere seit der Regierung Saakaschwilis – signifikante Fortschritte im Bereich des Minderheiterechts und der faktischen Situation ethnischer Minderheiten in Georgien gemacht worden. Diese Fortschritte betreffen sowohl die Bereiche Diskriminierungsschutz und Leistungsrechte als auch die Herausbildung staatlicher Institutionen, die mit der Pflege der interethnischen Beziehungen betraut sind. Der Grund hierfür liegt wesentlich im georgischen Streben nach einer stärkeren Anbindung an die europäische Union und die NATO. Hieraus ergeben sich vielfältige Anreize zur Modifizierung des Rechtssystems entsprechen den Zielen des universellen, insbesondere aber des europäischen Minderheitenschutzes. Mit Blick auf die Konflikte in Südossetien und Abchasien ist dies indes auf der Ebene der Implementierung nicht unproblematisch. Es fehlt in der Bevölkerung zum Teil an Bewusstsein für die Probleme ethnischer Minderheiten, die ein Mehr an Schutz rechtfertigen würden. Ethnische Minderheiten werden nicht selten als „Gäste" auf georgischem Boden wahrgenommen, und nicht als gleichberechtigte georgische Staatsbürger mit armenischer oder aserbaidschanischer Identität. Diese nationalistische Sicht wird von maßgeb-

---

57 Zitiert nach Crawford, *The Creation of States in International Law*, S. 92.

lichen meinungsbildenden Akteuren wie der georgisch-orthodoxen Kirche unterstützt, die sich – wohl aus Angst vor dem Verlust weiterer Territoriums durch Sezession – unter anderem gegen die Verlagerung weiterer Kompetenzen auf die regionale Ebene gewandt hat. Die Beantwortung der Frage nach einer wachsenden Übereinstimmung des realen Schutzniveaus mit den im Völkerrecht niedergelegten Zielen des Schutzes ethnischer Gruppen (und insbesondere ethnischer Minderheiten) hängt damit davon ab, welche Rolle den mit der Erhöhung des Schutzniveaus verknüpften Vorteilen für die georgische Gesellschaft insgesamt im Vergleich mit den möglichen Nachteilen im öffentlichen Diskurs und seitens der politischen Entscheidungsträger zugemessen wird. Die zivilgesellschaftliche Entwicklung scheint jedenfalls derzeit eine substantielle Erhöhung des Niveaus über das aktuelle hinaus nicht wesentlich zu fördern.

I. Institutionen

Institutionen können entweder explizit zur Pflege interethnischen Beziehungen geschaffen werden oder der Minderheitenschutz kann dem Zuständigkeitsbereich bereits existierender Institutionen hinzugefügt werden. Explizit mit dem Ziel der Pflege interethnischer Beziehungen wurden folgende Institutionen geschaffen:

- Das Ministerium für Einigung und bürgerliche Gleichheit[58]
- Der Ratgeber des Präsidenten in Fragen der zivilen Integration und der Rat für zivile Integration und Toleranz
- Der Ombudsmann und der Rat nationaler Minderheiten

Daneben kommt dem Ministerium für Bildung und Wissenschaft eine für die Integration der ethnischen Minderheiten Georgiens bedeutende Rolle zu.

1. Ministerien

Der *Minister für Einigung und bürgerliche Gleichheit* legte anfangs den Schwerpunkt seiner Tätigkeit auf die Gebiete Abchasien und Südossetien:

---

58 Bis Januar 2014 Ministerium für Reintegrationsangelegenheiten.

> *„Tasks of the apparatus of the Office include resolution of the issues related to reintegration of conflicted regions in the territory of Georgia as well as solving of religious, ethnic, political and other problems in said regions.“*[59]

Später wurde das Statut durch die Verordnungen Nr. 130 vom 3. Juni und Nr. 216 vom 5. November 2008 um die Aufgabe der Integration nationaler Minderheiten in Kerngeorgien ergänzt, so dass die Arbeit des Ministers nun auch darauf gerichtet ist:

> *„...to promote the civil integration of national/ethnic minorities residing on the territory of Georgia; conduct large-scale civil integration programmes... “*[60]

Zu den Aufgaben des Ministers in Bezug auf nationale Minderheiten zählen: (1) die Förderung und Koordinierung sozialer und ökonomischer Aktivitäten, die einen Bezug zur Reintegration aufweisen, Art. 2 lit. c; (2) die Entwicklung, Koordinierung und Implementierung der Integrationspolitik der Regierung; die Entwicklung zwischenbehördlicher, lokaler und regionaler Kooperation, die Entwicklung von Initiativen zur Förderung der Integration von nationalen und ethnischen Minderheiten, Art. 2 lit. d; (3) die Ausarbeitung von Strategien bezüglich des georgischen Vorgehens in den Fällen Abchasiens und Südossetiens, Art. 2 lit. e; (4) die Koordinierung der georgischen Regierungsstrukturen zur Förderung der Integration nationaler Minderheiten, Art. 2 lit. h; (5) die Organisation eines Fonds zur Förderung der Integration sowie die Durchführung entsprechender Programme, Art. 2 lit. k.[61] Zur Durchsetzung dieser Aufgaben wurde zusätzlich die Stelle eines *Deputy State Minister* samt Mitarbeitern geschaffen. Darüber hinaus wurden Positionen für Sonderratgeber des Ministers in Alkhalkalaki (Samtskhe-Javakheti) und Marneuli (Kvemo Kartli) geschaffen, um die Durchführung der Integrationsprogramme zu überwachen.

2. Der Rat für Integration und Toleranz

Die Stelle des *Ratgebers des Präsidenten in Fragen der zivilen Integration* wurde 2006 wegen der mangelnden Effektivität der Arbeit des Ministers für

---

59 Art. 1 § 2 des *Office Statutes* vom 8. Februar 2008, siehe: http://www.smr.gov.ge/docs/doc206.pdf, 16.02.2014.

60 Art. 1 § 2 der Verordnung, zitiert nach Sordia, *Institutions of Georgia for Governance on National Minorities*, S. 15.

61 Ebd., S. 16.

Zivile Integration – der Vorgängerinstitution des Ministers für Reintegrations-angelegenheiten – geschaffen und hatte in etwa denselben Aufgabenbereich. Die Bedeutung und der Einfluss dieser Institution nahmen im April mit der Ernennung Tamara Kintsurashvilis stark zu. Durch das Dekret #282 des Präsidenten vom 30. April 2008 wurde der Ratgeber/ die Ratgeberin Vorsitzende/r des *Rats für zivile Integration und Toleranz*, eines Konsulta-tivorgans der Präsidialverwaltung.[62] Der Rat war 2005 ins Leben gerufen worden, danach aber nur noch ein weiteres Mal zusammengetreten.[63] Er besteht aus verschiedenen Ministern, *Deputy Ministers* und Vertretern der Zivilgesellschaft, darunter der Vorsitzende des *Liberty Institute*, der Direk-tor der *ALPE Foundation*, der Direktor des Kaukasus-Instituts für Frieden, Entwicklung und Demokratie und der Vorsitzende der *Armenischen Union Georgiens.*[64] Die Hautpaufgabe des Rates für zivile Integration und Toleranz ist die Entwicklung eines nationalen Integrationskonzepts und eines Aktions-plans, sowie die Überwachung und Koordinierung seiner Durchführung.[65] Der Rat ist darüber hinaus mit der Evaluation internationaler Erfahrung in diesem Bereich betraut. Schließlich ist er für die Etablierung eines Dialoges zwischen politischen, sozialen, ethnischen und religiösen Gruppen sowie für die Isolierung und systematische Beschreibung jener Faktoren, die In-toleranz und Diskriminierung begünstigen, verantwortlich.[66] Dadurch soll er in die Lage versetzt werden, gesetzliche Mechanismen zur Bekämpfung von Diskriminierung zu entwickeln. Am 8. Mai 2009 veröffentlichte der Rat sein erstes nationales Integrationskonept, das per Dekret #348 durch den Premierminister angenommen wurde. Das Konzept des Rates hat die Europäische Rahmenkonvention zum Schutz nationaler Minderheiten zur Grundlage und den Aufbau einer demokratischen Zivilgesellschaft zum Ziel, die jedem Bürger Gelegenheit zur Entwicklung seiner Identität geben soll.[67] Es zeichnet sich durch seinen betont partizipativen Entstehungsprozess aus, bei dem alle gesellschaftlich relevanten Gruppen mit einbezogen wurden, darunter Vertreter von Nichtregierungsorganisationen und ethnischer Min-

---

62 Das Dekret ist in den offiziellen Regierungsquellen nicht mehr auffindbar, existiert aber als digitalisierte Kopie, die von der Nichtregierungsorganisation UNA unter http://www.una.ge/pdfs/28apr.pdf (letzter Zugriff: 16.02.2014) zugänglich gemacht wird. Der Verfasser verfügt über eine lokale digitale Kopie.

63 Sordia, *Institutions of Georgia for Governance on National Minorities*, S. 17.

64 Ebd., S. 17 f.

65 Nationales Intgrationskonzept und Aktionsplan (in einem Dokument): http://www.smr.gov.ge/docs/doc203.pdf, 10.09.2015, 22:06.

66 Sordia, *Institutions of Georgia for Governance on National Minorities*, S. 18.

67 http://www.smr.gov.ge/docs/doc203.pdf, S. 2 ff.

derheiten. Die Durchführung des Aktionsplans wird durch einen jährlich am 10. Dezember erscheinenden Bericht des Ministers für Reintegration dokumentiert. Von besonderer juristischer Bedeutung ist der Abschnitt des Aktionsplans, in dem das Ziel gesetzt wird, den Zugang zu den Gerichten für ethnische Minderheiten zu verbessern. Angesichts fehlender konkreter Maßnahmen wurde dieser Punkt allerdings vermutlich nur symbolisch in den Aktionsplan mit aufgenommen.[68] Daneben wird die Notwendigkeit der Verbesserung der politischen Partizipation ethnischer Minderheiten betont. Zu diesem Zweck sollen lokale Minderheitenräte errichtet werden, deren Zuständigkeiten durch den Aktionsplan allerdings nicht spezifiziert werden.

3. Ombudsmann und Rat nationaler Minderheiten

Der *Ombudsmann* gilt als eine der zentralen georgischen Institutionen zum Schutz von Menschen- und Minderheitenrechten. Sein Einfluss auf die Lage nationaler Minderheiten wurde 2005 mit der Bildung des *Rates ethnischer Minderheiten verstärkt*. Bei letzterem handelt es sich um ein Konsultativorgan, das die Mehrheit der Minderheitenorganisationen in sich vereinigt. Eine abschließende Liste existiert offenbar nicht, die Anzahl der Mitglieder wird aber mittlerweile auf über hundert geschätzt. [69] Sein Ziel ist die Verbesserung der Kooperation zwischen den einzelnen Organisationen untereinander und zwischen den Organisationen und der Regierung. Der Rat ethnischer Minderheiten ist das zentrale Forum für die Diskussion ethnischer Angelegenheiten geworden. Der bisher herausragendste Erfolg des Rates ist eine große Anzahl von Empfehlungen zur Implementierung des Europäischen Rahmenübereinkommens zum Schutz nationaler Minderheiten. Vertreter von Minderheitenorganisationen betrachten den Nutzen der Institution allerdings skeptisch und bezweifeln, dass sich aus ihrer Arbeit im Rat reale Konsequenzen ergeben.[70]

---

68 Sordia, *Institutions of Georgia for Governance on National Minorities*, S. 20.
69 Interview mit Sandro Oganyan, Pressesprecher der Armenischen Gemeinschaft.
70 Neben anderen: Sandro Oganyan.

II. Gesetzliche Regelungen

Georgien hat in zahlreiche Gesetze Bestimmungen gegen Diskriminierungen aufgrund ethnischer oder religiöser Zugehörigkeit aufgenommen.[71] Diese positive Tendenz wird in Zukunft möglicherweise durch die Annahme eines allgemeinen Antidiskriminierungsgesetzes unterstützt, das sich zum Zeitpunkt der Entstehung dieser Arbeit in der Entwurfsphase befindet. Gleichwohl scheinen die existierenden formalen Diskriminierungsverbote insgesamt unzureichend, da sie die Kernprobleme der faktischen Diskriminierung nicht erfassen.

1. Diskriminierungsverbote und Leistungsrechte

Völkerrechtliche Diskriminierungsverbote und Leistungsrechte – sofern sie in von Georgien ratifizierten internationalen Verträgen enthalten sind – sind automatisch Teil der georgischen Rechtsordnung: Gemäß Art. 19.1 des *Gesetzes über normative Akte* werden internationale Verträge in der Normhierarchie zwischen Verfassung und einfachen Gesetzen eingeordnet. Nationales Recht, das im Widerspruch zu einem solchen Vertrag steht, wird gemäß Artikel 6 der Verfassung, Art. 20.2 des Gesetzes über normative Akte und Artikel 6 des Gesetzes über internationale Verträge unanwendbar, solange der Vertrag in Einklang mit der Verfassung steht. Vertragliche Regeln, die *self-executing* sind, bedürfen keiner weiteren Umsetzung durch einen nationalen normativen Akt.

Das Gleichheitsprinzip ist zusätzlich in einer Vielzahl nationaler Gesetze verankert, darunter in der georgischen Verfassung (Art. 38), dem Strafpro-

---

71 Die umfassendste Quelle georgischer Gesetze, Verordnungen und Dekrete ist die Regierungsseite https://matsne.gov.ge. Die Suchmaske ist in den Sprachen Georgisch, Russisch und Englisch verfügbar. Der überwiegende Anteil der Gesetze liegt nur im georgischen Original vor, einige für Minderheiten relevante Gesetze existieren aber auch auf Russisch. Englische Übersetzungen sind hingegen die absolute Ausnahme. Die ebenfalls auf Georgisch, Russisch und Englisch verfügbare Seite http://www. diversity.ge führt eine nicht abschließende Liste minderheitenrechtlich relevanter georgischer Normen. Die englische Fassung ist im Vergleich zur russischen und georgischen allerdings sehr reduziert. Zudem wird die Seite vermutlich seit 2012 nicht mehr unterstützt, so dass einige der zitierten Gesetze – so etwa das Strafgesetzbuch oder das Gesetz über die Hochschulbildung – nicht mehr aktuell sind. Schließlich stellt das OSCE-Projekt http://www.legislationline.org Übersetzungen einiger georgischer Gesetze zur Verfügung, die jedoch ebenfalls nicht alle aktuell sind.

zessgesetz (Art. 11, 38 Abs. 1 und 8, 45 lit. b, 49 Abs. 1 lit. b und 277 Abs. 2) dem Zivilprozessgesetz (Art. 5 und 9 Abs. 4) oder dem Gesetz über die Kultur (Art. 6). Im georgischen Strafrecht wirkt das Motiv des ethnischen oder religiösen Hasses seit einer Reform von 2011 in Kombination mit der Verwirklichung eines beliebigen Straftatbestandes strafverschärfend (Art. 142).[72] Damit ist Georgien Empfehlungen internationaler Montoring-Institutionen und nationaler NGOs, darunter der *Georgian Young Lawyers' Association (GYLA)*, nachgekommen. In der Praxis wurde diese Regel bislang offenbar aber nicht angewandt, was zum Teil durch die Schwierigkeit des Nachweises dieses Motives bedingt sein soll.[73] Die weitere Empfehlung der Einführung eines Straftatbestandes der Hassrede wurde durch den georgischen Gesetzgeber bisher nicht berücksichtigt.[74]

Neben der unter Vertretern ethnischer Minderheiten häufig fehlenden Kenntnis der eigenen Rechte hindern praktische Beweisprobleme die Durchsetzung der existierenden Gleichheitsrechte. So mögen Vertreter ethnischer Minderheiten zwar den – möglicherweise berechtigten – Eindruck haben, auf dem Arbeitsmarkt bei gleicher Qualifikation gegenüber ihren georgischen Mitbewerbern aufgrund ihrer ethnischen Zugehörigkeit benachteiligt zu werden, dagegen wehren können sie sich allerdings nicht. Unter anderem aus diesem Grunde wurde im Herbst 2013 ein Gesetzesentwurf vorgestellt, der neben einem für alle Bereich der georgischen Gesellschaft geltenden Verbot direkter und indirekter Diskriminierung die Schaffung eines Kommissars vorsieht, der aktiv in Fällen behaupteter Diskriminierung ermitteln und das Recht zur Auferlegung von Bußgeldern im Falle des Nachweises einer Diskriminierung erhalten soll. Die Annahme des Gesetzes war ursprünglich für März 2014 geplant, hat seitdem aber den Entwurfsstatus nicht verlassen und

---

72 Vor der Reform wirkte dieses Motiv nur dann strafverschärfend, wenn dies explizit im jeweiligen Straftatbestand vermerkt war, so etwa im Falle des alten Art. 109 lit. l, der in Kombination mit Art. 108 den Strafrahmen für vorsätzliche Tötungen von sieben bis fünfzehn auf zehn bis fünfzehn Jahre anhob.

73 Interview mit Giorgi Gotsiridze (GYLA).

74 Bei dem Begriff der Hassrede (bzw. Volksverhetzung, engl. *hate speech*) handelt es sich um verbale Angriffe auf einzelne Personen oder Personengruppen aufgrund deren ethnischer, religiöser oder sexueller Identität. Dieses Phänomen ist angeblich sowohl in georgischen Medien (vor allem in den beiden Zeitungen „Asaval-Dasavali" und „Alia", die regelmäßig Kampagnen gegen die armenische Bevölkerung fahren sollen) als auch unter georgischen Politikern weit verbreitet beziehungsweise nicht unüblich, Interview mit Giorgi Gotsiridze (GYLA).

einige Experten bezweifeln, dass die endgültige Fassung die Institution des Kommissars enthalten wird.[75]

Mit der Reform des georgischen Hochschulgesetzes wurde in den letzten Jahren eine bedeutende Maßnahme positiver Diskriminierung getroffen, deren Ziel der bessere Zugang zu höherer Bildung für Vertreter ethnischer Minderheiten ist, die nicht über muttersprachliche Georgischkenntnisse verfügen. Dies betrifft vor allem Bewohner der Gebiete Samtskhe-Javakheti und Kvemo Kartli, in denen Armenier und Aserbaidschander lokale Mehrheiten darstellen und in denen viele kein oder nur wenig georgisch sprechen. Das reformierte Gesetz ermöglicht es Vertretern dieser Minderheiten, eine vereinfachte Zugangsprüfung in ihrer jeweiligen Muttersprache abzulegen und vor dem Studium einen einjährigen vorbereitenden Kurs in georgischer Sprache zu besuchen. Die Regelung hat offenbar zu einer Erhöhung des Anteils ethnischer Minderheiten an den Universitäten geführt und wird als Erfolg gewertet.[76]

2. Koordinierung und Partizipation

Die Koordination von Angelegenheiten mit minderheitenrechtlichem Bezug wird vornehmlich durch diverse Konsultativorgane wie den Rat für Integration und Toleranz und den Rat nationaler Minderheiten gewährleistet. Während Vertreter der Zivilgesellschaft es begrüßen, dass sie in diesen Foren Gelegenheit zur Darstellung ihrer Standpunkte erhalten,[77] kritisieren sie zum einen, dass sie bei der Ausarbeitung neuer Gesetze mit Minderheitenbezug erst in die Diskussion einbezogen werden, nachdem die grundlegende Struktur des Gesetzes bereits durch das Justizministerium festgelegt worden sei, so dass kaum Spielraum für maßgebliche Veränderungen bliebe; zum anderen sei ihr Einfluss auf die Gesetzgebung letzten Endes gering, da aus der Sicht der mehrheitlich ethnisch georgischen Bevölkerung andere Interessen überwiegen – seien es geopolitische Sicherheitsfragen, sei es die Meinung der georgisch-orthodoxen Kirche, die sich beispielsweise während des Entstehungsprozesses des Gesetzes über die lokale Selbstverwaltung gegen mehr Autonomie für mehrheitlich von ethnischen Minderheiten bewohnte Städte und Gebiete ausgesprochen hat.[78]

---

75 Interview mit Arno Stepanian, *Public Movement for a Multinational Georgia.*
76 Interviews mit Ewa Chylinski und Girogi Sordia (ECMI) und Zaur Khalilov (CIF).
77 Interview mit Nino Gvedashvili, HRH Tbilisi.
78 Interviews mit Arno Stepanian (PMMG) und Zaur Khalilov (CIF).

Politisch sind ethnische Minderheiten, die immerhin etwa 15% der Bevölkerung Georgiens ausmachen, praktisch nicht vertreten. Die Gründe hierfür sind vielfältig. Zum einen befinden sich Armenier und Aserbaidschaner in Samtskhe-Javakheti und Kvemo Kartli in einem „informationellen Vakuum": Während private Fernsehsender sich nach den Bedürfnissen der Mehrheit der Zuschauer richten und deshalb fast ausschließlich in georgischer Sprache senden, ist es den öffentlich-rechtlichen Sendern trotz ihrer Versuche, Programme in Minderheitensprachen auszustrahlen, nicht gelungen, die Adressaten zu erreichen. Dies soll seinen Grund zum Teil darin haben, dass die entsprechenden Programme zu einer Uhrzeit ausgestrahlt wurden, zu der die überwiegend ländliche Bevölkerung Kvemo Kartlis und Samtskhe-Javakhetis bereits schlafe, da sich ihr Arbeitsrhythmus von dem der Bewohner Tiflis' unterscheide.[79] Der Hauptgrund dürfte allerdings die Konkurrenz privater armenischer, aserbaidschanischer und russischer Sender sein. Dies wird auch durch die geringe Popularität staatlicher Sender bei der ethnisch georgischen Bevölkerung unterstrichen. Im Ergebnis führt dies dazu, dass große Teile der ethnischen Minderheiten Georgiens in fremden Informationsräumen leben und über die Vorgänge der nationalen Politik nur schlecht informiert sind. Zum anderen beherrschen große Teile der ethnisch armenischen und aserbaidschanischen Bevölkerung Georgisch nur unzureichend und beide Gruppen sind an den Universitäten Georgiens im Verhältnis zu ihrem Anteil an der Gesamtbevölkerung unterdurchschnittlich vertreten. Hinsichtlich möglicher Maßnahmen zur Verbesserung der Partizipation sind die Meinungen unter Vertretern ethnischer Minderheiten geteilt. Teilweise werden Quoten für ethnische Minderheiten in Parlament und Regierung gefordert, um eine adäquate Interessenvertretung zu gewährleisten.[80] Andere sehen in der Forderung nach Quoten vor allem das Risiko, die ohnehin angespannten Beziehungen zwischen der georgischen Mehrheit und den ethnischen Minderheiten zu verschlechtern[81] oder bezweifeln, dass derzeit im Falle der Einführung einer Quote ausreichend qualifizierte Interessenvertreter zu finden wären.[82] Alternativvorschläge beinhalten vor allem eine – nicht näher spezifizierte – besondere Berücksichtigung von Vertretern ethnischer Minderheiten bei der Verteilung der Parlamentssitze nach den Parteilisten oder konzentrieren sich auf das grundlegende Problem des Zugangs zu Bildung als Fundament späterer politischer Partizipation.

---

79 Interview mit Arno Stepanian (PMMG).
80 Interview mit Sandro Oganyan, Pressesprecher der Armenischen Gemeinschaft.
81 Interview mit Arno Stepanian (PMMG).
82 Interview mit Zaur Khalilov (CIF).

Gesetzlich gefördert wird die Partizipation ethnischer Minderheiten zurzeit nicht explizit und zumindest auf nationaler Ebene ist in naher Zukunft keine fundamentale Änderung absehbar. Mögliche Verbesserungen der Partizipation auf regionaler Ebene scheinen indes möglich, wenngleich das im Februar 2014 beschlossene Gesetz über die regionale Selbstverwaltung hinter den Erwartungen zivilgesellschaftlicher Organisationen zurückbleibt.

3. Autonomieregelungen

Während früher territoriale Autonomie für die Gebiete Samtskhe-Javakheti und Kvemo Kartli auf der politischen Agenda einiger Vertreter der armenischen und aserbaidschanischen Minderheit zu finden gewesen sein mag, haben diese nach dem Verlust der Gebiete Abchasien und Südossetien ihre Forderungen dem gesellschaftlichen Klima angepasst und beschränken sich heute in der Hauptsache auf Fragen lokaler – und vor allem kommunaler – Selbstverwaltung.[83] Neben einer effektiveren Verwaltung erwarten sich Befürworter der Erweiterung kommunaler Kompetenzen darüber mittelbar eine stärkere Bindung an den georgischen Staat und eine aktivere politische Partizipation der armenischen und aserbaidschanischen Bevölkerung.[84] Das im Februar 2014 in Kraft getretene Gesetz über die lokale Selbstverwaltung[85] überträgt einer Reihe von Städten das Recht zur Selbstverwaltung, ist aber in seiner Wirkung in Bezug auf Minderheiten begrenzt. So ist die Auswahl der Städte, deren Status aufgewertet wird und die von dem neuen Gesetz profitieren, für Vertreter ethnischer Minderheiten nur schwer nachvollziehbar: Weder das mehrheitlich von Armeniern bewohnte Akhalkalaki, noch das mehrheitlich von Aserbaidschanern bewohnte Marneuli haben das Recht zur Selbstverwaltung erhalten, dafür aber Städte wie das unweit von Tiflis gelegene und hinsichtlich seiner Einwohnerzahl kleine Mzcheta und das etwa in Samtskhe-Javakheti gelegene, aber mehrheitlich von ethnischen Georgiern bevölkerte Akhalkalidze. Vertreter ethnischer Minderheiten kritisieren in diesem Zusammenhang sowohl die Rolle der Medien als auch den Einfluss

---

83 Interview mit Ewa Chylinski und Giorgi Sordia (ECMI).
84 Interviews mit Sandro Oganyan (Armenische Gemeinschaft) und Zaur Khalilov (CIF).
85 https://matsne.gov.ge/ka/document/view/2244429,10.09.2015; die aktuelle Version ist nur auf Georgisch verfügbar, zuvor existierte daneben eine russischer Version, die allerdings nicht mehr abrufbar ist.

der georgisch-orthodoxen Kirche.[86] Selbst Gesetze, die relativ unbedeutende Kompetenzen wie die Kompetenz zur Verwaltung der städtischen Müllentsorgung übertrügen, würden als Bedrohung für die territoriale Integrität Georgiens dargestellt. Tatsächlich hatte die georgisch-orthodoxe Kirche während des Entstehungsprozesses des Gesetzes über die lokale Selbstverwaltung öffentlich auf die Gefahr der Förderung separatistischer Tendenzen in Kvemo Kartli und Samtskhe-Javakheti hingewiesen.[87]

C. Minderheitenrecht in Abchasien und Südossetien

Abchasien und Südossetien unterscheiden sich sowohl in ihrer Bevölkerungsstruktur als auch in ihrer Anbindung an Russland. In beiden Gebieten ist Russisch eine der Amtssprachen und der russische Rubel die offizielle Währung. Während aber Südossetien, dessen Staatsbudget schon jetzt praktisch vollständig durch Moskau finanziert wird, tendenziell einen Anschluss an die Russische Föderation und die Vereinigung mit Nordossetien anstrebt,[88] beharrt Abchasien stärker auf seiner de-facto-Eigenstaatlichkeit unter Beibehaltung enger Beziehungen zu Russland, das noch 2012 etwas über zwei Drittel des abchasischen Budgets finanzierte.[89] Auch sind etwa 60% der georgischen Einwohner der Gali-Region in ihre Dörfer zurückgekehrt,[90]

---

86 Interviews mit Arno Stepanian (PMMG), Sandro Oganyan (Armenische Gemeinschaft) und Zaur Khalilov (CIF).

87 Interview mit Zaur Khalilov (CIF).

88 Im Oktober 2015 kündigte Präsident Tibilov zuletzt die Durchführung eines Referendums über den Anschluss an Russland mit folgenden Worten an: „Мы должны сделать свой исторический выбор, должны воссоединиться с братской Россией и надолгие века обеспечить безопасность и процветание нашей республики, нашего народа." („Wir müssen eine historische Entscheidung treffen, wir müssen uns mit dem russischen Bruderstaat vereinigen und damit für viele Jahrhunderte die Sicherheit und den Gedeih unserer Republik und unseres Volkes gewährleisten."). Die russische Regierung scheint sich hierzu bislang nicht eindeutig verhalten zu haben, http://lenta.ru/news/2015/10/20/peskon1/, 07.12.2015. Südossetien hatte in der Vergangenheit bereits wiederholt seinen Anschlusswillen bekundet und auch entsprechende Referenden durchgeführt, die russische Reaktion war bislang indes ablehnend ausgefallen.

89 International Crisis Group, *Abkhazia: The Long Road to Reconciliation*, S. 6.

90 Interview mit Ewa Chylinski und Giorgi Sordia (ECMI). Nach einem Artikel der Zeitung „Resonansi" (rus.:„Резонанси") verlassen georgische Familien seit 2015 Gali jedoch zunehmend, nachdem die Unterrichtssprache in den letzten georgischen Schulen in den ersten Klassen von Georgisch auf Russisch umgestellt wurde. In den

während in Südossetien nur noch vereinzelt georgische Dörfer existieren – die georgische Bevölkerung Südossetiens wird auf nicht mehr als 2500 Personen geschätzt, die vornehmlich im Gebiet Akhalgori siedeln.[91] Sowohl die demographische Struktur als auch das nationale Selbstverständnis und die Beziehungen zu Russland finden ihren Ausdruck im Rechtssystem der Gebiete. Dabei überrascht es nicht, dass sowohl die Verfassungen als auch das jeweilige Gesetzesrecht (insbesondere das Staatsangehörigkeitsrecht) die Interessen ethnischer Minderheiten im Wesentlichen unberücksichtigt lassen. Mit Ausnahme Russlands und einer Handvoll anderer Staaten sowie Transnistriens unterhält die internationale Gemeinschaft keine formellen Beziehungen zu den Verwaltungen Abchasiens und Südossetiens. Mangels Staatsqualität (und – davon abgesehen – vermutlich auch mangels politischen Willens) sind weder Abchasien noch Südossetien in das universelle oder europäische Menschenrechts- und Minderheitenschutzsystem integriert. Auch fehlt es an materiellen Anreizen, sich um (rechtlichen) Minderheitenschutz zu bemühen. Vor diesem Hintergrund ist derzeit nicht mit einer Erhöhung des Schutzniveaus für Nichtabchasen bzw. Nichtosseten zu rechnen.

I.   Minderheitenrecht in Abchasien

Ethnische Minderheiten in Abchasien werden formal durch das verfassungsrechtliche Verbot der Diskriminierung aus Art. 12 der abchasischen Verfassung geschützt. Die Vorschrift ist jedoch nur schwach implementiert, so dass ethnische – und vor allem sprachliche Minderheiten – aufgrund des abchasischen Staatsangehörigkeitsrechts und der Sprachenpolitik systematisch benachteiligt werden.

1.   Allgemeine Freiheits- und Gleichheitsrechte

Art. 12 der Verfassung verbietet Diskriminierungen aufgrund von Rasse, Nationalität, Sprache, Herkunft und Wohnort. Allerdings fehlt es an einfachgesetzlichen Antidiskriminierungsvorschriften und *de facto* staatlichen Institutionen, die mit der Pflege der interethnischen Beziehungen betraut

---

übrigen Schulen wird Georgisch entweder gar nicht oder lediglich im Umfang von einer Stunde wöchentlich unterrichtet.http://abkhazeti.info/news/1447798969.php, 02.12.2015.

91 International Crisis Group, *South Ossetia: The Burden of Recognition*, S. 3.

sind.[92] Immerhin sieht das Strafgesetzbuch zum Teil Strafverschärfungen für Delikte vor, die aus rassistisch motiviertem oder religiösem Hass begangen werden, so etwa Art. 99 Abs. 2 lit. „л" für Tötungen.[93] Wie die georgische Erfahrung zeigt, dürften der Anwendung dieser Vorschriften erhebliche praktische Beweisprobleme entgegenstehen. In Georgien kam es trotz der Ausweitung einer analogen Strafverschärfung für aus ethnischen Motiven begangene Verbrechen auf alle Straftatbestände bisher zu keiner Anklage auf dieser Grundlage. In Art. 11 der Verfassung werden die Rechte und Freiheiten der Allgemeinen Erklärung der Menschenrechte, des ICCPR und des ICESCR garantiert, wobei es auch hier an einer effektiven Implementierung fehlt. Im Gegensatz zur südossetischen Verfassung beschränkt die abchasische Verfassung den Trägerkreis der Meinungsfreiheit (Art. 14) und der Versammlungs- und Vereinigungsfreiheit (Art. 17) nicht auf Staatsangehörige.

2. Minderheitenspezifische Regelungen

Nach Art. 6 der abchasischen Verfassung sind Russisch und Abchasisch heute die beiden offiziellen Sprachen des Landes (Art. 6 der Verfassung). Tatsächlich wird Abchasisch aber vornehmlich in den ländlichen Gebieten gesprochen, während Russisch das öffentliche Leben dominiert. Minderheitensprachen werden in öffentlichen Einrichtungen grundsätzlich nicht berücksichtigt, Vertreter ethnischer Minderheiten, die keine der beiden Amtssprachen beherrschen, haben vor Gericht aber immerhin das Recht auf einen Übersetzer, Art. 14 des Gesetzes über die Amtssprachen. Im November 2007 verabschiedete das abchasische Parlament ein Gesetz, das den schrittweisen Übergang zur Verwendung der abchasischen Sprache in allen Bereichen des öffentlichen Lebens bis 2015 gewährleisten soll.[94] Zur Umsetzung dieses Zieles garantiert die Regierung die Verfügbarkeit von Sprachkursen und die Bereitstellung entsprechender Lernmaterialien. Dies soll auch ethnische Minderheiten zum Erlernen des Abchasischen befähigen. Der Status der Minderheitensprachen

---

92 Trier, Lohm und Szakonyi, *Under Siege: Inter-Ethnic Relations in Abkhazia*, S. 78.
93 Die deutsche Differenzierung zwischen Mord und Totschlag ist dem abchasischen Recht fremd, die in der Übersetzung verwendete Terminologie stellt somit einen Kompromiss dar. Der Strafrahmen für aus den genannten Motiven begangene Morde steigt dramatisch von sechs bis elf Jahren auf acht bis fünfzehn Jahre oder lebenslängliche Haft oder Todesstrafe.
94 Trier, Lohm und Szakonyi, *Under Siege: Inter-Ethnic Relations in Abkhazia*, S. 59.

wird ebenfalls durch Art. 6 festgelegt, dessen Wortlaut bezüglich ethnischer Minderheiten in Art. 2 des Gesetzes über die Amtssprachen wiederholt wird. Diese Bestimmungen schützen die öffentliche Verwendung von Minderheitensprachen. Ungeachtet dieses formellen Schutzes erwarten sich Georgier in der Gali-Region Nachteile vom öffentlichen Gebrauch des Georgischen und weichen in einem Akt der Selbstzensur auf das Mingrelische aus, das von praktisch allen kartvelischen Bewohnern der Gali-Region beherrscht und von abchasischer Seite wohlwollender aufgenommen wird.[95] Hinzu kommt, dass der Unterricht in georgischer Sprache seit 1995 weitgehend verboten ist und Russisch und Abchasisch zu den einzigen Unterrichtssprachen bestimmt wurden. Zwar fand der Unterricht an etwa 11 Schulen der Gali-Region bis Ende 2014 auf Georgisch statt, die abchasische Regierung hat einem Bericht der International Crisis Group zufolge aber ihre Bemühungen zur Umstellung auf Unterricht in den Amtssprachen intensiviert und mit Wirkung zum Jahr 2015 veranlasst, dass der Unterricht in den ersten Klassen nunmehr auf Russisch erfolgen soll. Dies fördert zum einen Ressentiments in der ethnisch georgischen Bevölkerung. Zum anderen wirken sich diese Maßnahmen ob der unzureichenden Russisch- und Abchasischkenntnisse der Bevölkerung der Gali-Region negativ auf die Unterrichtsqualität aus.[96] Auch fehlt es an geeigneten, das Russische hinreichend beherrschenden Lehrern, da ein Großteil des Lehrpersonals in Gali durch ethnische Georgier gestellt wird.

Keine Regelung existierte lange Zeit zudem für das Problem der Grenzüberschreitung durch die georgisch-mingrelische Bevölkerung der Gali-Region und des angrenzenden georgischen Gebiets, das sich nach der Übernahme der Grenzkontrolle durch russische Truppen auf abchasischer Seite seit 2012 weiter verschärft hatte.[97] Aufgrund eines Mangels an offiziellen Grenzübergängen nutzten Georgier der Region inoffizielle Routen, um etwa auf der anderen Seite in Gali nicht verfügbare medizinische Leistungen in Anspruch zu nehmen. Dies führte noch 2013 zu Spannungen mit dem russischen Militär. Besonders schwierig war diese Situation für jene, die keinen abchasischen Pass besaßen, da georgische Pässe der Bewohner der Gali-Region bei Polizeikontrollen in der Vergangenheit konfisziert und vernichtet wurden.[98] Nach Berichten des abchasischen Fernsehens wurde nunmehr ein regulärer Grenzübergang durch russische Militäreinheiten geschaffen, die auch die

---

95 Trier, Lohm und Szakonyi, *Under Siege: Inter-Ethnic Relations in Abkhazia*, S. 78.
96 International Crisis Group, *Abkhazia: The Long Road to Reconciliation*, S. 20.
97 Ebd., S. 19 ff.
98 Ebd., S. 20.

Grenzkontrolle übernehmen. Hierdurch sei es Bewohnern der Gali-Region möglich geworden, ohne weiteres die Grenze nach Georgien zu überqueren.

3. Partizipation

Die Partizipation ethnischer Minderheiten wird sowohl auf nationaler Ebene wie auch auf der Ebene der kommunalen Selbstverwaltung durch das tendenziell diskriminierende Staatsbürgerschaftsrecht begrenzt: Nach Art. 5 des abchasischen Staatsbürgerschaftsgesetzes von 1995 gelten alle Personen abchasischer Nationalität (sog. Abasa, russ.: абаза) als abchasische Staatsbürger, sofern sie nicht durch „verfassungswidrige Methoden auf die Änderung des souveränen Status" Abchasiens oder seiner verfassungsmäßigen Ordnung hingewirkt haben. Neben ethnischen Abchasen zählen zu dieser Gruppe auch Vertreter nordkaukasischer Völker wie der Tscherkessen oder der Karbadiner. Die Einbeziehung dieser Völker in den Begriff „Abasa" ergibt sich nicht aus dem Gesetz, stellt aber gängige Verwaltungspraxis dar.[99] Ebenso gelten nach Art. 5 jene als abchasische Staatsangehörige, die seit dem „Akt über die staatliche Unabhängigkeit"[100] vom 12.10.1999 auf dem Gebiet Abchasiens leben und keine andere Staatsangehörigkeit mit Ausnahme der russischen besitzen. Auch hier greift der oben genannte Ausschlussgrund der Anwendung „verfassungswidriger Methoden".

Im Übrigen kann die abchasische Staatsangehörigkeit nach Art. 11 ff. des Staatsangehörigkeitsgesetzes nur durch Geburt, durch Einbürgerung oder „auf sonstige Weise" erworben werden. Der Staatsangehörigkeitserwerb durch Geburt knüpft an die abchasische Staatsangehörigkeit mindestens eines Elternteils an (Art. 12 Nr. 1 lit. "a" bis „в"). Für den Erwerb der Staatsangehörigkeit auf Antrag müssen Vertreter von Gruppen, die nicht unter den Begriff „Abasa" fallen, dokumentieren, zehn aufeinander folgende Jahre ihren Wohnsitz in Abchasien gehabt zu haben und die abchasische Sprache beherrschen.[101] Ausnahmeregelungen gelten für in Abchasien stationierte Angehörige der russischen Streitkräfte, welche als einzige Gruppe die abchasische Staatsbürgerschaft neben ihrer russischen Staatsbürgerschaft

---

99 Trier, Lohm und Szakonyi, *Under Siege: Inter-Ethnic Relations in Abkhazia*, S. 81 ff.

100 Text der Erklärung auf der Internetseite der abchasischen Vertretung in Transnistrien: http://abkhazia-pmr.org/holidays.php?id=51&rz=1, 02.12.2015.

101 Art. 13 Abs. 1 lit. a, d des Staatsbürgerschaftsgesetzes

annehmen können.[102] Art. 6 des abchasischen Staatsbürgerschaftsgesetzes ermöglicht abchasischen Staatsbürgern eine doppelte Staatsbürgerschaft, beschränkt diese aber auf den Erwerb der russischen Staatsangehörigkeit. Kein Recht auf den Erwerb der Staatsbürgerschaft haben Personen laut dem Gesetz jedoch dann, wenn sie „versucht haben, die konstitutionelle Ordnung der Republik Abchasien zu untergraben oder an terroristischen Aktivitäten beteiligt waren". Mit diesen Bestimmungen sind vor allem ethnische Georgier, die während der bewaffneten Auseinandersetzungen aus Abchasien geflohen oder selbst an den Kämpfen beteiligt waren, vom Erwerb der abchasischen Staatsbürgerschaft ausgeschlossen. Eine weitere Hürde wird durch die Bedingung des Beherrschens der abchasischen Sprache errichtet. Immerhin stellt der Erwerb der abchasischen Staatsbürgerschaft keine Bedingung für die Residenz auf abchasischem Territorium dar.[103] Sie ist aber Voraussetzung für die Teilnahme an Kommunalwahlen, so dass einem erheblichen Teil der Bevölkerung der Gali-Region diese Möglichkeit verwehrt bleibt.

Auch aus der Sprachenpolitik folgt eine Reihe von Problemen für ethnische Minderheiten. Die Umsetzung des Gesetzes über den schrittweisen Übergang zur Verwendung der abchasischen Sprache in allen Bereichen des öffentlichen Lebens gestaltet sich ob des Mangels an qualifizierten Abchasisch-Lehrern und der Eigenschaften der Sprache selbst als schwierig: Abchasisch gilt als komplizierte Sprache, die insbesondere von Erwachsenen nur mühsam erlernt wird und selbst viele ethnische Abchasen beherrschen sie nur unzureichend.[104] Zudem ist die Umsetzung mit einem großen finanziellen Aufwand für Kurse und Lehrmaterialien verbunden. Ethnische Minderheiten stellt es zudem insofern vor Probleme, als diese zusätzliche Ressourcen in das Erlernen einer nur von wenigen Sprechern beherrschten Sprache investieren müssen, gleichzeitig aber bestrebt sind, die eigene Minderheitensprache und regelmäßig auch Russisch als Amtssprache und regionale *lingua franca* zu lernen. In jedem Fall benachteiligt das Gesetz einen Großteil der Bevölkerung hinsichtlich der Teilnahme an politischen Entscheidungsprozessen, da Nichtabchasier die abchasische Sprache nur vereinzelt beherrschen.

---

102 International Crisis Group, *Abkhazia: The Long Road to Reconciliation*, S. 5. Üblicherweise ist die Annahme der abchasischen Staatsbürgerschaft nur unter Verzicht auf die vorherige Staatsangehörigkeit möglich, Art. 13 Abs. 1 lit. f des Gesetzes über die Staatsangehörigkeit.
103 Siehe Trier, Lohm und Szakonyi, *Under Siege: Inter-Ethnic Relations in Abkhazia*, S. 81 ff.
104 Ebd., S. 59 ff.

Gesetzliche Quoten, die eine Vertretung ethnischer Minderheiten im Parlament sichern würden, existieren nicht.

II. Minderheitenrecht in Südossetien

Angesichts der geringen Anzahl der in Südossetien verbliebenen ethnischen Georgier erstaunt es nicht, dass Minderheitenrechte in der südossetischen Gesetzgebung eine nur marginale Rolle spielen. Eine beschränkte minderheitenrechtliche Relevanz haben immerhin die in der Verfassung verbürgten allgemeinen Freiheitsrechte und Bestimmungen bezüglich der Grenzüberschreitung, die vor allem für jene georgischen Familien von Bedeutung sind, die nach dem Fünftagekrieg ihren ständigen Wohnsitz auf die georgische Seite der Grenze verlegt haben, aber zur Bewirtschaftung ihres in Südossetien verbliebenen Landes die Grenze regelmäßig überschreiten müssen.

1. Allgemeine Freiheits- und Gleichheitsrechte

Auf verfassungsrechtlicher Ebene garantieren die Artikel 18 ff. der südossetischen Verfassung die allgemeinen Menschenrechte, wie sie im Völkerrecht verbürgt sind, solange diese nicht der südossetischen Verfassung widersprechen. An allgemeinen Gleichheitsrechten und Antidiskriminierungsvorschriften fehlt es allerdings. Art. 16 Abs. 4 der Verfassung unterstreicht, dass grundsätzlich auch Ausländer und Staatenlose Träger der in der Verfassung garantierten Rechte und Freiheiten sein können. Art. 22 regelt in vier Absätzen den Schutz des Eigentums, dessen Durchsetzung allerdings bisher nicht durchgehend gewährleistet wurde. So kam es kurz nach dem Fünftagekrieg zu Plünderungen verlassener georgischer Dörfer, gegen die weder die russischen noch die südossetischen Sicherheitskräfte etwas unternahmen.[105] Art. 40 der Verfassung berechtigt in einem solchen Fall unabhängig von der Staatsbürgerschaft oder der ethnischen Zugehörigkeit zu Schadensersatz. Art. 30 der Verfassung gestattet allen Bürgern der Republik Südossetien die Kritik an der Arbeit staatlicher Organe. Ausländer und Staatenlose scheinen dieses Recht nicht zu genießen.[106] Ebenso auf die Bürger Südossetiens beschränkt

---

105 International Crisis Group, *South Ossetia: The Burden of Recognition*, S. 5.
106 Während die Rechtsträgerschaft in den meisten Artikeln durch das Wort *kazhdyj* (jeder) bestimmt wird, richtet sich Art. 30 explizit an „jeden Bürger der Republik Südossetien" (russ.: каждый гражданин Республики Южная Осетия).

sind die Meinungsfreiheit (Art. 31 Abs. 1), die Versammlungsfreiheit (Art. 31 Abs. 1) und die Vereinigungsfreiheit (Art. 32 Abs. 1).

2. Minderheitenspezifische Rechte

Art. 4 Abs. 1 und 2 der Verfassung Südossetiens bestimmen Ossetisch und Russisch zu gleichgestellten Amtssprachen. Tatsächlich dominiert aber – wie in Abchasien – das Russische, während die ossetische Sprache trotz staatlicher Fördermaßnahmen bislang zunehmend an Sprechern verloren hat.[107] Um dem Niedergang des südossetischen Dialektes entgegenzuwirken, wurde gesetzlich die Dominanz des Ossetischen gegenüber dem Russischen festgelegt: Art. 19 des Gesetzes über die Amtssprachen bestimmt, dass nichtossetische geographische Bezeichnungen nicht größer als die ossetische Bezeichnung formatiert werden dürfen. Öffentliche Reklame und Aushänge sind nur in ossetischer und russischer Sprache zulässig (Art. 18).[108] Nicht weniger als 2/3 der staatlichen Presse und nicht weniger als 2/3 aller Radiosendungen müssen ossetischsprachig sein (Art. 17). Nach Artikel 15 des Gesetzes über die Amtssprachen haben Beteiligte eines Gerichtsprozesses, die keine der beiden Amtssprachen beherrschen, das Recht auf einen Übersetzer. Art. 12 desselben Gesetzes bestimmt Russisch und Ossetisch zu den einzig zulässigen Sprachen in privatrechtlichen wie öffentlich-rechtlichen Unternehmen.

Daneben erhält das Georgische durch Art. 4 Abs. 2 der Verfassung den Status einer regionalen Amtssprache in Gebieten, die von ethnischen Georgiern kompakt besiedelt werden. Das Gesetz über die Amtssprachen enthält hierzu allerdings keine Bestimmungen. Art. 4 Abs. 3 der Verfassung garantiert aber allen Volksgruppen der Republik das Recht, die eigene Sprache zu lernen und zu sprechen. Tatsächlich wird Georgisch auch in einigen Schulen der Bezirke Znauri, Java und Akhalgori nicht nur unterrichtet, sondern als allgemeine Unterrichtssprache verwendet. Der Unterricht an diesen Schulen entspricht

---

107 http://rus.azattyq.org/content/ossetia-yazyk-ugroza-ischeznovenia/27040729. html, 07.12.2015. Eine Schwierigkeit der Maßnahmen zur Förderung der ossetischen Sprache besteht darin, dass die in Nord- und Südossetien gesprochenen Dialekte sich stark voneinander unterscheiden. Hierdurch wird die Durchführung gemeinsamer Förderprogramme Nord- und Südossetiens erschwert.

108 Das „und" ist dabei streng logisch zu verstehen, Reklame ist also nicht in ossetischer „oder" russischer Sprache gestattet, sondern nur zweisprachig.

ebenfalls dem georgischen System.[109] Grundsätzlich sind aber allein Russisch und Ossetisch offizielle Unterrichtssprachen, während andere Sprachen in außerschulischen Einrichtungen erworben werden können (Art. 8 des Gesetzes über die Amtssprachen). Art. 29 Abs. 4 der Verfassung vermittelt das Recht, Gemeinschaften aufgrund der Zugehörigkeit zu einer bestimmten ethnischen Gruppe zwecks Pflege der eigenen Traditionen und Gebräuche zu bilden. Art. 24 Abs. 1 berechtigt jeden zum Verlassen des südossetischen Territoriums, Absatz 2 der Vorschrift beschränkt dann allerdings das Recht auf Rückkehr nach Südossetien auf südossetische Staatsbürger.

3. Partizipation

Das aktive wie passive Wahlrecht samt dem Recht zur Teilnahme an Referenden haben allein Bürger Südossetiens (Art. 23 der Verfassung). Die Partizipation am politischen Leben ist damit eng an die Staatsbürgerschaft geknüpft, zumal das Recht auf Kritik an der Arbeit staatlicher Organe ebenfalls nur Staatsbürgern zukommt. Immerhin erlaubt Art. 6 des südossetischen Staatsangehörigkeitsgesetzes doppelte Staatsangehörigkeiten, so dass Einwohner mit einer anderen Staatsangehörigkeit diese zumindest unter südossetischer Gesetzgebung nicht aufgeben brauchen. Allerdings sind umfassende Kenntnisse des Ossetischen für den Erwerb der südossetischen Staatsbürgerschaft unabdingbar, Art. 13 Abs. 1 lit. „a",[110] so dass die Hürde für den Erwerb der Staatsbürgerschaft für ethnische Minderheiten sehr hoch angesetzt scheint. Nicht unerhebliche Schwierigkeiten folgen auch aus den weiteren Voraussetzungen: So muss der Antragsteller zum Zeitpunkt der Antragstellung mindestens zehn Jahre ununterbrochen in Südossetien gelebt haben. Als Unterbrechung sieht das Gesetz das Verlassen des südossetischen

---

109 International Crisis Group, *South Ossetia: The Burden of Recognition*, S. 6. Zum Teil wurden die Unterrichtsinhalte allerdings den südossetischen Bedürfnissen angepasst. So wurde etwa eigens für den Geschichtsunterricht ein neues Geschichtsbuch entwickelt und ins Georgische übersetzt, um den vermeintlich „falschen Interpretationen historischer Ereignisse" im georgischen Unterrichtsmaterial die südossetische Perspektive entgegenzusetzen, http://ugo-osetia.ru/index.php/obrazovanie/item/3293-v-novom-uchebnom-godu-v-gruzinskikh-shkolakh-leningorskogo-rajona-budet-izuchatsya-istoriya-yuzhnykh-osetin, 06.12.2015.

110 Die Verwendung des Wortes „beherrschen" (владеть) impliziert hohe Anforderungen an die Sprachkenntnisse, die im Gesetz allerdings nicht näher spezifiziert werden.

Territoriums für mehr als drei Monate innerhalb eines Jahres an (Art. 13 Abs. 1 lit. „в"). Artikel 6 der Verfassung garantiert das Prinzip der kommunalen Selbstverwaltung. Gemäß Art. 89 Abs. 1 der Verfassung dient die kommunale Selbstverwaltung der autonomen Bearbeitung von Fragen mit lokaler Bedeutung. Art. 89 Abs. 2 beschränkt das Recht zur kommunalen Selbstverwaltung indes wiederum auf Staatsangehörige, so dass unklar bleibt, inwiefern die georgische Minderheit hiervon profitiert. Theoretisch denkbar ist, dass sich ethnische Minderheiten zivilgesellschaftlich organisieren und durch die Arbeit in NGOs am politisch-gesellschaftlichen Leben partizipieren. In den meisten Fällen dürfte dem aber die Beschränkung der Vereinigungsfreiheit auf südossetische Staatsangehörige entgegenstehen. Abgesehen davon haben unabhängige Aktivisten einen schweren Stand und ihre Gründer werden regelmäßig als Verräter bezeichnet, was die Motivation unter Minderheiten generell gering halten dürfte.[111]

D. Zusammenfassung

Im Zentrum der Konflikte zwischen Georgien und den Gebieten Südossetien und Abchasien stand von Beginn an die Sprache. Sprache ist nicht nur Träger kultureller und damit sozialer Identität, sie beeinflusst gleichzeitig wesentlich die Wettbewerbsfähigkeit von Individuen in einer Gesellschaft. Das Ende der Sowjetunion brachte neben dem Wegfall einer übergeordneten sowjetischen Identität auch den Verlust einer quasi übergeordneten Amtssprache, die für den interethnischen Dialog verwendet werden konnte. Die georgisch-zentralistische und ethnische Minderheiten gezielt marginalisierende Politik unter Gamsakhurdia führte endgültig zum Bruch mit Abchasen und Osseten.

Das georgische Minderheitenrecht ist von der Erfahrung des Verlusts großer Teile des von ethnischen Minderheiten kompakt besiedelten Staatsgebietes geprägt. Die Änderungen in der georgischen Gesetzgebung sind in vielen Fällen rein formaler Natur und bringen wenig substanzielle Verbesserungen der Situation ethnischer Minderheiten mit sich. Einer der bislang größten Erfolge bestand in der Vereinfachung des Hochschulzugangs für ethnische Minderheiten, die sowohl international als auch zivilgesellschaftlich begrüßt wurde. Der Beitritt zu völkerrechtlichen Verträgen wie der Europäischen Rahmenkonvention zum Schutz nationaler Minderheiten führt zwar zum Teil zu einem minderheitenfreundlicheren Gesprächsklima in der natio-

---

111 International Crisis Group, *South Ossetia: The Burden of Recognition*, S. 11.

nalen Politik und gibt georgischen NGOs Rückendeckung für ihre Arbeit. Vor dem Hintergrund der thematischen Dominanz der geopolitischen Sicherheit Georgiens in den politischen Debatten haben zu mehr Dezentralisierung ermutigende Empfehlungen internationaler Monitoring-Mechanismen und nationaler Minderheitenschutzinstitutionen eine nur sehr begrenzte Wirkung auf den politischen Entscheidungsprozess.

Die Gesetzgebung in Abchasien und Südossetien berücksichtigt die Interessen ethnischer Minderheiten nur eingeschränkt und knüpft Rechte und Freiheiten in vielen Fällen an eine nur schwer erwerbbare Staatsbürgerschaft. Im Gegensatz zu Südossetien hat in Abchasien auch der Teil der Bevölkerung, der nicht über die abchasische Staatsbürgerschaft verfügt, ein von der Verfassung garantiertes Recht auf freie Meinungsäußerung und genießt sowohl Vereinigungs- als auch Versammlungsfreiheit. Die Partizipation in der lokalen Selbstverwaltung ist in beiden Gebieten an die Staatsbürgerschaft geknüpft. In Südossetien hat die georgische Sprache zusätzlich zu den beiden Amtssprachen Ossetisch und Georgisch den Status einer regionalen Amtssprache in Gebieten, die kompakt von ethnischen Georgiern besiedelt werden, wobei die ethnische georgische Bevölkerung nach Schätzungen nicht mehr als 2500 Menschen ausmacht. In Abchasien, wo etwa 60 % der Bewohner der Gali-Region in die Region zurückgekehrt sind, existiert ein solches Recht hingegen nicht. Insgesamt ist das Schutzniveau in Bezug auf ethnische Minderheiten niedrig und ein politischer Wille, etwas an dieser Situation zu ändern, ist nicht erkennbar.

Kapitel 4 Ergebnis und Ausblick

Die Eignung des Völkerrechts, Mittel zur Lösung ethnischer Konflikte zu sein, ist zweifach begrenzt: zum einen durch die Natur ethnischer Konflikte (A), zum anderen durch die Natur des Völkerrechts und die Ausgestaltung der einschlägigen Völkerrechtsnormen (B). Demgegenüber steht das Potenzial des Völkerrechts, durch das Setzen von Rahmenstandards rechtliche Grundlagen für die vielgestaltige Einwirkung auf nationale Entscheidungsprozesse zu schaffen (C). In diesem Gebiet ergeben sich schließlich Perspektiven für weitere, interdisziplinäre Projekte, mittels derer die Wirkungen des Rechts und sein Steuerungspotenzial untersucht werden können (D).

A. Begrenzung durch die Natur ethnischer Konflikte

Die Besonderheit ethnischer Konflikte besteht regelmäßig in der Verbindung objektiver Interessenkonflikte mit subjektiven, gruppenbezogenen Emotionen und kognitiven Verzerrungen gegeben. Dies führt dazu, dass die Umsetzung des völkerrechtlichen Minderheitenschutzes auf nationaler Ebene auf große Widerstände trifft und es sich selbst wohlmeinenden politischen Entscheidungsträgern schwierig gestaltet, die erforderlichen Maßnahmen in Angriff zu nehmen.

In ethnischen Konflikten konkurrieren Gruppen regelmäßig unvermeidbar um die Verteilung finanzieller Ressourcen. Dies gilt insbesondere dann, wenn sprachliche Minderheiten beteiligt sind, da die Aufrechterhaltung der zur Förderung von Minderheitensprachen erforderliche Infrastruktur in jedem Fall eine finanzielle Mehrbelastung der Bevölkerungsmehrheit darstellt, ohne dass für diese subjektiv ein signifkanter Nutzen festzustellen wäre. Durch die Verringerung der Mittel zur Förderung der eigenen Gruppe wird der Wahrnehmung von Bedrohung für den Bestand der eigenen Kultur Raum gegeben. Derselbe Effekt kann natürlich durch die Vorenthaltung der Mittel zur Förderung der regelmäßig ohnehin unter Assimilierungsdruck stehenden Minderheitenkultur resultieren. Mit dem Gefühl der Bedrohung aber sind – zusammen mit der beschriebenen Wettbewerbssituation – alle Voraussetzungen für die mit realistischen Intergruppenkonflikten der Theorie nach typischerweise einhergehenden kognitiven Verzerrungen. Das Völkerrecht kann die ethnischen Konflikten zugrunde liegenden realen Interessenkonflikte nicht beseitigen, sondern lediglich versuchen, die Konflikte in geordnete Bahnen zu lenken und zu verwalten, indem rechtliche Mindestanforderungen für die Verteilung von Ressourcen vorgesehen werden. Dies geschieht allerdings nicht expizit, sondern über absolute Mindestanforderungen, wie etwa die Verpflichtung zur Beseitigung faktischer Diskriminierung.

Ungeachtet des Konfliktpotenzials durch den Wettbewerb um knappe Ressourcen tendieren Menschen im Allgemeinen dazu, ihre Identität über die Zugehörigkeit zu einer Gruppe durch Abgrenzung zu anderen Gruppen zu festigen. Ethnische Anknüpfungspunkte wie Sprache oder ganz allgemein Kultur eignen sich hierfür so hervorragend, weil die Angehörigen der durch diese Merkmale unterscheidbaren Gruppen diese nicht einfach wechseln können. Das Bedürfnis nach positiver Abgrenzung zur jeweils anderen Gruppe äußert sich nicht nur in deren Wahrnehmung, sondern auch im Verhalten der anderen Gruppe gegenüber. Menschen tendieren zur aktiven Begünstigung ihrer eigenen Gruppe und zur entsprechenden Benachteiligung der anderen Gruppen. Problematisch ist dies insbesondere im Kampf gegen Diskriminierung auf dem Arbeitsmarkt, da hier im Einzelfall nur schwer nachzuweisen ist, dass der Misserfolg von Angehörigen einer bestimmten ethnischen Gruppe das Resultat eines diskriminierenden Auswahlprozesses ist.

Schließlich ist der Einfluss des Völkerrechts insofern begrenzt, als es die Entstehungsvoraussetzungen von Sicherheitsdilemmata nicht beheben kann. So hat das völkerrechtliche Minderheitenrecht keinen Einfluss auf den Wechsel externer Schutzmächte, den Zusammenbruch einer Regierung oder gar die geographische Isolierung eines Staates. Denkbar ist lediglich der Versuch, dem Mangel an Vertrauen zwischen Konfliktparteien durch die Ausbildung vermittelnder völkerrechtlicher Institutionen entgegenzuwirken. Der Erfolg der Vermittlung dürfte zu großen Teilen davon abhängen, wie tief die vertrauenshindernden Überzeugungen der Konfliktparteien Teil des kollektiven nationalen Bewusstseins und Gedächtnisses geworden sind.

B. Begrenzung durch die Natur und Ausgestaltung des einschlägigen Völkerrechts

Die Eignung des Völkerrechts zur Lösung ethnischer Konflikte wird begrenzt zum einen durch die dem Völkerrecht eigene Identität von Normsetzern und Normadressaten, zum anderen durch Mängel der Normklarheit in Einzelfällen, deren Wirkung sich auf der Ebene der Rechtsdurchsetzungsmängel fortsetzt.

Das klassische Völkerrecht ist eine Menge von Regeln für Staaten von Staaten. Die damit einhergehende Identität von Normsetzern und Nomradressaten hemmt die Bereitschaft von Regierungen, neue Regeln hinreichend eindeutig zu formulieren, wenn ihre Umsetzung in der Bevölkerung unpopulär scheint. Dies ist insbesondere bei den Regeln der Fall, die mehr als die Abschaffung formaler Diskriminierung einfordern.

Begrenzt ist die Wirkung des Völkerrechts auf die Beilegung ethnischer Konflikte zudem durch seine mangelnde Klarheit in einigen Bereichen. So ist für eine Reihe ethnischer Gruppen nicht erklärt, ob und wann für sie der personelle Schutzbereich des völkerrechtlichen Minderheitenschutzes eröffnet ist und welche Rechtsfolgen sich daraus ableiten. Dies gilt zum einen für sog. „neue Minderheiten" im Sinne von Migrationsminderheiten, deren Einbeziehung etwa durch den HRC befürwortet wird, bezüglich derer die Staatenpraxis aber uneinheitlich ist und denen zum Teil mit dem Argument ihres vergleichsweise erst kurzen Aufenthalts die Schutzwürdigkeit abgesprochen wird. Zum anderen gilt dies für die davon unabhängige Frage, ob die Staatsangehörigkeit des Aufenthaltsstaates zwingende Voraussetzung der Schutzbereichseröffnung ist. Schließlich fehlt es bezüglich eines Rechts auf Sezession schlicht an entsprechenden Regeln und bislang auch an der Bereitschaft der internationalen Gemeinschaft, solche zu schaffen.

Neben der Tatsache, dass nur hinreichend eindeutige Regeln Abweichungen im Einzelfall erkennen lassen können und Defizite bezüglich der Normklarheit auch immer zu Lasten der Normdurchsetzbarkeit gehen, handelt es sich bei dem Kern des für ethnische Konflikte relevanten Rechts um Regeln, die vornehmlich die Ausgestaltung und Anwendung nationalen Rechts betreffen. Damit fehlt es an einer reziproken Beziehung, die es anderen Staaten erlauben würde, rechtmäßigen Druck auf ihre derogierenden Partner auszuüben. Nichtinstrumentelle Durchsetzungsmechanismen wie die Ausübung sozialen Einflusses oder die Legitimität und Fairness der durchzusetzenden Regel entfalten nach hiesiger Auffassung zumindest keine von materiellen Anreizen zur Normbefolgung unabhängige Wirkung.

C. Potenziale für die Einwirkung auf nationale Entscheidungsprozesse

Den genannten Beschränkungen zum Trotz birgt das Völkerrecht auch jenseits eines klassischen Sanktionssystems Potenzial für die Einwirkung auf nationale Entscheidungsprozesse. Ansatzpunkte sind die normative Verankerung zur Schaffung einer Grundlage für gesellschaftlichen Diskurs, die Verbreiterung der Informationsgrundlage, die Schaffung materieller Anreize und die Entwicklung eines normativen Angebots für ungeregelte, aber regelungsbedürftige Bereiche.

Zunächst fixiert das Völkerrecht eine Reihe von Grundsätzen wie das Verbot der Diskriminierung oder das Recht auf Partizipation an bestimmten Entscheidungsprozessen, auf die im gesellschaftlichen Diskurs verwiesen werden kann. Dies ist etwa für Nichtregierungsorganisationen von Bedeutung, die sich dadurch eines Teils des auf ihnen lastenden Rechtfertigungsdrucks gegenüber der Mehrheitsbevölkerung durch Verweis auf die entsprechenden Normen entledigen können. Zudem bietet es einen Ansatzpunkt für Überzeugungsarbeit auf der Grundlage kognitiver Dissonanz. Darüber hinaus erzwingen etwa die Monitoring-Verfahren die Schaffung nationaler Strukturen, mittels derer Informationen zur Abfassung der geforderten Berichte zusammengetragen werden. Allein hierdurch wird bereits die Informationsgrundlage für politische Entscheidungen verbreitert. Zur stärkeren Einwirkung auf die Mehrheitsbevölkerung wäre es indes wünschenswert, die Ergebnisse der Berichtsverfahren systematischer in der öffentlichen Wahrnehmung zu verankern. Lediglich die ECLSMW und die ECRML sehen die Pflicht zur Veröffentlichung der Ergebnisse des jeweiligen Berichtsverfahrens vor, ohne die Art und Weise der Veröffentlichung näher zu spezifizieren. In Anbetracht der ohnehin großen Abstände zwischen den Veröffentlichungen der Abschlussberichte wäre es wünschenswert und zumutbar, eine allgemeine Pflicht zu Veröffentlichung zu normieren und diese so konkret auszugestalten, dass die betroffene Öffentlichkeit ohne größere Mühe Kenntnis nehmen kann.

Das Völkerrecht sieht im Bereich der für ethnische Konflikte relevanten Regeln kaum materielle Anreize zu konformem Verhalten vor, sondern erschöpft sich größtenteils in der Formulierung von Pflichten für die Vertragsparteien. Das Beispiel des lettischen EU-Beitrittsprozesses zeigt indes, dass Regierungen bei in Aussicht gestellten konkreten materiellen Vorteilen auch in Fällen, in denen die Beziehungen zwischen ethnischen Gruppen durch eine lange und ambivalente Konfliktgeschichte geprägt sind, bereit sind, den Empfehlungen internationaler Institutionen zu folgen. Damit fällt der notorische Mangel eines zentralen Sanktionsmechanismus weniger ins Gewicht. Es bleibt jedoch die Herausforderung, ein entsprechend ausdifferenziertes Anreizsystem zu schaffen und es vom Einfluss des Machtgefälles zwischen den Staaten zu abstrahieren.

Schließlich kann die Völkerrechtswissenschaft normative Angebote für regelungsbedürftige Bereiche bereitstellen. Existiert ein praktisches Bedürfnis für einen Verfahrensalgorithmus, wie dies bezüglich des Vollzugs einer Sezession der Fall ist, kann es vorteilhaft sein, Regelungsangebote bezüglich des „Wie" eines Verfahrens zu machen, bevor über das „Ob" entschieden ist. Dies zeigt etwa das Beispiel des CGPR der Venedig-Kommission, dessen Standards etwa bei der rechtlichen Einordnung des Krim-Referendums berücksichtigt wurden, obgleich sie aus sich heraus keine bindenden Regeln darstellen.[1]

D. Perspektiven für die Völkerrechtswissenschaft

Aus der vorliegenden Arbeit ergeben sich Perspektiven für die wissenschaftliche Arbeit im Bereich des Völkerrechts auf zwei Ebenen. Zum einen sollte das Forschungsfeld weiter als bisher gefasst und die verbreitete Beschränkung auf hermeneutische Arbeit überwunden werden. Dies steht nicht im Widerspruch zum Gegenstand der Rechtswissenschaft, denn spätestens im Rahmen der teleologischen Interpretation fragt auch der klassische Rechtsanwender nach Sinn und Zweck einer Regelung, um den ihm vorliegenden Normtext einem angemessenen Verständnis zuzuführen. Die sich anschließende Subsumtion kann jedoch ohne eine Prognose der jeweiligen Entscheidungsfolgen nicht durchgeführt werden. Ebenso unerlässlich ist es, die Wirkungsweise rechtlicher Normen selbst näher zu untersuchen, um das Recht als soziales Steuerungsmittel besser verstehen und gestalten zu können.

Bezüglich der Wirkungsweise völkerrechtlicher Normen sollte künftig ihr Einfluss auf die Bildung individueller Überzeugungen untersucht werden, um herauszufinden, welchen Effekt ihre stärkere Verankerung im öffentlichen Bewusstsein verspricht. Auf der Grundlage der dadurch erzielten Erkenntnisse könnten präzisere Empfehlungen für die Formulierung von Veröffentlichungspflichten im Rahmen internationaler Berichtsverfahren erarbeitet werden. Bezüglich des völkerrechtlichen Minderheitenschutzes könnte im selben Zuge geprüft werden, welche Rolle normkonformes Verhalten einer Regierung für das Maß der politischen Unterstützung seitens der Bevölkerung spielt. Bezüglich materieller Anreize zu regelkonformem Verhalten ist es erforderlich, Entwürfe für differenzierte Anreizmechanismen zu entwickeln, die das das Problem des Machtgefälles zwischen den Vertragsparteien minimieren.

---

1 Marxsen, "The Crimea Crisis: An International Law Perspective", S. 380 ff.

Es bleibt zu hoffen, dass das Studium ethnischer Konflikte und ihrer Lösung auch aus völkerrechtlicher Perspektive zu Erkenntnissen verhilft, die vor dem Hintergrund einer von einer Vielzahl ethnischer Gruppen bewohnten Welt mit endlichen Ressourcen es künftigen Generationen erleichtern, ethnische Konflikte mit den nach SAVIGNY hervorragenden Eigenschaften guter Juristen zu lösen: ruhig, kalt und leidenschaftslos.

Literatur

Aaken, Anne van. "Die vielen Wege zur Effektuierung des Völkerrechts". In: *Rechtswissenschaft* 3 (2013), S. 227–262.

– *"Rational Choice in der Rechtswissenschaft: Zum Stellenwert der ökonomischen Theorie im Recht*. Nomos-Verlag-Gesellschaft, 2003.

Alexy, Robert. *Theorie der Grundrechte*. Suhrkamp, 1996.

Allport, G. W. *The Nature of Prejudice*. Oxford, England: Addison-Wesley, 1979.

Anderson, Barbara A. und Brian D. Silver. "Equality, Efficiency, and Politics in Soviet Bilingual Education Policy, 1934-1980". In: *The American Political Science Review* 78.4 (1984), S. 1019–1039.

Anderson, Benedict. *Imagined Communities: Reflections on the Origin and Spread of Nationalism*. Verso, 1991.

Axelrod, Robert. *The Evolution of Cooperation*. Basic Books, 1984.

Balch-Lindsay, D. und A.J. Enterline. "Killing Time: The World-Politics of Civil War Duration". In: *International Studies Quarterly* 44.4 (2000), S. 614–642.

Ballentine, Karen und Jake Sherman. *The Political Economy of Armed Conflict: Beyond Greed and Grievance*. Boulder, CO, und London: Lynne Rienner, 2003.

Bar-Tal, D., E. Halperin und J. de Rivera. "Collective Emotions in Conflict Situations: Societal Implications". In: *Journal of Social Issues* 63 (2007), S. 441–460.

Bar-Tal, Daniel. "Introduction: Conflicts and Social Psychology". In: *Intergroup Conflicts and Their Resolution: A Social Psychological Perspective*. Hrsg. von Daniel Bar-Tal. Psychology Press, 2011.

– *Shared Beliefs in a Society: Social Psychological Analysis*. Thousand Oaks, CA: Sage, 2000.

– "Sociopsychological Foundations of Intractable Conflicts". In: *American Behavioral Scientist* 50 (2007), S. 1430–1453.

Baumgartner, Samuel P. "Does Access to Justice Improve Countries' Compliance with Human Rights Norms?" In: *Cornell International Law Journal* 44 (2011), S. 441–490.

Beardsley, K. "Agreement without Peace? International Mediation and Time Inconsistency Problems". In: *American Journal of Political Science* 52.4 (2008), S. 723–740.

Bekkers, F. "A Threatened Leadership Position and Intergroup Competition (A Simulation Experiment with Three Countries)". In: *International Journal of Group Tensions* 6 (1976), S. 67–94.

Berkowitz, L und J. A. Green. "The Stimulus Qualities of the Scapegoat". In: *The Journal of Abnormal and Social Psychology* 64 (1962), S. 293–301.

Bermudaz, Maria Del Mar, Manuel Calzada Pla und Lydia Vincente Marquez. "Conflict Resolution through Cultural Rights and Cultural Wrongs: The Kosovo Example". In: *The Local Relevance of Human Rights*. Hrsg. von Koen de Feyter. Cambridge University Press, 2011.

Bgazhba, O. Kh. und S.Z. Lakoba. *Istoria Abkhazii s drevejshikh vremen do nashikh dnej*. Sukhum: Alashara, 2007.

Blake, R. R. und J. S. Mouton. "Overevaluation of Own's Group's Own Product in Intergroup Competition". In: *Journal of Abnormal Social Psychology* 64 (1962), S. 237–238.

Bon, Gustave le. *Psychologie des Foules*. Ersterscheinung 1895. Paris: PUF, 2002.

Brancati, Dawn. "Decentralization: Fueling the Fires or Dampening the Flames of Ethnic Conflict and Secessionism?" In: *International Organization* 60.3 (2006), S. 651–685.

Brass, Paul. *Ethnic groups and the state*. Barnes & Noble Books, 1985.

Brems, Michael. *Die politische Integration ethnischer Minderheiten aus staats- und völkerrechtlicher Sicht*. Lang, 1995.

Breuer, Marten. "Zur Anordnung konkreter Abhilfemaßnahmen durch den EGMR. Der Gerichtshof betritt neue Wege im Fall Asanidse gegen Georgien". In: *Europäische Grundrechte-Zeitschrift* 31.9 (2004), S. 257–263.

Brewster, R. "Reputation in International Relations and International Law Theory". In: *Interdisciplinary Perspectives on International Law and International Relations: The State of the Art*. Hrsg. von Jeffrey L. Dunnoff und Mark A. Pollack. Cambridge University Press, 2013.

Brown, Michael E. "The Causes of Internal Conflict: An Overview". In: *Nationalism and Ethnic Conflict*. MIT Press, 2001.

Brubaker, Roger. "National Minorities, Nationalizing States, and External National Homelands in the New Europe". In: *Daedalus* 124.2 (1995), S. 107–132.

Brühl, Tanja. "Internationale Organisationen, Regime und Verrechtlichung". In: *Friedens- und Konfliktforschung*. Hrsg. von Peter Schlotter und Simone Wisotzki. Nomos-Verlag-Gesellschaft, 2011, S. 225–251.

Cassese, Antonio. *Self-Determination of Peoples: A Legal Reappraisal*. Cambridge University Press, 1995.

Cederman, L. *Debunking Myths about Civil Wars: Facts about Ethno-Nationalist Conflict*. CSCW Policy Brief 2/2010. CSCW, 2010.

Chapman, T. und P. G. Roeder. "Partition as a Solution to Wars of Nationalism". In: *American Political Science Review* 101.4 (2007), S. 677–692.

Chayes, Abram und Antonia Handler Chayes. "Compliance with Enforcement: State Behavior under Regulatory Rules". In: *Negotiation Journal* 7.3 (1991), S. 311–330.

– "On Compliance". In: *International Organization* 47.2 (1993), S. 175–205.

Chayes, Abram, Antonia Handler Chayes und Ronald B. Mitchell. "Managing Compliance: A Comparative Perspective". In: *Engaging Countries: Strengthening Compliance with International Environmental Accords*. Hrsg. von Edith Brown Weiss und Harold Karan Jacobson. MIT Press, 1998.

Checkel, Jeffrey. *International Institutions and Socialization in the New Europe*. 2001.

Chinn, Jeff und Robert Kaiser. *Russians as the New Minority: Ethnicity and Nationalism in the Soviet Successor States*. Oxford: Westview Press, 1996.

Collier, Paul und Anke Hoeffler. "On Economic Causes of Civil War". In: *Oxford Economic Papers* 50.4 (1998), S. 563–573.

– "On the Incidence of Civil War in Africa". In: *Journal of Peace Research* 38.4 (2001), S. 429–444.

Connor, Walker. "Ethnonationalism". In: *Understanding Political Development*. Hrsg. von Myron Weiner und Samual P. Huntington. Boston: Little, Brown, 1987.

Cordell, Karl und Stefan Wolff. *Ethnic conflict: causes, consequences, responses*. John Wiley & Sons, 2009.

Corenblum, B. und W. G. Stephan. "White Fears and Native Apprehensions: An Integrated Threat Theory Approach to Intergroup Attitudes". In: *Canadian Journal of Behavioural Science* 33 (2001), S. 251–268.

Cornell, Svante A. *Small nations and great powers*. Routledge, 2001.

Council of the European Union. *Independent International Fact-Finding Mission on the Conflict in Georgia: Report Vol. II*. 2009.

Coutant, Dawna K., Stephen Worchel und Marcelo Hanza. "Pigs, Slingshots, and Other Foundations of Intergroup Conflict". In: *Intergroup Conflicts and Their Resolution: A Social Psychological Perspective*. Hrsg. von Daniel Bar-Tal. Psychology Press, 2011.

Crawford, James. *Brownlie's Principles of Public International Law*. 8. Aufl. Oxford University Press, 2012.

– *The Creation of States in International Law*. Oxford University Press, 2006.

Cremer, Hans-Joachim. "Völkerrecht – Alles nur Rhetorik?" In: *Zeitschrift für ausländisches öffentliches Recht und Völkerrecht* 67 (2007), S. 267–296.

Cristescu, Aureliu. *The Right to Self-Determination*. 1981. URL: http://www.cetim.ch/en/ documents/cristescu-rap-ang.pdf.

Cvetkovski, Nikola. "The Georgian-South Ossetian Conflict". Magisterarb. Aalborg University, 1999.

David, O. und D. Bar-Tal. "A Sociopsychological Conception of Collective Identity: The Case of National Identity as an Example". In: *Personality and Social Psychology Review* 13.4 (2009). Der Artikel wurde sekundär unter anderem Titel zitiert. Inhalt überprüfen, S. 354–379.

Dennen, John M. G. van der. "Ethnocentrism and In-Group/Out-Group Differentiation: A Review and Interpretation of the literature". In: *The Sociobiology of Ethnocentrism: Evolutionary Dimensions of Xenophobia, Discrimination, Racism and Nationalism*. Hrsg. von Vernon Reynolds, Vincent Fragler und Ian Vine. Springer Netherlands, 1986.

Dominguez, Virginia R. *People as subject, people as object: selfhood and peoplehood in contemporary Israel*. University of Wisconsin Press, 1989.

Dördelmann, Gabriele. "Rechtsethische Rechtfertigung der Sezession von Staaten". Diss. Universität Erfurt, 2002.

Downs, George W. und Michael A. Jones. "Reputation, Compliance, and International Law". In: *Journal of Legal Studies* 31.1 (2002), S. 95–114.

Doyle, M. W. und N. Sambanis. "International Peacebuilding: A Theoretical and Quantitative Analysis". In: *American Political Science Review* 94.4 (2000), S. 779–801.

Dunoff, Jeffrey L. und Mark A. Pollack. "International Law and International Relations: Introducing an Interdisciplinary Dialogue". In: *Interdisciplinary Perspectives on International Law and International Relations: The State of the Art*. Cambridge University Press, 2013.

Easterly, William. "Can Institutions Resolve Ethnic Conflict?" In: *Economic Development and Cultural Change* 49.4 (2001), S. 687–706.

Eidelson, R. J. und J. Eidelson. "Dangerous Ideas: Five Beliefs that Propel Groups Toward Conflict". In: *American Psychologist* 58 (2003), S. 182–192.

Eisenführ, Franz und Martin Weber. *Rationales Entscheiden*. Springer, 2003.

Elbadawi, I. *External Interventions and the Duration of Civil Wars*. World Bank Policy Research Paper 2433. World Bank, 2000.

Etzioni, Amitai. "The Evils of Self-Determination". In: *Foreign Policy* 89 (Winter 1992), S. 21–35.

Fearon, James. "Bargaining, Enforcement, and International Cooperation". In: *International Organization* 52.2 (1998), S. 269–305.

Festinger, L. "A Theory of Social Comparison Processes". In: *Human Relations* 7 (1954), S. 117–140.

Finnemore, Martha und Kathryn Sikkink. "International Norm Dynamics and Political Change". In: *International Organization* 52.4 (1998), S. 379–406.

Fortna, V. P. *Does Peacekeeping Work? Shaping Belligerents' Choices after Civil War*. Princeton University Press, 2008.

Francis, C. *Conflict resolution and status: The Case of Georgia and Abkhazia (1989-2008)*. VUBPress, 2011.

Franck, Thomas M. "Legitimacy in the International System". In: *American Journal of International Law* 82.4 (1988), S. 705–759.

– "Postmodern Tribalism and the Right to Secession". In: *Peoples and Minorities in International Law*. Hrsg. von Catherine Brölmann, René Lefeber und Marjoleine Zieck. M. Nijhoff, 1993, S. 3–27.

French, Duncan, Hrsg. *Statehood and Self-Determination*. Cambridge University Press, 2013.

Furhmann, M. und J. Tir. "Territorial Dimensions of Enduring Internal Rivalries". In: *Conflict Management and Peace Science* 26.4 (2009), S. 307–329.

Galbreath, David J. und Joanne McEvoy. *The European Minority Rights Regime: Towards a Theory of Regime Effectiveness*. Palgrave, Macmillian, 2012.

Gartner, S. S. und J. Bercovitch. "Overcoming Obstacles to Peace: The Contribution of Mediation to Short-Lived Settlements". In: *International Studies Quarterly* 50 (2006), S. 819–840.

Geertz, Clifford. "The Integrative Revolution: Primordial Sentiments and Civil Politics in New States". In: *The Interpretation of Cultures*. Hrsg. von Clifford Geertz. Basic Books, 1973.

Gent, S. "Going in When it Counts: Military Intervention and the Outcome of Civil Conflicts". In: *International Studies Quarterly* 52.4 (2008), S. 713–735.

Geva, Nehemia, Steven Redd und Katrina Mosher. "International Terror, Emotions and Foreign Policy Decision Making". Artikel, der auf dem jährlichen Treffen der Internationl Studies Association in Montreal am 17.03.2004 vorgestellt wurde. 2004.

Ghai, Yash. "Autonomy as a Strategy for Diffusing Conflict". In: *International Conflict Resolution After the Cold War*. Hrsg. von Paul C. Stern und Daniel Druckman. National Academy Press, 2000, S. 483–530.

Ghebrewebet, Helen. *Identifying Units of Statehood and Determining International Boundaries: A Revised Look at the Doctrine Uti Possidetis and the Principle of Self-*

Determination. Hrsg. von Gilbert Gornig. Schriften zum internationalen und zum öffentlichen Recht. Peter Lang: Europäischer Verlag der Wissenschaften, 2006.

Gibler, Douglas M. "The Costs of Reneging: Reputation and Alliance Formation". In: *Journal of Conflict Resolution* 52.3 (2008), S. 426–454.

Gibson, James L., Gregory A. Caldeira und Lester K. Spence. "Why Do People Accept Public Policies They Oppose?" In: *Political Research Quarterly* 58.2 (2005), S. 187–201.

Gilbert, G. "Expression, Assembly, Association". In: *Universal Minority Rights*. Hrsg. von M. Weller. Oxford University Press, 2007.

Glazer, Nathan, Daniel P Moynihan und Corinne Saposs Schelling. *Ethnicity: theory and experience*. Hrsg. von Nathan Glazer, Daniel P Moynihan und Corinne Saposs Schelling. Harvard University Press, 1975.

Goldsmith, Jack L. und Eric A. Posner. *The Limits of Internation Law*. Oxford University Press, 2005.

Goodman, Ryan und Derek Jinks. "How to Influence States: Socialization and International Human Rights Law". In: *Duke Law Journal* 54.3 (2004), S. 621–703.

Gottlieb, Gidon. "Nations without States". In: *Foreign Affairs* 73.3 (1994), S. 100–112.

Grabenwarter, Christoph und Katharina Pabel. *Europäische Menschenrechtskonvention*. C.H.Beck, 2012.

Greenwood, C. "International Law and the NATO Intervention in Kosovo". In: *International and Comparative Law Quarterly* 49 (2000), 929 ff.

Grenoble, Leonora A. *Language Policy in the Soviet Union*. Kluwer Academic Publishers, 2003.

Grieco, J. M. "Repetitive Military Challanges and Recurrent International Conflicts, 1918-1994". In: *International Studies Quarterly* 45 (2001), S. 295–316.

Gurr, T. R. *Minorities at Risk: A Global View of Ethnopolitical Conflicts*. United States Institute of Peace Press, 1993.

Guzman, Andrew T. *How International Law Works: A Rational Choice Theory*. Oxford University Press, 2008.

Hafner-Burton, Emilie M. *Forced to be Good: Why Trade Agreements Boost Human Rights*. Cornell University Press, 2009.

– "Trading Human Rights: How Preferential Trading Agreements Influence Government Repression". In: *International Organization* 59.3 (2005), S. 593–629.

Halevy, N., G. Bornstein und L. Sagiv. "In-Group Love and Out-Group Hate as Motives for Individual Participation in Intergroup Conflict: A New Paradigm". In: *Psychologocal Science* 19 (2008), S. 405–411.

Hannum, Hurst. "Self-Determination, Yugoslavia, and Europe: Old Wine in New Bottles". In: *Transnational Law and Contemporary Problems* 3.57 (1993), S. 57–69.

Hartzell, Caroline A. und Amy Yuen. "The Durability of Peace". In: *Guide to the Scientific Study of International Processes*. Wiley-Blackwell, 2012.

Hastorf, A. H. und H. Cantril. "They Saw a Game: A Case Study". In: *The Journal of Abnormal and Social Psychology* 49 (1954), S. 129–134.

Hathaway, Oona A. "Do Human Rights Treaties Make a Difference?" In: *Yale Law Journal* 111.8 (2002), S. 588–621.

Heintze, Hans-Joachim. *Selbstbestimmungsrecht und Minderheitenrechte im Völkerrecht: Herausforderungen an den globalen und regionalen Menschenrechtsschutz*. Nomos-Verlag-Gesellschaft, 1994.

Henrard, K. "Non-Discrimination and Full and Effective Equality". In: *Universal Minoritiy Rights*. Hrsg. von M. Weller. Oxford University Press, 2007.

Hermann, Margaret G. "How Decision Units Shape Foreign Policy: A Theoretical Framework". In: *International Studies Review* 3.2 (2001), S. 47–81.

Hewitt, G. *The Abkhazians*. Richmond, Surrey: Curzon, 1999.

Hilpold, Peter. "Neue Minderheiten im Völkerrecht und im Europarecht". In: *Archiv des Völkerrechts* 42 (2004), S. 80–110.

Hobe, Stephan. *Einführung in das Völkerrecht*. UTB, 2014.

Hofmeister, Hannes. "Don't Mess with Moscow: Legal Aspects of the 2008 Conflict". In: *San Diego International Law Journal* 12 (2010), S. 147–174.

Horowitz, Donald L. *Ethnic Groups in Conflict*. University of California Press, 1985.

Hurd, Ian. "Legitimacy and Authority in International Politics". In: *International Organization* 53.2 (1999), S. 379–408.

Ikenberry, G. John und Charles A. Kupchan. "Socialization and Hegemonic Power". In: *International Organization* 44.3 (1990), S. 283–315.

International Crisis Group. *Abkhazia: The Long Road to Reconciliation*. 2013.

– *Georgia's South Ossetia Conflict: Make Haste Slowly*. Europe Report. Juni 2007.

– *South Ossetia: The Burden of Recognition*. 2010.

Isaacs, Harold. *Idols of the Tribe: Group Identity and Political Change*. Harper & Row, 1975.

Janus, Thorsten. "Interventions and Conflict Incentives". In: *Ethnopolitics* 8.2 (2009), S. 191–208.

Jervis, Robert. *Perception and Misperception in International Politics*. Princeton University Press, 1976.

Jesse, Neal G. und Kristen P. Williams. *Ethnic Conflict: A Systematic Approach to Cases of Conflict*. CQ Press, 2011.

Johnson, C. "Partitioning to Peace: Sovereignity, Demography, and Ethnic Civil Wars". In: *International Security* 32.4 (2008), S. 140–170.

Johnston, Alastair I. "Treating International Institutions as Social Environments". In: *International Studies Quarterly* 45.4 (2001), S. 487–515.

Joseph, Sarah und Melissa Castan. *The International Covenant on Civil and Political Rights: Cases, Materials, And Commentary*. Oxford University Press, 2013.

Kaufmann, Chaim D. *When All Else Fails: Population Separation as a Remedy for Ethnic Conflicts*. 1998. URL: http://www.ciaonet.org/conf/iwp01/iwp01af.html.

Kedzia, Zdzislaw. "United Nations Mechanisms to Promote and Protect Human Rights". In: *Human Rights: International Protection, Monitoring, Enforcement*. Hrsg. von Janusz Symonides. UNESCO Publishing, 2003.

Kelsen, Hans. *Reine Rechtslehre*. Scientia Verlag Aalen, 1994.

Kempin Reuter, Tina. "Dealing with Claims of Ethnic Minorities in International Law". In: *Connecticut Journal of International Law* 24.201 (2009), S. 201–238.

Kempin, Tina. "Ethnic Conflict and International Law: Group Claims and Conflict Resolution within the International Legal System". Diss. Universität Zürich, 2006.

Keohane, Robert O. *After Hegemony: Cooperation and Discord in the World Political Economy*. Princeton University Press, 1984.

Kilian, Wolfgang. *Juristische Entscheidung und elektronische Datenverarbeitung: Methodenorientierte Vorstudie*. Toeche-Mittler, 1973.

Klandermans, B. und M. de Weerd. "Group Identification and Political Protest". In: *Self, Identity, and Social Movement - Social Movements, Protests and Contention*. Minneapolis: University of Minnesota Press, 2000.

Koh, Harold H. "Why Do Nations obey International Law?" In: *Yale Law Journal* 106.8 (1997), S. 2599–2659.

Kumar, R. "The Troubled History of Partition". In: *Foreign Affairs* 76.1 (1997), S. 22–34.

Kuperman, Alan. "The Moral Hazard of Humanitarian Intervention: Lessons from the Balkans". In: *International Studies Quarterly* 52.1 (2008), S. 49–80.

Lahnsteiner, Eva. *Minderheiten: Versuch einer völkerrechtlichen Begriffsbestimmung*. Facultas Universitätsverlag, 2014.

Laitin, David D. *Hegemony and culture : politics and religious change among the Yoruba*. University of Chicago Press, 1986.

Lake, David und Donald Rothchild. "Containing Fear: The Origins and Management of Ethnic Conflict". In: *International Security* 21.2 (1996), S. 41–75.

Laponce, J. A. "Turning Votes into Territories: Boundary Referendums in Theory and Practice". In: *Political Geography* 23 (2004), S. 169–183.

Laux, H., R. M. Gillenkirch und H. Y. Schenk-Mathes. *Entscheidungstheorie*. Springer, 2012.

Leeds, Brett A. "Alliance Reliability in Times of War: Explaining State Decisions to Violate Treaties". In: *International Or+* 57.4 (2003), S. 801–827.

Leventhal, G.S. "What should be done with equity theory? New approaches to the Study of fairness in social relationships". In: *Social exchange*. Hrsg. von K. Gergen, Greenberg M. und Willis R. Plenum Press, 1980, S. 27–55.

Lijphart, A. *Democracy in Plural Societies*. Yale University Press, 1977.

Lotz, Sebastian u. a. "Gerechtigkeit als Forschungsgegenstand". In: *Soziale Gerechtigkeit: Was unsere Gesellschaft aus den Erkenntnissen der Gerechtigkeitspsychologie lernen kann*. Hrsg. von Mario Gollwitzer u. a. Hogrefe, 2013.

Lustick, I. S., D. Miodownik und R. J. Eidelson. "Secessionism in Multicultural States: Does Sharing Power Prevent or Encourage it?" In: *American Political Science Review* 98.2 (2004), S. 209–229.

Maoz, Z. "Peace by Empire? Conflict Outcomes and International Stability, 1816-1976". In: *Journal of Peace Research* 21.3 (1984), S. 227–241.

Mar, Katherine del. "The Myth of Remedial Secession". In: *Statehood and Self-Determination*. Cambridge University Press, 2013.

Marxsen, Christian. "The Crimea Crisis: An International Law Perspective". In: *Zeitschrift für ausländisches öffentliches Recht und Völkerrecht* 74 (2014), S. 367–391.

Maschler, Michael, Eilon Solan und Shmuel Zamir. *Game Theory*. Cambridge University Press, 2013.

Mattes, M. und B. Savun. "Fostering Peace after Civil War: Commitment Problems and Agreement Design". In: *International Studies Quarterly* 53 (2009), S. 737–759.

McGarry, John und Brendan O'Leary. "The Political Regulation of National and Ethnic Conflict". In: *Parliamentary Affairs* 47.1 (1994), S. 94–115.

McGillivray, Fiona und Alastair Smith. "Trust and Cooperation through Agent-Specific Punishments". In: *International Organization* 54.4 (2000), S. 809–824.

Mearsheimer, John J. *The Tragedy of Great Power Politics*. Norton, 2001.

Mintz, Alex und Karl DeRouen Jr. *Understanding Foreign Policy Decision Making*. Cambridge University Press, 2011.

Miron, A. M. und N. R. Branscomben. "Social Categorization, Standards of Justice and Collective Guilt". In: *The Social Psychology of Intergroup Reconciliation*. Hrsg. von A. Nadler, T. E. Malloy und J. D. Fisher. Oxford University Press, 2008.

Mitchell, Ronald B. "Regime Design Matters: Intentional Oil Pollution and Treaty Compliance". In: *International Organization* 48.3 (1994), S. 425–458.

Morawa, H. E. "The United Nations Treaty Monitoring Bodies and Minority Rights, with Particular Emphasis on the Human Rights Committee". In: *Mechanisms for the Implementation of Minority Rights*. Council of Europe Publishing, 2004.

Morijn, John. "Reforming United Nations Human Rights Treaty Monitoring Reform". In: *Netherlands International Law Review* 58.3 (2011), S. 295–333.

Morrow, James D. "When Do States Follow the Laws of War?" In: *American Political Science Review* 101.3 (2007), S. 559–572.

Moul, W. "Erratum: Power Parity, Preponderance, and War Between Great Powers, 1816-1989". In: *Journal of Conflict Resolution* 47 (2003), S. 706.

Mullen, B., R. Brown und C. Smith. "Ingroup Bias as a Function of Salience, Relevance, and Status: An Integration". In: *European Journal of Social Psychology* 22 (1992), S. 103–122.

Müller, Harald. "Internationalismus und Regime". In: *Sicherheit und Frieden zu Beginn des 21. Jahrhunderts. Konzeptionen, Akteure, Regionen*. Hrsg. von Mir A. Ferdowski. Bayrische Landeszentrale für politische Bildungsarbeit, 2004, S. 103–119.

Murdie, Amanda und David R. Davis. "Shaming and Blaming: Using Events Data to Assess the Impact of Human Rights INGOs". In: *International Studies Quarterly* 56.1 (2012), S. 1–16.

Neumayer, Eric. "Do International Human Rights Treaties Improve Respect for Human Rights?" In: *Journal of Conflict Resolution* 49.6 (2005), S. 925–953.

Newman, Saul. "Does Modernization Breed Ethnic Conflict?" In: *World Politics* 43.3 (1991), S. 451–478.

Niewerth, Johannes. *Der kollektive und der positive Schutz von Minderheiten und ihre Durchsetzung im Völkerrecht*. Duncker & Humblot, 1996.

Oeter, S. "The European Charter for Regional or Minority Languages". In: *Mechanisms for the Implemenation of Minority Rights*. Council of Europe Publishing, 2004.

Ott, Martin. *Das Recht auf Sezession als Ausfluss des Selbstbestimmungsrechts der Völker*. Berlinder Wissenschafts-Verlag, 2008.

Phillips, A. "The Framework Convention for the Protection of National Minorities". In: *Mechanisms for the Implementation of Minority Rights*. Council of Europe Publishing, 2004.

Posen, Barry. "The Security Dilemma and Ethnic Conflict". In: *Survival* 35.1 (1993), S. 27–47.

Posner, Eric A. und Alan O. Sykes. "Efficient Breach of International Law: Optimal Remedies, 'Legalized Noncompliance', and Related Issues". In: *Michigan Law Review* 110.2 (2011), S. 243–294.

Pritchard, Sarah. *Der völkerrechtliche Minderheitenschutz: historische und neuere Entwicklungen.* Duncker & Humblot, 2001.

Putnam, Robert. "Diplomacy and Domestic Politics: The Logic of Two-Level Games". In: *Theory and Structure in International Political Economy*. Hrsg. von Charles Lipson und Benjamin J. Cohen. MIT Press, 1999.

Qvortrup, Matt. "New development: The Comparative Study of Secession Referendums". In: *Public Money & Management* 34.2 (März 2014), S. 153–156.

Rabbie, J. M. und F. Bekkers. "Threatened Leadership and Intergroup Competition". In: *European Journal of Social Psychology* 8 (1978), S. 9.20.

Raiser, Thomas. *Grundlagen der Rechtssoziologie.* UTB, 2007.

Ratner, Steven R. "Does International Law Matter in Preventing Ethnic Conflict?" In: *New York University Journal of International Law and Politcs* 32 (2000), S. 591–698.

– "Ethnic Conflict and Territorial Claims: Where Do We Draw a Line?" In: *International Law and Ethnic Conflict*. Hrsg. von David Wippman. Cornell University Press, 1998.

Raustiala, Kai und Anne-Marie Slaughter. "International Law, International Relations and Compliance". In: *Handbook of International Relations*, S. 331–365.

Regan, P. "Third Party Interventions and the Duration of Intrastate Conflicts". In: *Journal of Conflict Resolution* 46.1 (2002), S. 55–73.

Renshon, Jonathan und Stanley A. Renshon. "The Theory and Practice of Foreign Policy Decision Making". In: *Political Psychology* 29.4 (2008), S. 509–536.

Robinson, Piers. "The Role of Media and Public Opinion". In: *Foreign Policy: Theories, Actors, Cases*. Hrsg. von Steve Smith, Amelia Hadfield und Tim Dunne. Oxford University Press, 2007.

Rothchild, D. "Secession as Last Resort". In: *Politics and the Life Sciences* 16.2 (1997), S. 270–272.

Rothe, J. u. a. *Einführung in Computational Social Choice.* Springer, 2012.

Sambanis, N. "Partition as a Solution to Ethnic War". In: *World Politics* 52.4 (2000), S. 437–483.

Sambanis, N. und J. Schulhofer-Wohl. "What is in a Line? Is Partition a Solution to Civil War?" In: *International Security* 34.2 (2009), S. 82–118.

Saxer, Urs. *Die internationale Steuerung der Selbstbestimmung und der Staatenentstehung.* Springer, 2010.

Schachter, Oscar. *International Law in Theory and Practice.* Martinus Nijhoff Press, 1991.

Schaeffer, Robert K. *Warpaths: the Politics of Partition.* New York: Hill und Wang, 1990.

Schlink, Bernhard. "Inwieweit sind juristische Entscheidungen mit entscheidungstheoretischen Modellen theoretisch zu erfassen und praktisch zu bewältigen?" In: *Rechtstheorie als Grundlagenwissenschaft der Rechtswissenschaft*. Hrsg. von Hans Albert u. a. Bertelsmann Universitätsverlag, 1972.

Schneckener, Ulrich. "Models of Ethnic Conflict Resolution". In: *Managing and Settling Ethnic Conflicts*. Hrsg. von Ulrich Schneckener und Stefan Wolff. C. Hurst & Co, 2004.

Selbmann, Frank. "The International Court of Justice". In: *Mechanisms for the Implementation of Minority Rights*. Council of Europe Publishing, 2004.

Shamba, T.M. und A. Iu. Neproshin. *Abkhazia. Pravovye osnovy gosudarstvennosti i suvereniteta*. In-Oktavo, 2004.

Simmons, Beth A. *Mobilizing for Human Rights: International Law in Domestic Politics*. Cambridge University Press, 2009.

Simon, Herbert. *The New Science of Management Decision Making*. Evanston, 1960.

Simon, Herbert A. "A Behavioral Model of Rational Choice". In: *The Quarterly Journal of Economics* 69.1 (1955), S. 99–118.

– "Theories of Decision-Making and Behavioral Science". In: *The American Economic Review* 49.3 (1959), S. 253–283.

Singer, J.D. und M. Small. *Correlates of War Project: International and Civil War Data, 1816-1992*. Inter-University Consortium for Political und Social Research, Ann Arbor. 1994.

Slaughter Burley, Anne-Marie. "International Relations Theory: A Dual Agenda". In: *American Journal of International Law* 87.2 (1993), S. 205–239.

Slaughter, Anne-Marie. "International Law in a World of Liberal States". In: *European Journal of International Law* 6.4 (1995), S. 503–538.

Smith, A. *The Ethnic Origins of Nations*. Blackwell Publishing, 1986.

Smith, A. und A. Stam. "Mediation and Peacekeeping in a Random Walk Model of Civil and Interstate War". In: *International Studies Review* 5.4 (2003), S. 115–135.

Sordia, Giorgi. *Institutions of Georgia for Governance on National Minorities*. European Centre for Minority Issues (ECMI). 2009. URL: http://www.ecmi.de/publications/detail/43 - institutions - of - georgia - for - governance - on - national - minorities - an - overview-153/.

Spain, Anna. "Using International Dispute Resolution to Address the Compliance Question in International Law". In: *Georgetown Journal of International Law* 40 (2009), S. 807–864.

Stein, Jana von. "The Engines of Compliance". In: *Interdisciplinary Perspectives on International Law and International Relations: The State of the Art*. Hrsg. von Jeffrey L. Dunnoff und Mark A. Pollack. Cambridge University Press, 2013.

Stein, Torsten und Christian von Buttlar. *Völkerrecht*. Vahlen, 2012.

Steinberg, Richard H. "Wanted – Dead or Alive: Realism in International Law". In: *Interdisciplinary Perspectives on International Law and International Relations: The State of the Art*. Cambridge University Press, 2013.

Stepanian, Arnold und Agit Mirzoev. *Alternative Report to the Georgian State Report Pursuant to Article 25 Paragraph 1 of the Framework Convention for the Protection of National Minorities*. 2008.

Stephan, W. G. und C. W. Stephan. "An Integrated Threat Theory of Prejudice". In: *Reducing Prejudice and Discrimination*. Hrsg. von S. Oskamp. Hillsdale, NJ: Erlbaum, 2000.

Stephan, W. G., O. Ybarra und G. Bachman. "Prejudice Toward Immigrants". In: *Journal of Applied Social Psychology* 29 (1999), S. 2221–2237.

Stone, Deborah. *Policy Paradox: The Art of Decision Making*. W. W. Norton, 2012.

Struch, N. und S. H. Schwartz. "Intergroup Aggression: Its Predictors and Distinctness from In-Group Bias". In: *Journal of Personality and Social Psychology* 56 (1989), S. 364–373.

Stürmer, Stefan und Birte Siem. *Sozialpsychologie der Gruppe*. UTB München, 2013.

Summers, James. *Peoples and International law: How Nationalism and Self-Determination Shape a Contemporary Law of Nations*. Martinus Nijhoff Publishers, 2007.

– "The Right of Self-Determination and Nationalism in International Law". In: *International Journal on Minority and Group Rights* 12 (2005), S. 325–354.

Tajfel, H. "Experiments in Intergroup Discrimination". In: *Scientific American* 223 (1970), S. 96–102.

Tajfel, H. und J. C. Turner. "An Integrative Theory of Intergroup Conflict". In: *Psychology of Intergroup Relations*. Hrsg. von W. G. Austin und S. Worchel. Brooks-Cole, 1979.

– "The Social Identity Theory of Intergroup Behavior". In: *Psychology of Intergroup Relations*. Hrsg. von S. Worchel und W. Austin. Chicago: Nelson Hall, 1986.

Thomas, Daniel C. *The Helsinki Effect: International Norms, Human Rights and the Demise of Communism*. Princeton University Press, 2001.

Tir, J. "Dividing Countries to Promote Peace: Prospects for Long-term Success of Partitions". In: *Journal of Peace Research* 42.5 (2005), S. 545–562.

– "Keeping the Peace after Secessions: Territorial Conflicts between the Rump and Secessionist States". In: *Journal of Conflict Resolution* 49.5 (2005), S. 713–741.

– "Letting Secessionists Have Their Way: Can Partitions Help End and Prevent Ethnic Conflicts?" In: *International Interactions* 28.3 (2002), S. 261–292.

Tir, Jaroslav und John A. Vasquez. "Territory and Geography". In: *Guide to Scientific Study of International Politics*. Hrsg. von Sara McLaughlin Mitchell, Paul F. Diehl und James D. Morrow. Wiley-Blackwell, 2012.

Toft, M. D. "Indivisible Territory, Geographic Concentration, and Ethnic War". In: *Security Studies* 12.2 (2002), S. 82–119.

– *The Geography of Ethnic Violence: Identity, Interests, and the Indivisibility of Territory*. Princeton University Press, 2003.

Tomz, M. *Reputation and the Effect of International Law on Preferences and Beliefs*. 2008.

– "The Morality of Secession". Diss. University of Oxford, 1994.

Trachtman, Joel P. "International Law and Domestic Political Coalitions: The Grand Theory of Compliance with International Law". In: *Chicago Journal of International Law* 11.1 (2010), S. 127–158.

Trier, Tom, Hedvig Lohm und David Szakonyi. *Under Siege: Inter-Ethnic Relations in Abkhazia*. Hurst & Company, London, 2009.

Tullberg, Jan u. a. "Separation or Unity? A Model for Solving Ethnic Conflicts". In: *Politics and the Life Sciences* 16.2 (1997), S. 237–249.

Turner, J. C., R. J. Brown und H. Tajfel. "Social Comparison and Group Interest in Ingroup Favouritism". In: *European Journal of Social Psychology* 9 (1979), S. 187–204.

Tyler, Tom R. "Psychological Perspectives on Legitimacy and Legitimation". In: *Annual Review of Psychology* 57 (2006), S. 375–400.

Tyler, T.R. "Social Justice: Outcome and procedure". In: *International Journal of Psychology* 35 (2000), S. 117–125.

Varennes, Fernand de. "Using the ECHR to protect the Rights of Minorities". In: *Mechanisms for the Implementation of Minority Rights*. Council of Europe Publishing, 2004.

Victor, David G., Kal Raustiala und Eugene B. Skolnikoff. *The Implementation and Effectiveness of International Environmental Commitments: Theory and Practice*. MIT Press, 1998.

Vidmar, Jure. "Unilateral Declarations of Independence". In: *Statehood and Self-Determination*. Cambridge University Press, 2013.

Voigt, Stefan. *Institutionenökonomik*. Wilhelm Fink GmbH & Co. Verlags-KG, 2009.

Walter, B. *Committing to Peace: The Successful Settlement of Civil Wars*. Princeton University Press, 2002.

– "Explaining the Intractability of Territorial Conflict". In: *International Studies Review* 5.4 (2003), S. 137–153.

– "Introduction". In: *Civil Wars, Insecurity and Intervention*. Hrsg. von Barbara Walter und J. Snyder. Columbia University Press, 1999.

Waltz, Kenneth Neal. *Theory of international politics*. Mcgraw-Hill Higher Education, 1979.

Weller, M. *Escaping the Self-Determination Trap*. Martinus Nijhofs Publishers, 2008.

– "Why the Legal Rules on Self-determination Do Not Resolve Self-determination Disputes". In: *Settling Self-determination Disputes*. Hrsg. von M. Weller und N. Metzger. Martinus Nijhoff Press, 2008, S. 17–46.

Werner, S. und A. Yuen. "Making and Keeping Peace". In: *International Organization* 59.2 (2005), S. 262–293.

Wheatley, Steven. *Democracy, Minorities and International Law*. Cambridge University Press, 2005.

Worchel, S. und D. Coutant. "Between Conflict and Reconciliation: Toward a Theory of Peaceful Co-Existence". In: *The Social Psychology of Intergroup Reconciliation*. Hrsg. von A. Nadler, T. E. Malloy und J. D. Fisher. Oxford University Press, 2008.

– "It Takes Two to Tango: Relating Group Identity to Individual Identity within the Framework of Group Development". In: *Self and Social Identity. Perspectives on Social Psychology*. Hrsg. von M. B. Brewer und M. Hewstone. Malden, MA: Blackwell Publishing, 2004.

Worchel, S., D. Coutant-Sassic und M. Grossman. "A Development Approach to Group Dynamics: A Model and Illustrative Research". In: *Group Processes and Productivity*. Hrsg. von S. Worchel, W. Wood und J. A. Simpson. Thousand Oaks, CA: Sage, 1992.

Young, Oran R. *International Governance: Protecting the Environment in a Stateless Society*. Cornell University Press, 1994.

Zemanek, Karl. "New Trends in the Enforcement of erga omnes Obligations". In: Bd. 4. 2000, S. 1–52.

Zürn, Michael. "Theorie internationaler Institutionen". In: *Konfliktsteuerung durch Vereinte Nationen und KSZE*. Hrsg. von Berthold Meyer und Bernhard Moltmann. Haag + Herchen, 1994, S. 21–41.